金色年华　流金岁月

燕达金色年华健康养护中心　—编

新华出版社

图书在版编目（CIP）数据

金色年华 流金岁月 / 燕达金色年华健康养护中心编.
－－ 北京：新华出版社，2023.10
ISBN 978-7-5166-7026-2

Ⅰ.①金⋯ Ⅱ.①燕⋯ Ⅲ.①传记文学－作品集－中国－当代
Ⅳ.①I25

中国国家版本馆CIP数据核字（2023）第177646号

金色年华 流金岁月

编　　者：燕达金色年华健康养护中心

责任编辑：丁　勇　　　　　　　　封面设计：刘宝龙

出版发行：新华出版社
地　　址：北京石景山区京原路8号　　　邮　　编：100040
网　　址：http://www.xinhuanet.com/publish
经　　销：新华书店、新华出版社天猫旗舰店、京东旗舰店及各大网店
购书热线：010－63077122　　　　中国新闻书店购书热线：010－63072012

照　　排：六合方圆
印　　刷：三河市君旺印务有限公司

成品尺寸：170mm×240mm　1/16
印　　张：19　　　　　　　　　　字　　数：260千字
版　　次：2023年10月第一版　　　印　　次：2023年10月第一次印刷

书　　号：ISBN 978-7-5166-7026-2
定　　价：68.00元

《金色年华　流金岁月》编委会

总顾问

李　怀

总策划

李海燕

执行策划

刘培宗

主　编

李东辉

执行主编

毕立伟

项目统筹

陈　勤　刘　洋　李　欣　叶　婷

编　委

叶晓彦　蒋若静　魏昕悦　陈　勤

前　言

　　他们，在红星照耀下成长进步，挥洒汗水奉献青春。

　　他们，毕生参与新中国的建设，见证了祖国的繁荣发展。

　　他们，都不约而同地选择了燕达金色年华健康养护中心安享晚年。

　　他们，有刻苦钻研发展祖国医学事业的开拓者，也有紧跟党的脚步弘扬民族艺术的领路人；有勇闯国际舞台展现大国实力的外交先驱，也有建设祖国各项事业的奠基人……他们的一生，见证了新中国发展的伟大历程。一个个可歌可泣的动人故事，展现出一代国人不屈不挠的坚定信念，勾勒出一幅幅波澜壮阔的历史画卷。

　　立志养老千秋伟业，十年荣誉为序章。燕达金色年华健康养护中心在党和国家的领导下，经过13年的运营发展，建立了完善的"医养康相结合"养老服务体系，为积极应对人口老龄化和京津冀协同发展国家战略作出了突出贡献。截至2023年7月，养护中心在住宾客5000余人，平均年龄83.7岁，他们出生于动荡年代，与新中国共同成长，是党和国家建设发展过程中的亲历者与见证人。我们遴选12位在住宾客，通过他们口述，记者撰文整理，记录他们的光荣事迹，传承红色基因，发扬他们的爱国主义精神。

　　历史不容遗忘，我们有责任去挖掘峥嵘岁月背后那些鲜为人知的往事，告诫我们每一个人，今日的幸福有多么来之不易，每一个中华儿女都应当怀抱热情和责任，在中国共产党的领导下，为实现中华民族伟大复兴的中国梦不懈奋斗！

　　从故事中搜集历史，在岁月中见证辉煌！

燕达金色年华健康养护中心

2023 年 8 月

目 录 CONTENTS

外交风云

　　张幼云，女，1940 年出生于湖北省郧县（现为十堰市郧阳区），毕业于北京外国语学院英语系。1974 年英国巴斯大学学成归国后就职于外交部翻译室英文处，任中英两国政府关于香港问题谈判主翻、中英联合联络小组中方五人小组成员。1985 年张幼云与丈夫宋明江同赴伦敦就任中国大使馆政务参赞。1987 年 12 月巴斯大学授予张幼云荣誉硕士学位，以表彰她为中英友好关系作出的努力。1990 年张幼云从中国驻英国使馆卸任回国，"转行"进入中国劳动部国际合作司工作，1991 年就任中华人民共和国劳动部国际合作司司长。1994 年张幼云出任国际劳工组织"女工问题特别顾问"，1999 年成为国际劳工组织性别平等局首任局长。2004 年退休后，张幼云担任中国就业促进会副会长、中国经济社会理事会理事、中国国际城市化发展战略研究委员会副主任。

张幼云

激情专业勇闯国际舞台
永不言弃成就精彩人生

在中英外交史上，有两段具有代表意义的事件被大家熟知，那就是1982—1984年，中英两国政府就"香港问题"进行了22轮谈判。1982年9月，邓小平同志与英国首相"铁娘子"撒切尔夫人进行了首次会见，为1997年香港回归开启了重要的历史性进程。1986年，英国女王伊丽莎白二世对中国进行了国事访问。女王是首位访问中国的英国国家元首，这也成为她在位70年期间进行的最重要的访问之一。在这两段珍贵历史流传甚广、家喻户晓的照片和影像里，英国女王伊丽莎白二世和撒切尔首相访华期间，身边经常会出现一位女士——我国著名的外事翻译家张幼云，她亲自参与并见证了20世纪80年代我国改革开放时期中英友好关系的重要发展历史时刻。

英国巴斯大学为表彰张幼云在关于香港问题的谈判和接待英国女王访华工作中作出的杰出贡献，授予她荣誉硕士学位。在60年的职业生涯中，张幼云曾经多次转换职业：在北京外国语学院（现为北京外国语大学，下文简称"北外"）学习英语，后留校任教；1974年被派往英国巴斯大学深造，学成归国后被调到外交部工作，先后为多位国家领导人担任翻译工作；后调到驻英使馆，担任政务参赞，主要负责议会工作和双边关系；1994 年，又被国际劳工组织聘为女工问题特别顾问；退休后从事民间社团工作。

每当走进新的职场，张幼云总是以激情和专业精神积极面对，并且取得骄人成绩。这得益于她的两个性格特点：一是她敏而好学，对新事物敏感，习惯学习思考和不断钻研，能够精准把握新岗位的目标和要求，从而制定出切合实际的工作规划，掌握工作节奏；二是她视野开阔，勇于创新，不墨守成规，不满足于既有的成绩，不拘泥于现成的模式，善于打开新局面。张幼云以"永不言弃"和"视野、激情、专业"勉励自己和年轻人。希望青年朋友能从她的人生故事中得到有益的启发。

张幼云表示："我已进入耄耋之年。回顾自己走过来的人生路心中无限感慨，充满了深深的感恩和感激之情。我感恩于遇上了这个时代，感恩于党和国家对自己的教育和培养，感恩于给了我生命的父母，感恩于在人生路上指引我的长者，感恩于给了我那么多支持和帮助的同事和朋友，感恩于我的母校北京外国语大学，感恩于我的家人给了我无限的爱。"

童年时光　曾经的舞蹈梦

张幼云 1940 年出生于湖北省郧县（现为十堰市郧阳区）。两岁半时，父亲因病去世，母亲带着她们姐妹三人来到武汉。母亲是位小学教师，以微薄的收入含辛茹苦把三姐妹拉扯大，生活十分不易。张幼云 5 岁时，有一天母亲买了几根贱价处理的香蕉给她吃，她接过香蕉不知道剥皮就往口里送，母亲看到后忍不住落泪。她 6 岁时得了一场副伤寒病，母亲带她去看中医，最后一服中药家里没有钱买，好在张幼云还是康复了。两个姐姐读书成绩都不错，二姐成绩非常优异，学校要保送她上高中，但因为凑不出学费，没上成。两个姐姐最后都选择了公费师专，张幼云是三姐妹中唯一的一个大学生。虽然家境贫寒，但张幼云的童年还是在母亲和两个姐姐的关怀爱护中无忧无虑度过的。

抗美援朝初期，著名豫剧表演艺术家常香玉用演出所得的报酬为志愿军捐献一架飞机，在全国引起很大反响。小学生张幼云也受到极大鼓舞，积极参与集资捐助志愿军活动，每天利用放学的时间，到大街小巷和轮船上，积极宣传义卖抗美援朝纪念章。由于表现突出，张幼云被评为"武汉市特等和平小战士"，受到市长吴德峰亲切接见，并授以最高礼遇——在少年先锋队队旗下拍照。张幼云从小就表现出了强烈的爱国主义精神和积极参与社会

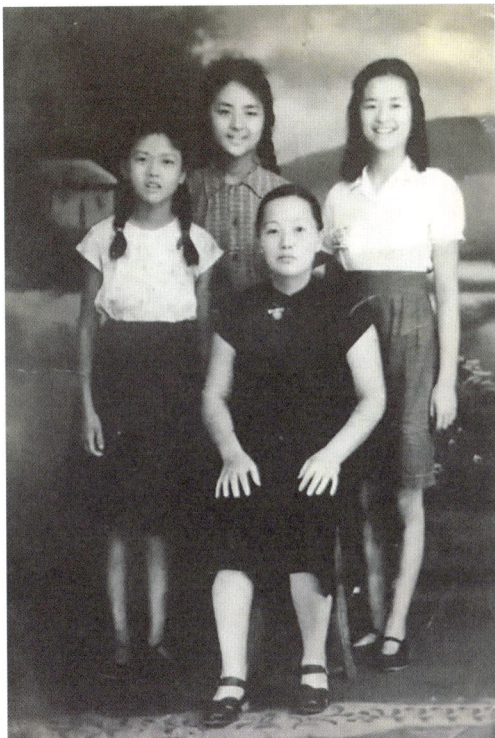

张幼云（左一）童年时与母亲及姐姐的合照

活动的毅力决心，这也为她以后的职业生涯打下了良好基础。

1951 年张幼云小学毕业，进入省三女中学习。此时的她对舞蹈产生了浓厚的兴趣，每两周从武昌坐轮渡到汉口文化馆参加舞蹈班的学习。1954 年，刚刚成立的北京舞蹈学校（北京舞蹈学院前身）首届招生。张幼云得知消息并得到母亲的允许后，独自一人从武昌坐火车追梦到北京来投考北京舞蹈学校。"听说有两三百人报名，还有来自美国的海外报名考生。舞蹈学校最后正式录取了 8 名，备取 4 名，我名列备取第二位。"张幼云回忆道。因在北京没有亲戚，张幼云考试后便回到武汉家里等待学校最后的录取通知。

然而命运的轮盘在此时缓缓转动——张幼云回到武汉后，正遇上长江暴发特大洪水，水位达到 29.73 米，形势非常严峻，全市处于抗洪紧急状态，学生们也被动员起来上堤。等到抗洪结束后学生返校上课，张幼云一直没有接

到北京舞蹈学校的通知书，就认为自己没有被录取，也没有想过应该写封信给舞蹈学校询问最后录取结果。

直到 34 年后的 1988 年，中央芭蕾舞团访问英国，冀朝铸大使为中央芭蕾舞团举行招待会。会上，张幼云特意找到当年正式录取的八人之一，著名芭蕾舞表演艺术家钟润良询问当年录取情况。她告诉张幼云，当年备取的同学都被学校正式录取了。这是 34 年后张幼云得到的迟到的消息。张幼云想，可能因为那时还没有武汉长江大桥（大桥是 1957 年建成的），汉口和武昌的普通邮件通信都得通过轮渡，当时洪灾险情十分严峻，邮件不能正常送达，积压时久，而舞蹈学校给她的录取通知书可能就在其中。

一封没有抵达的信就这样使张幼云与她的舞蹈梦擦肩而过了。不然，此时的张幼云也可能经历的是另一番别样的人生。

邂逅英语　与北外结缘

1957 年张幼云高中毕业，高考报考的第一志愿是天津大学化工系。但那一年刚好遇上北外首次在全国部分地区提前公开招生。在此之前，北外的学生都是保送的。招生办的老师来到学校推介北外。高中三年一直都是班里俄语课代表的张幼云记得最清楚的推介内容就是当年在莫斯科举行世界青年联欢节时，一些北外的学生都被派去当翻译。张幼云觉得当翻译挺有意思的，可以接触很多人和事。作为外语老师的班主任朱序清老师积极鼓励张幼云报考北外。最终张幼云改变了报考志愿，从工科跳到文科，就这样走上了与外语结缘的人生路。

张幼云最终以中南几省第一名的成绩被北外录取，勇于挑战和接受新鲜事物的她填写的第一志愿是法语系。"我们那年高考录取人数很少，全国总共才录取了 10.7 万人。我考上了大学，而且还被提前录取，心里很高兴，整个暑假还兴致勃勃地练会了法语的小舌音。但没想到开学报到时却发现自己被分配到英语系，我想是不是搞错了，就到教务处去问个明白。"原来是当

2007 年，张幼云和中学班主任朱序清老师（右）在北京首都国际机场见面

年报英语系的人数不够，张幼云填报的第二志愿是英语系，在第三志愿栏填的是服从组织分配，所以学校就把张幼云分配到英语系了。"我当然不好再坚持，就这样，我就同英语结缘了。有时回想起来，觉得人生真奇妙，一路上有很多节点和路口，充满了各种可能，不知什么时候的一个机缘巧合，人生轨迹就发生改变，通向了未曾设想过的远方。"

　　20 世纪 50 年代，绝大多数中学的外语课都是教授俄语，张幼云所在的中学也不例外，所以她的英语启蒙和学习都是从北外开始的。课上老师耐心指导和纠正学生发音，课下一个班十几个人围着笨重的老式录音机一遍又一遍反复跟读模仿，许多同学还持一面小镜子进行口型练习。有些同学受乡音影响严重，矫正起来非常吃力，常常练得口干舌燥、嘴巴起泡。但大家都知道这是基本功，必须苦练。此外，老师还教大家掌握单词重音、逻辑重音、语调、意群节奏等，精读课上的语法、句型训练都非常严格。张幼云和同学们都进步神速。

　　"自我上大学以来，60 多年过去了，但每当我回首在北外学习和工作的情景，心中对母校和老师总是充满了深深的感激之情。虽然我在英语系学习的时间不长，总共才三年，但是在那个大的历史背景下，我和我的同学们还是很幸运的。我们在北外接受了当时条件下能够得到的最好的外语教育，为日后的终身学习打下了扎实的听说读写基础。"

1960年中苏关系恶化，根据中央精神，在北外留苏预备部进修的原本计划派往苏联学习的学生大部分留在北外改读外语专业。一时英语系急缺师资，于是学校决定从四年级抽调10余名学生和包括张幼云在内的4名三年级学生，经过短期培训便立即到第一线担任教学工作，张幼云就以这种方式提前毕业，开始了教学生涯。

张幼云认为，自己学习英语的时间不长，底子薄，要完成好教学任务，需要克服不少困难，付出更多的努力。虽然教研组有老教师对他们"传帮带"，但如何落实到自己的课堂教学和对学生的辅导上，还需要做大量扎实的功课。每天晚自习时间张幼云总是待在教室里以便同学随时问问题，或者给有困难的同学开"小灶"补课，然后再回到宿舍备第二天的课直到深夜一两点。那些年虽然艰苦，但过得十分充实有意义。

张幼云和其他同学一道，听从组织安排，刻苦学习，努力工作，在工作

2018年，张幼云和宋明江在奥地利

生活中锻炼成长。"回想起来，那些年真是激情燃烧的岁月，令人难忘。"也正是在北外做英语教师期间，张幼云与后来成为她丈夫的宋明江相识相知。宋明江毕业后，二人喜结连理，并同时入职外交部，成就一段中国外交史上的伉俪佳话。

在北外学习和教书期间，张幼云耳濡目染，受到了良好的校风、系风的熏陶和影响，对她的人生观和价值观都产生了长远的影响。在业务领域，国宝级大师王佐良、许国璋、周珏良等教授兢兢业业、一丝不苟的学风和严谨的治学态度给张幼云树立了永远的榜样。"每当想起他们，我的心中总是感到深深的敬仰。这也鞭策和激励我，业务精进的路还很长很长。我对专业也始终抱着一颗敬畏之心。"

入职外交部　翻译生涯

1973 年，国家首次从部分中央机关和大学抽调一批年轻同志前往英国进修，张幼云位列其中，被派到巴斯大学学习一年。学成归国后，在北京站月台上，前来迎接他们的英语系领导告诉张幼云，她被调到外交部翻译室工作，要她休假一段时间后到外交部报到上班。

张幼云对调动工作一点思想准备都没有。她在巴斯大学学习期间收集了不少资料，做了许多笔记，都是与教学相关的。现在要入职到外交部，虽然是到翻译室，还是用英语工作，但外交翻译与教学还是很不一样的，一切又要从头学起，心里不免有些忐忑。

张幼云清楚记得刚到翻译室时，有一天听到两位同事在谈翻译"颂词"一事，张幼云大惑不解，心想外交部怎么还要翻译"宋词"。后来才知道是自己把"颂词"当成"宋词"了。"颂词"是外交术语，指的是建立外交关系的国家之间互派使节时，派遣国大使向驻在国元首或政府首脑表示友好的祝词。这个例子让张幼云意识到，要做好外事翻译，需要好好学习外交常识，充实自己，要关心时事，紧跟形势。外事无小事，来不得半点马虎。

那时张幼云住在位于北京西郊的北外家属楼，每天晚上下班后自行"补课"，周日还常常骑车到位于城东的外交部翻译室阅读翻译材料的卷宗，给自己加油。那时的学习条件远没有今天这么优越，参考书、外文书等资料严重短缺，更没有现在网上搜索查阅资料的渠道，但张幼云迎难而上，主动创造学习条件。"我越学越发现自己的不足，越学越觉得需要学的东西太多。'三人行，必有我师焉。'对我而言，我更得虚心向他人学习。"

1974 年 11 月，张幼云刚到外交部翻译室工作两个多月，正遇上尼日利亚国家元首戈翁访华。领导安排张幼云给李先念副总理当正式会谈翻译。张幼云深知这是领导对自己的信任，但她却陷入深深的忧虑：自己刚来外交部，外交会谈翻译也从未接触过，在这种情况下怎么能给国家领导人的正式会谈当翻译呢？出于对工作负责的考虑，张幼云找到翻译室和礼宾司的领导，郑重表明了自己的态度，恳请他们考虑换人。礼宾司领导接受了张幼云的意见，安排了唐闻生同志担任这场会谈的翻译。这是张幼云第一次听现场翻译，也是一次很好的学习机会。从唐闻生的翻译中，张幼云得到了深刻的启发：翻译除了一定要准确外，再就是要传神，要努力把对话人双方的意思准确到位地传达出来，这一点非常重要。在张幼云后来的翻译生涯中，她一直将"准确""传神"作为自己的座右铭，一直朝这个方向努力提高自己。

张幼云改行到外交部当翻译时已经 30 多岁了，当时深知自己的知识底子和结构与做好外事翻译有很大的距离。特别是做外事翻译，把握语言和政治的关系极为重要，这对自己的政治素养、专业水平和学习能力都提出了更高要求。要做好工作，只有加倍努力才行。张幼云前后在外交部工作了 17 年，得到了很多的锻炼和熏陶，提高了政治觉悟和素养，拓宽了视野，养成了关心形势、关心大事、注重学习的习惯，也培养了严谨的工作作风和纪律意识。这些对她在思想上的进步和事业上的发展都起到了十分重要的作用。

英国女王访华　全程陪同翻译

中英两国政府通过谈判顺利解决了历史遗留下来的香港问题，开启了两国关系的新篇章。应时任国家主席李先念的邀请，英国女王伊丽莎白二世于1986年10月来华，对我国进行国事访问。《泰晤士报》表示，女王的这次访问是一个"历史性的时刻"，这表明，"中英关系两个世纪以来第一次犹如北京的秋季那样温暖和晴空万里"。

这是英国历史上首位国家元首对中国进行的正式访问，意义重大。访华前夕，外交部来电通知使馆调张幼云临时回国参加接待英国女王访华的工作，担任女王访华全程的翻译。这次不同于以往做政治会谈翻译，张幼云根据女王访问的性质，重点结合英国女王要参观的北京、西安、上海、昆明等地的历史和文化景点做了详尽的准备工作。访华期间，英国女王同邓小平同志、国家主席李先念和其他国家领导人进行了会见，参观了故宫、长城、秦始皇陵、兵马俑坑、城隍庙、滇池等历史文化景点。英国女王对中国文化和文物很感兴趣，她每到一地都受到了官方高规格、隆重的接待和群众自发的友好、热烈的欢迎。英国女王这次访华，也带来了她的"不列颠尼亚号"皇家游艇和皇家仪仗队，尽可能利用这次机会向中国和世界展示英国的历史

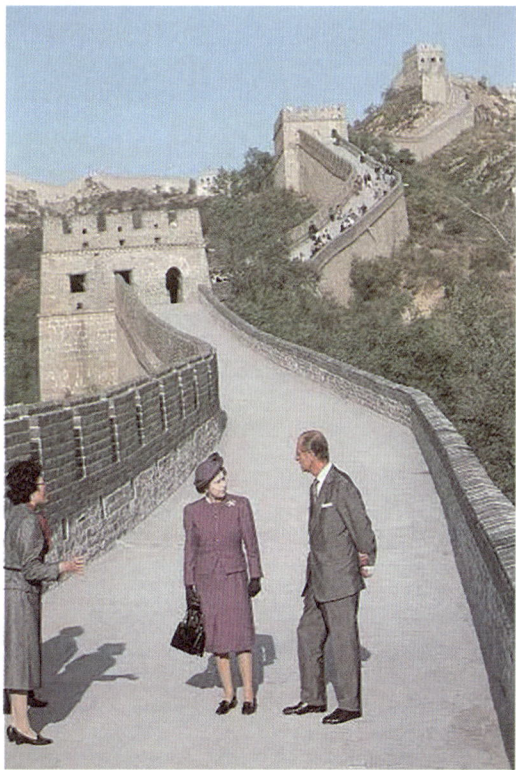

1986年10月，张幼云陪同英国女王夫妇参观长城

和文化传统。

　　李先念主席在欢迎英国女王访华举行的国宴致辞中高度评价女王访华，说这是中英关系史上一个重要的里程碑。英国女王在她的讲话中也表示到中国访问是她的夙愿。访问的第二天，邓小平同志（当时是中共中央顾问委员会主任）在钓鱼台国宾馆养源斋专门会见并设午宴款待女王和菲利普亲王。张幼云记得邓小平同志特意走到养源斋古色古香的庭院中迎接女王一行，他笑容满面握着女王的手说："能请你们来很高兴，请接受一位中国老人对您的欢迎和敬意。"小平同志和英国女王进行了非常亲切友好的交谈。

　　英女王访华非常成功。结束前夕，她在"不列颠尼亚号"皇家游艇上举行了告别招待会。宴会结束前，英女王在外交大臣杰弗里·豪的陪同下接见一些社会名流，张幼云也在其中。英女王接见张幼云时亲切说道："我和菲利普亲王非常高兴由你全程陪同做翻译，你的工作非常出色。"英女王还送给张幼云一枚纪念章和一张有她和菲利普亲王签名的照片。英女王还对外交大臣杰弗里·豪说："张女士在访问中给了我不少有趣的信息和建议。"后来外交部礼宾司还转交给张幼云一封由英国女王私人秘书奉女王之命写的感谢信。

　　亲爱的张女士：

　　我奉女王之命写这封信，向你表示女王陛下和爱丁堡公爵最热忱的谢意，感谢你完成翻译任务的方式。在一个国事访问中，没有什么工作比你作为翻译担任的责任更重要了。女王陛下认为你的工作尽善尽美，女王陛下和爱丁堡公爵都十分欣赏你的陪同，尤其感谢在访问中的各种场合你所给予的智慧和有益的建议。

　　我愿在此也表达王室工作人员对你的感谢和良好祝愿。我希望，并且我们大家都期盼不久我们在伦敦再见。

　　　　　　　　　　　　　　　　　　　　　　　你的诚挚的

　　　　　　　　　　　　　　　　　　　　　　　罗伯特·菲洛斯

　　1987 年 12 月，英国女王访华一年后，巴斯大学授予张幼云荣誉硕士学位，以表彰她为推动中英关系发展做出的"出色的工作"（distinguished work）。

1987 年，巴斯大学授予张幼云学位的仪式

　　1987 年 12 月 23 日，《泰晤士报》刊登了巴斯大学授予张幼云荣誉学位的照片，照片下方的说明中介绍张幼云是女王陛下和撒切尔夫人访华期间的翻译。

　　1987 年 12 月 24 日，张幼云收到了唐宁街 10 号首相官邸寄来的信，是撒切尔夫人写来的，她在信中说：

HE TIMES WEDNESDAY DECEMBER 23 1987

Chinese interpreter honour

Madame Zhang Youyun, the cultural counsellor who interpreted for the Queen and for Mrs Margaret Thatcher visits to China, after receiving an honorary Master of Arts degree at Bath University yesterday. On her immedi Ji Chaozhu, the Chinese Ambassador, next to Mr Mingjiang Song, Madame Zhang's husband (Photograph: J

1987 年 12 月 23 日，《泰晤士报》刊登张幼云获得学位的照片

亲爱的张女士：

　　我很高兴得知巴斯大学授予你荣誉学位，并在《泰晤士报》上看到了你的照片。这又使我想起了女王访华时许多愉快的回忆。请接受我热烈的祝贺。

你的诚挚的

玛格丽特·撒切尔

　　张幼云收到撒切尔夫人这封信大感意外，没想到以"铁娘子"著称的她还有这一面，这真是一个非常意外、大大的惊喜。1990 年，张幼云结束使馆任期回国前夕，又收到了英国副首相兼外交大臣杰弗里·豪写给她的信。他在信中说："我通过翻译或在翻译的帮助下参加过许多谈判。翻译的角色永远是重要的。但我认为，没有哪次的成功像香港谈判这样，在这么大程度上归功于翻译，你在香港谈判中起了十分宝贵的作用……"他最后还写道："我还清楚地记得，1986 年女王陛下对中国进行国事访问时你作为翻译工作做得

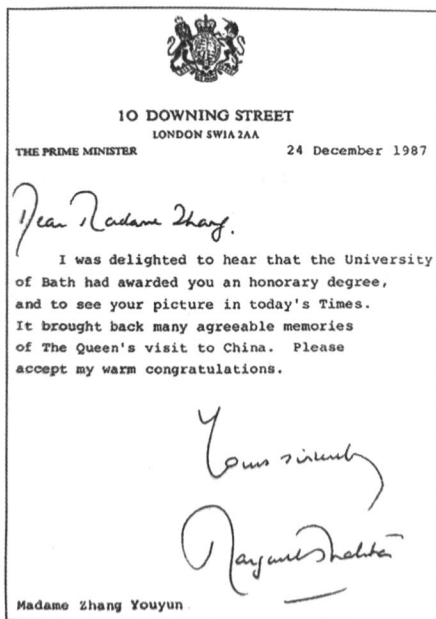

1987 年 12 月 24 日，撒切尔夫人给张幼云的信

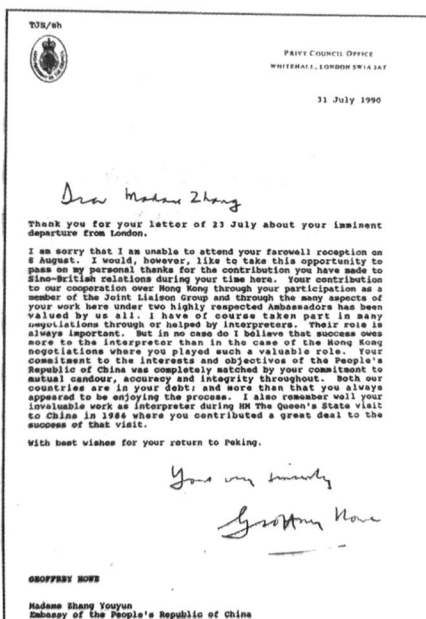

1990 年 7 月 31 日，英国外交大臣杰弗里·豪给张幼云的信

很出色。你为访问的成功作出了很多贡献。"

这些美好的回忆都珍藏于张幼云的心中。她把这些褒奖看作不仅是对她个人工作的肯定，更重要的是对在国际交往中翻译工作的重要性所给予的肯定。

学习充电　备战新征程

1990 年年底，张幼云从英国使馆任职期满回国后不久参加了中央党校的学习班。参加工作 30 年了，张幼云很珍惜这次集中时间能静下心来认真读书的机会，也是一次很及时、很重要的充电机会。

那段学习使张幼云特别受益的是，在深化对时代发展趋势和中国特色社会主义认识的基础上，用辩证唯物主义和历史唯物主义的观点结合工作实际对自己的思想和工作进行梳理并进行比较深入的思考。此外，这次学习使她有机会同来自不同地区、不同领域的学友相互交流，共同探讨。通过学习，张幼云对自己也有了更清楚的了解，提升了历史思维、辩证思维和系统思维的自觉性和能力，增强了全局意识和战略性思考意识，在分析问题时更加注意某一事物和其他事物局部和全局的关系。这次学习对张幼云后来到劳动部主持外事司的工作以及到国际劳工组织任职都起到了重要的指导作用。

1991 年，张幼云在党校学习期间，外交部领导找她谈话，希望她能到劳动部过渡半年后到国际劳工组织任职，接替即将退休的在国际劳工组织担任助理总干事的那位同志。张幼云认真考虑后接受了这个挑战性的安排，这意味着她将要从工作了将近 17 年的比较熟悉的外交翻译领域转到此前从没接触过的劳动领域。进行一个这样大的职业转换，张幼云需要一切再从头学起，从头干起，而那年的她已经 51 岁了。

张幼云到劳动部走马上任，劳动部部长阮崇武决定让其担任外事司第一副司长兼劳动部国际劳工研究所所长。当时正值劳动领域进行力度很大的改革，涉及劳动法的制定和劳动领域的诸多方面，急需学习和借鉴国际经验。

为了做好工作，张幼云必须尽快熟悉劳动领域的业务。"幸运的是，我得到了劳动部领导亲切的关怀以及业务司局同事们的热心支持和帮助，特别是就业司的同事们，他们还邀请我参加农村富余劳动力转移就业试点的国家级项目。这个项目的一个主要目的是研究政府如何发挥主导作用，为农村富余劳动力的有序转移就业创造有利的政策环境和建立城乡衔接的劳动力市场，这实际上就是后来农民工进城大潮的雏形。"

参加这个项目使张幼云有机会到安徽、山东等省接触改革实践的第一线。在那里，她感受到正在涌向农村的改革浪潮释放出了越来越多的农村富余劳动力，他们要走出农村，他们要就业。同时张幼云看到，长期存在的城乡二元结构使得我们这方面改革的步履十分艰辛，涉及的问题太多，是一个庞大的系统工程。"在过去，我对基本国情了解不深、不透，此时有机会补课，我很珍惜这个难得的机会，越学越觉得有意思，越学越觉得自己需要学的东西太多。"半年后，阮崇武部长问张幼云到劳动部工作的体会。她不假思索脱口而出："我感到特别充实，觉得自己的双脚现在站在祖国的大地上，不是悬在半空。我对改革的必要性和复杂性也有一些切身体会了。"这是张幼云从心底深处迸发出来的感受。阮部长听了之后很高兴地说，劳动工作大有干头。

那时，国际形势和我国同劳工组织的双边关系仍然严峻，劳工组织甚至还冻结了我国和苏联在劳工组织里的两个助理总干事的高级职位。在政治层面要解决这个问题，属于劳动部同劳工组交涉和斗争的范围。在个人层面，原先组织安排张幼云在劳动部"过渡"6个月，然后去日内瓦任职的安排显然不现实。但对张幼云来说，这丝毫没有影响她的情绪："因为我感觉在国内劳动领域工作很有意义，非常充实，对原先只有外交工作经历的自己来说是一个难得的补充。我觉得我很幸运。随着时间的推移，我更加深切地感到，对国情有深刻的了解，无论在国内还是国际上，是做好工作的基础。时代对我们提出了更高的要求，我们对国情和世情应有更多的了解，才能做好工作。"

外事司改名　亮相国际讲台

1992 年 6 月，张幼云被任命为外事司司长。张幼云一改外事司以往仅服务于各司迎来送往、礼宾、翻译等工作的局限性，主动联系各司，考察出国需求，制订劳动部出国考察计划，与业务司更好地交流合作，并积极促成外事司改名为国际合作司，更好地为劳动领域的改革服务。

张幼云首次主管一个司的工作，而且是"双肩挑"，既是劳动部国际合作司司长，同时又是国际合作司党支部书记，既要抓思想又要抓业务。张幼云在工作中边干边学，不断取得成绩。1994 年，国际合作司被评为劳动部先进单位，国际合作司党支部作为劳动部先进党支部被推荐到中央国家机关党委接受表彰。《中国劳动报》在头版对国际合作司进行了报道。

在劳动部主持国际合作司工作期间，张幼云每年除作为中国代表团秘书长参加国际劳工大会外，还要两次率团代表中国参加国际劳工组织理事会会议，并在会上作为中国政府代表发言。站在国际讲台上，往往一个小小的细节就可能引起很大的反响。1993 年春，张幼云第三次参加劳工组织理事会会议时，她和同事们商量，决定在全会发言时做两点小变化。第一个小变化是，张幼云讲话的前一部分直接讲英文，目的是想改变一下其他国家的人对中国人讲不好英语的看法，后一部分仍讲中文，通过同传翻译，以免影响国际劳工组织找借口减少对中国提供同声传译的人数。第二个小变化是，我方发言时，张幼云将视情况对现场其他国家代表的发言做适当的呼应，增加一点互动，但对我方发言不做任何实质性的改动，如增加"正如某国代表所说的""在这个问题上，中国代表团与某国代表持有相同的看法"。张幼云掌握的原则是，对参会前在国内已请示批准的发言稿不做任何实质性改动，只是增加一点现场呼应，这一方面表明我方认真参会的态度，另一方面也与大家"拉点关系"，为日后同一些代表的交流做点儿铺垫。尽管这是极小的动作，但收到了不错的效果。"那天当我开始用英语发言时，才刚讲了几句，就感到会场上有些人在左顾右盼，好像在找中国代表坐的位子，可能他们感到发言人的声音与通常从同传箱里传出来的不太一样，是中国代表自己在直接讲英语。会间休息时，有几位代表对我说，我讲的英语很漂亮，问我在哪里学的。当我回答是在中国学的时，他们都表示惊讶。还有一位非洲国家的劳工参赞特地走过来对我说：'Madame, you are the star this afternoon.'（夫人，你是今天下午的明星。）"

张幼云在劳动部国际合作司工作的两年多时间里，无论是参与国内劳动就业领域的改革和国际交流，还是在国际劳工组织平台上参与劳动世界的国际事务，都得到了很多锻炼，对国情和世情都有了很多收获。张幼云对就业作为民生之本、安国之策的复杂性、系统性，中国在经济社会转型期间就业问题的重要性和特殊性，以及中国解决方案的意义和贡献都有了切实的感受和感动，也丰富了自己在国际平台上应对形势变化的经验，提升了能力。"我为自己参与了这个进程感到幸运和光荣。"

国际劳工组织的任命　国际职业生涯的开始

1994 年 6 月国际劳工大会期间，张幼云作为中国政府代表团的秘书长陪同劳动部李伯勇部长会见劳工组织总干事汉森。会见快结束时，总干事对李部长说，他决定任命张幼云为国际劳工组织女工问题特别顾问，并要求张幼云于 9 月 1 日到日内瓦总部上班。李部长对这项任命尤其是担任这个职位没有思想准备，我国常驻联合国日内瓦代表团的劳工参赞事先也没有获得相关消息。李部长当场向汉森总干事表示中方考虑后再做回复。中国一直希望恢复被国际劳工组织"冻结"的助理总干事职位，虽然对张幼云的这个安排离中方要求相去甚远，但鉴于当时的形势和可预见的未来，我方考虑"先进去一只脚，总比不进去好"。最后，李部长同意了劳工组织做的这个工作安排。张幼云就这样来到国际劳工组织工作并与性别问题结缘，开启了职业生涯中的又一个新征程，进入一个她从未想过的新领域。

1994 年 9 月 1 日，张幼云到日内瓦国际劳工组织总部报到，正式担任国际劳工组织女工问题特别顾问，负责整个劳工组织的性别问题。张幼云首先见了人事司司长。她对张幼云表示欢迎后，简要但很正式地对她说，作为劳工组织的官员，必须遵守《联合国宪章》和劳工组织的章程，任何时候不能代表任何国家和群体工作。张幼云此时强烈意识到，自己的身份已经转换了，现在是一名国际组织官员了。

在国际劳工组织里，女工问题特别顾问办公室是个被边缘化的、很不起眼的单位。编制很小，实际工作无人过问。这种状况也从侧面反映出，那时在国际社会（包括联合国各专门机构），性别问题远不在主流工作的范围内，不像现在这样受到广泛重视。面对困难怎么办？张幼云受党和国家教育培养多年，又是个好强不服输的人，她选择既来之则安之，对别人的眼色、议论一概“视而不见，听而不闻”，一门心思干工作，还要争取干出点成绩。“我采取这个态度的背后还有一个重要原因，那就是我自己心里清楚，在劳工组织里虽然我已不再是代表中国政府的官员，但我是中国人，是中国人的一个代表，在困难面前我也绝不能退却，我绝不能给中国人丢脸，不能给中国丢脸。这个问题我想清楚了，心里也就更有定力了，在困难和挫折面前就有了坚持下去的决心和力量。”

张幼云在短时间内调整了入职状态，很快就心无旁骛地投入了工作。她抓紧时间熟悉劳工组织的规章制度和工作程序，集中了两周时间密集拜会各主要司局领导和重点处的负责人，同时也留心发现合适目标，为日后工作中的多方接触打基础。

筹备世妇会　性别平等第一课

启动劳工组织参加第四次世界妇女大会的准备工作，是张幼云当时面临的最大、最紧迫的挑战。9 月刚到劳工局还没有完全安顿下来，11 月就要到维也纳参加世妇会的欧洲筹备会，然后又要赶到塞内加尔参加非洲世妇会的筹备会。"以前我在外交部和劳动部工作时曾多次参加国际会议，有一定的经验，但这次不一样，因为身份变了，这是我第一次以国际劳工组织女工问题特别顾问的身份参加会议，是我的 debut（首场亮相）。会上我还要代表国际劳工组织发言，心里当然感到忐忑不安，特别是想到 NGO（非政府组织）性别问题积极分子们当场可能会提问题，要我回答劳工组织对这些问题所持的态度，我心中就更没有底了。"面对新的挑战，张幼云除了抓紧时间认真阅读筹备会的材料外，还同时恶补了与性别问题有关的国际公约和国际劳工标准，并结合从业务司局索要的几篇资料和劳工组织的关注点做了笔记，对可能会被问及的问题绞尽脑汁做了些准备。

参加欧洲筹备会的过程比较顺利，张幼云主动接触了总部在欧洲的几个联合国专门机构中负责性别工作的同事，主动同她们建立了工作联系，有助于了解和借鉴她们的机构备战第四次世界妇女大会的情况。这次会议让张幼云对东欧国家在 20 世纪 90 年代剧变后的国家转型期间各种社会矛盾的激化以及性别不平等问题严重加剧的状况有了一些了解。

去塞内加尔参加非洲的筹备会对张幼云来说是一次很有意义的经历。她在外交部工作时曾到过非洲许多国家，不仅是非洲大陆的东部、西部、南部和北部的许多国家，甚至印度洋上的马达加斯加、塞舌尔、毛里求斯也都访问过，但都是在领导人出访时以翻译的身份去的。这次参加非洲片区的会议使张幼云接触到了更加真实的非洲，看到了贫困以及贫困造成的落后，使她对消除贫困是国际社会，特别是发展中国家，尤其是非洲的第一要务有了深切的体会。

在塞内加尔开会期间，张幼云在劳工组织塞内加尔项目负责人的陪同下，一起去看当地的项目。这是一个减贫增收的项目（income generating project），在离海边不远的一个渔村，妇女们把捕捞起的海鱼经过简单的烘烤和沙埋处理烘干，然后送到集市上去卖。项目技术含量不高，但能给妇女增加收入，所以还是很受欢迎的。到达项目点时，张幼云看到二三十位衣衫褴褛的妇女，有的甚至袒胸露背，在烈日下汗流浃背地烘烤海鱼。有几位妇女还把年幼的孩子带在身边，放在她们晒床旁的地上，以便于随时照看。这种工作场景和工作条件，如果不是亲眼所见，是很难令人想象的。"看到此情景，我心里感到很沉重。而这些妇女在工作时还不时地发出爽朗的笑声，我真的很佩服这些劳动中的非洲妇女。"

远处大树下有一群男人围在一起，不知他们是在打牌还是在玩什么，张幼云感到奇怪。项目主管介绍道，经济不好，没工作可干，这些男人就歇在家，妇女干的这些活，他们又不愿意干，说不是他们男人干的活。太阳快下山了，这些妇女收工回家，项目主管就把张幼云带到项目的工作室和她们见面交谈。

当张幼云再看到她们时，简直不敢相信自己眼前这些身着艳丽的非洲特有服饰的妇女就是在项目点看见的那一群人。她们热情地向张幼云介绍说这个项目把她们组织起来成立了合作社，给她们带来了收益和变化。"我问她们增加的收入怎么花，她们说主要用来给孩子交学费，看病买药，而孩子们的零花钱都是找她们要而不是找他们的爸爸要了。"这些妇女张口闭口都是孩子和家庭，让张幼云看到女性特有的爱的天性和无私，也体会到为女性创造有收入的就业机会对家庭的福祉来说太重要了。

在张幼云即将上车返程时，几个妇女跑到车边对她说："We like you.We know you work for us."（我们喜欢你，知道你是为我们工作的。）她们还把张幼云带到她们的"车间"去，给她看在项目中学会的技术——制作出合乎标准的果酱和肥皂。她们制作的产品除小组成员自家用外还送到集市上销售。告别时她们依依不舍，热情地将自制的果酱和肥皂送给张幼云。"回来的路上，我满脑子全是这群妇女的形象，耳边一直响着她们对我说的话：'We like you. We know you work for us.'她们的朴实和真诚深深打动了我。特别是'We know you work for us.'给了我极大的激励和鞭策，给我作为国际劳工组织女工问题特别顾问的工作职责和意义上了生动的一课。我感谢这些可爱的非洲妇女。"

这两次参加世妇会筹备会的收获为张幼云启动劳工组织参加世妇会的筹备工作做了一个很好的铺垫。更重要的是，张幼云深刻感觉到工作的意义，也增强了干好工作的信心。

推动性别平等进程　出任性别平等局首任局长

1995 年 9 月底世妇会成功举办后，张幼云负责起草劳工组织关于第四次世妇会的后续战略。理事会上，张幼云首次以女工问题特别顾问的身份正式亮相。后续战略在理事会得到顺利通过，它标志着张幼云对劳动世界里性别问题的认识和把握由单个的、具体的点的层面提升到了一定的整体层面。经过在劳工组织里一年多的顽强拼搏和制定后续战略的艰苦磨炼，张幼云明确了工作方向，同时看清自己的相对优势，找准自己的职责定位，对之后积极主动、大胆地开展工作奠定了重要的基础。这次后续战略的制定，也使张幼云赢得了不少同事对她主管性别工作的能力和水平的认可和尊敬，同时她也成为第一位在劳工组织用英文起草理事会文件的中国人。

1998 年，来自智利的索马维亚当选为新的总干事，他是国际劳工组织自1919 年成立以来首个来自南半球的总干事，具有丰富的外交经验，曾担任智利驻联合国代表和联合国经社理事会主席，也是 1995 年社会发展世界首脑会议的主席。"他是我接触到的最具有性别意识的国际组织高官和社会活动家。他主政国际劳工组织无疑对劳工组织推动性别平等工作创造了非常有利的环境。"

1999 年 3 月，索马维亚总干事在他的就职演说中多次强调了性别问题的重要性，性别问题是他议事日程上最优先的一个问题。索马维亚上任不久就提出了"体面劳动"的战略，他把"发展"和"性别"作为两大交叉问题放在贯穿于劳工组织的创造就业、扩大社会保障、工作中的权利和社会对话四大战略支柱之上的高度加以强调。同年 12 月，索马维亚总干事撤销了女工问题特别顾问办公室，成立了性别平等局，并任命了张幼云为局长。"我感到特别骄傲和自豪的是被任命的首位性别平等局局长是一位来自中国的女性。"

1999 年 12 月，劳工理事会通过了国际劳工组织（ILO）性别平等和性别主流化战略，国际劳工组织由此成为联合国系统内首个制定性别主流化战略的专门机构，起到了带头引领作用。联合国负责性别问题的助理秘书长安吉拉·金女士特地从纽约分别打电话给劳工组织总干事和张幼云，表示热烈祝贺。2000 年，国际劳工组织又制订了性别平等行动计划，为劳工组织总部各部门和地区局推动性别平等工作和性别主流化提供了一个全面的框架。至此，国际劳工组织为推动性别平等和性别主流化，在政治意愿、战略和计划，以及执行层面和机制层面形成了一个完整的系统，在联合国系统内起到了引领示范作用。

按照当时联合国的规定，张幼云应在 2002 年 8 月 31 日退休。但在 2002 年春天，索马维亚的高级顾问来到张幼云的办公室转达总干事对她的工作很满意，性别平等局的工作还要继续扩大和加强，希望张幼云能推迟一年退休的愿望。张幼云听到后，心情有些复杂，既高兴又有些说不清的感觉。一方面，因为自己的工作得到了高度认可而高兴，因为对国际公务员来说，被要求推迟退休的情况并不多见。但另一方面，张幼云觉得毕竟自己已经 62 岁了，这些年都是自己独自一人在日内瓦打拼，和在驻外使馆任职的老伴宋明江已经分开 8 年了，夫妻二人每年在一起的时间太少了。权衡再三，在宋明江的理解支持下，张幼云最后欣然决定推迟退休。之后，又应总干事的要求，又多延迟了一年。最后这一年，张幼云以高级顾问的身份被派到劳工组织北京局工作，直至 2004 年 8 月，64 岁的张幼云正式从劳工组织退休。

对青年劳动者的寄语

2004 年下半年，张幼云从劳工组织退休后，担任了中国就业促进会副会长，负责国际交流和国际项目。2009 年，中国经济社会理事会推荐张幼云为理事会的理事。在那之后的 5 年间，张幼云每年作为中国经济社会理事会代表团成员参加中国经济社会理事会与欧盟经济社会委员会圆桌会议。还有一次，张幼云作为政协秘书长的代表，应邀到布鲁塞尔参加有关会议。"我只要想到自己还能做些有意义的事来回报国家和社会，我就感到特别幸福。"

2016 年，张幼云正式从中国就业促进会卸任后，同前联合国副秘书长陈健同志一起担任北京外国语大学国际组织学院实践导师，并积极参与了北外校友会的顾问工作。

2019 年，张幼云应邀参加北外本科生毕业典礼并演讲致辞。她向年轻一代的学弟学妹们发表了充满激情和美好祝愿的讲话。谈到自己的职业生涯和工作体会，张幼云用"永不言弃、视野、激情、专业"来概括，她向同学们讲道：

永不言弃（never give up）。我将近 60 年的职业生涯不断让我"一次又一次"深刻地认识到，只要是工作，就一定有困难，没有平坦大道。要迎难而上做强者，在困难面前不退缩，在挫折中变得强大。永不言弃，直至胜利。

视野（vision）。一个人的成长离不开时代的发展和社会的进步，把个人的发展同时代的发展联系在一起，我们才能走得远，走得好。说到视野，就是要把握时代发展的方向，抓住时代提供的机遇，以广阔的视野和宽广的胸怀融入时代的潮流。我们现在正处在一个新时代，我们要实现"两个一百年"奋斗目标，实现中华民族伟大复兴，在国际层面和各国一道打造人类命运共同体。每一个有理想有抱负的年轻人，就要抓住时代发展提供的机遇，担起时代赋予的责任，在这个过程中获得个人的成长和发展，实现人生价值，为国家、为人类作出自己应有的贡献。

激情（passion）。有了大方向，还要有激情，有行动，目标才能变为现实。我们说的激情不是短暂的昙花一现，而是支撑我们不断前行的自我驱动力。要抵挡得住诱惑，经受得起挫折，在磨炼中成长。面对宏伟的目标，我们要志存高远，脚踏实地一步一个脚印地前行。千里之行，

2019 年，张幼云在北京外国语大学本科生毕业典礼暨学士学位授予仪式上致辞

始于足下。Think globally，act locally.（全球视野，脚下践行。）

专业（profession）。对于专业，我们要精益求精，以大师为榜样培养自己就兢业业一丝不苟的学风和严谨的治学态度。对专业要永存敬畏之心。时代发展很快，对知识的广度、深度的要求越来越高，对综合素质和能力的要求也越来越高。学无止境，我们要永远在路上。

我相信在新时代，在建立人类命运共同体的使命中，在国际舞台上青年朋友们会大有作为，前程无限。

回顾自己的职业生涯，张幼云十分感慨。数次职业转换，每一次都面临超越自我的挑战，每一次都有来之不易的收获。特别是在国际劳工组织里 10 年工作的磨炼，不仅彻底改变了张幼云对性别问题的认识，而且在很多方面给予了她丰富的滋养，开阔了视野，丰富了知识，提升了跨学科、多视角把握问题的能力，收获是全面的。最重要的是，张幼云始终坚信中国的两句名言——"活到老，学到老"和"世上无难事，只要肯登攀"。

张幼云用毕生的努力践行着她的座右铭：学习无止境，奋斗无穷期。

喻明生，1930年4月出生，重庆市人。1960年，调入外交部亚洲司边界处。1975—1982年，在驻孟加拉国大使馆担任三秘、二秘。1983年回国，任外交部亚洲司副处长，次年升任处长。1985—1989年，任中国驻菲律宾大使馆政务参赞，协助大使主持馆务工作。1989—1992年任中国驻牙买加特命全权大使。1994年退休，曾在《传记文学》《中外交流》以及"外交官札记丛书"等书刊上发表过多篇文章。

喻明生

从研读儒家经典的少年，
成长为持旄节而立的一国大使

2023 年 4 月，重庆市巴南区木洞镇桃花岛风景区里桃花夭夭，风一吹，漫天花雨落下，有的沉入泥土，有的飘入江中。93 年前，同样是桃花盛开的 4 月，桃花岛风景区还是木洞镇苏家浩村时，一个孩子随着漫天花雨而降生。他的名字叫作喻明生。

生逢纷乱年代，但喻明生是带着温暖和祝福降生的，或许他的父母希望他能拥有光明通达的一生，才将这份祈愿赋予名字之中。喻明生也在用一生回应着这份期盼。他从学生时代开始，就积极参加社会革命，后被调入外交部，从外交部边界处的一名普通文员，成长为持旄出征的驻外大使，这期间参与过中国与巴基斯坦边界勘界、中国与越南边界谈判等重大外交事件。1995 年，喻明生参与了《中国外交官在亚洲》一书的编写，他在书中写下了一句话："知足不辱，实事求是。"这是他对 34 年外交浮沉的总结，更是走过半生的人生感悟。

少年漂泊　心怀远志

1930 年 4 月，喻明生在原四川省巴县木洞镇（现重庆市巴南区木洞镇）

苏家浩村回龙湾的一户日趋破败的书礼之家出生了，家中有父亲、母亲，还有大哥和二姐。父母常年耕种着祖上留下的十几亩农田，在农闲之时还会去做一些副业，虽然没有大富大贵，但一家老小的生计尚可。

即使物质生活上不如从前，但喻明生的父亲始终没有放松对子女的书礼教育。"有田不耕仓廪虚，有书不读子孙愚；不求金玉重重贵，但愿儿孙个个贤。"这是喻家几代人都遵循的古训。喻明生的父亲常常在子女面前念叨着："士者国之宝，儒为席上珍。"作为家中的老幺，父亲对喻明生期待更高些，教育也严厉一些，希望喻明生长大后能"有点出息"。在他还不到五岁的时候，父亲就开始教他读儒家经典，研习孔孟，《三字经》中"人不学，不知义""苟不教，性乃迁"等名言警句，也成为他少年时期的座右铭。

为了求学，喻明生在读小学的时候，就离开家了。现在的桃花岛，曾经的苏家浩村位于长江的支流附近，虽然看着与木洞镇陆地相连，但实际上是一个远离镇上的孤岛。每年雨季的时候，降水增多，长江支流的涨水就会覆盖原本干涸的河床，苏家浩村就被水"围"了起来。"那时候还没有建桥，到了涨水的季节，我们就得坐船才能出岛。"喻明生回忆，"原本岛上的人口也不多，所以并没有设立专门的学校（小学）。"到了适学年龄，苏家浩村里的孩子们需要到十几里外的木洞镇上学。为了解决来往不便的问题，喻明生选择了住宿，小小年纪就离开父母，独自生活。

刚刚10岁出头的喻明生举手投足之间，已经散发出一股沉稳内敛的书卷之气。有一年六月的某一天，还在读小学的喻明生跟随父亲来到木洞镇商会协理林达邦家中祝寿，恰好遇见了重庆市市立中学教务主任黄继珖先生。黄继珖毕业于北京大学，1949年后曾任"川外"英语系主任，他看到喻明生年龄虽小，待人接物却谦恭有礼，张弛有度，立刻表露出喜爱之情，开始与这个孩子寒暄起来。在简短的交谈过后，喻明生竟然在言语之中表达出了"读书志在圣贤，非徒科第；为官心存君国，岂计身家"的情怀和志向。

"这个娃娃口气不小，若好好培养，长大后必然前程无量。"在众多宾客面前，黄继琨先生毫不吝啬赞美之词，给予了喻明生很高的评价。

黄继琨有爱才之心和识才之智，喻明生在这场宴会上遇见了自己的"伯乐"。当了解到喻明生是木洞镇中心小学的学生，黄继琨向同在席间的中心小学校长喻正恒询问了一番学业成绩之后，当场向喻正恒校长提出，希望能让喻明生提前毕业，破格特招进当时在苏家浩村附近豚溪口的重庆市市立中学。

这一次"破格"是因为喻明生之才，也有黄继琨的伯乐之功，更是时代给喻明生的一次机会。重庆市市立中学成为喻明生参与革命运动的起点。

重庆市市立中学创建于 1931 年，是一所具有革命基因的中学。因创建于战争年代，学校几次易址，在 1938 年前后，学校暂时疏散到了木洞镇豚溪口。也因为不断搬迁，学校的学籍管理无法规范和完整，因此只需要教务主任和学校相关领导认可，就可以把有一定天资的孩子破格录取。喻明生进入重庆市市立中学后，也开始随着学校"漂泊"。重庆市市立中学后来又迁移到了沙坪坝、两路口等地，喻明生也跟着去往了重庆市区。历经几次更名、合并，原来的重庆市市立中学变成了如今的"重庆市第一中学"。每年的 4 月 21 日，是重庆一中的校庆日。这个校庆日就是为了纪念从重庆一中走出去，为了中华民族解放前仆后继的爱国师生，其中最具有标志性的学生运动便是 1949 年发生的"四二一"运动。喻明生就是亲历者之一。

在今天重庆一中的校史档案中，依然还能找到喻明生学生时代参加学生运动的飒爽英姿。革命淬炼了喻明生的思想，也厚植了爱国情怀和民族荣誉感。

燃烧旧统治的"火焰"

1949 年 4 月 21 日，在历史长河中的沧海一粟，终将沙埋功过。但对于重庆地区、解放战争而言，是值得铭记的一天。当天发生的"四二一"运动是国民党在中国大陆统治崩溃前夕，在重庆地区发生的最后一次大规模的群众性革命运动。这场运动从教师发展到学生，从校园外延至社会，从经济斗争转变为政治斗争，沉重地打击了国民党残余势力妄图划江而治，负隅挣扎的阴谋，为四川和重庆地区的解放，奠定了舆论与组织基础。

"重庆市解放比较晚，到了 1949 年的时候，重庆还是国统区。"喻明生说。1948 年末，蒋介石政权几近崩溃，却仍然想负隅顽抗，整个国统区的人民也陷入了水深火热之中。国民政府不顾人民生活困苦，为了维持庞大的军费和其他奢靡开支，不断增发货币，导致货币急剧贬值，物价一日数涨，经济全线崩溃。1949 年 2 月，重庆各校开学之时，当地物价比 1948 年 8 月 19 日改法币为金圆券时平均上涨 1000 多倍。如此巨大的涨幅导致重庆物价实际上已经赶上了京沪地区，于是国民党当局也发布消息称，将为公教人员按照京沪地区的调整办法调薪。但是办法具体落实的时候，京沪区按 75 倍调整，而重庆只按 35 倍调整。相比同等程度的物价，这样的调整让公教人员的生活陷入了绝境。于是，重庆各校的师生掀起了声势浩大的"争温饱、争生存"运动。

19 岁的喻明生是一名高中生，第一时间响应了这场运动。他所在的重庆市市立第一中学（1946 年，重庆市市立中学更名为"重庆市市立第一中学"）在"四二一"运动中尤为活跃，是整场运动的领航者之一。"争温饱、争生存"运动自 1949 年 2 月起小规模爆发，渐渐得到了各大中学、高校师生的支持，后来部分工人群众等社会各个阶层都参与进来。其间，重庆一中的学生宣传队伍成立了"大家唱合唱团"，不仅活跃在重庆城区，还远赴沙坪坝、江北、南岸和南温泉等远郊地区，让苏联革命歌曲、解放区歌曲等响彻川渝大地，在学生们自己编创的节目中，公开呼唤要"看到大军要过江"，活报剧《群魔乱舞》扮出了蒋、宋、孔、陈等丑角，经常押解"他们"招摇过市。

游行、示威、抗议……"虽然在国民党统治区，但那时候大家好像都不害怕，都盼望着战争快点结束，重庆快些解放。"看着这些少年意气，喻明生心中也燃起一团火。

1949 年 4 月 21 日一大早，整个重庆变成了一座"死城"，这一天，一场全市学生大游行正蓄势待发。两路口一带路断人稀，在重庆一中校区周围全部都是国民党反动派的军警，校门对面的马路上还并排摆着三挺机关枪。国民党反动派试图用武力震慑住两个月以来不断游行示威的学生们，却没想到学生们根本不怕威胁，反而将"四二一"运动推向了最高潮。

重庆一中的学生们正在安静地等待沙磁区游行队伍的到来，然后冲出去汇合，学生们精心安排了游行路线，串联大部分学校，试图卷起一场全市抗议。但是当天，解放军大军渡江的消息传到了学校，因担心国民党反动派在无计可施之时，迁怒于学生，采用极端镇压措施，造成不必要的伤亡，全市性大游行就变成了分区游行或校内游行。

当夜幕落下，重庆一中的至暗时刻也跟着降临。最初是有人趁着暗夜往校园里扔石块，惊醒了全校学生，4 月 22 日黎明时分，开始有国民党反动派在门口逮捕学生。枪声划破了黎明时分的寂静，学校内部也开始商量应对之策。这时候，中国共产党党组织两次向校内传信，告知战况，要求学生们一定不要蛮干，不要做无谓牺牲。当时的学校校长文艺陶也及时压住了学生怒气，试图出校寻求社会救援，拯救学生。但国民党反动派早已把学校围得水泄不通，并拘捕了校长文艺陶、教师周梅修等 50 余人，还宣布市一中"永远解散"。后来，这些被捕的同志经过斗争和多方营救，陆续得到释放。

即使解散学校以后，国民党反动派也时刻对一中学生进行监视和控制，甚至有的学生夜里唱一首歌，都要被拘禁。中共地下党组织在国民党反动派高压下，依然全力保护每一位学生，组织学生学习，也是在这个时候，许多学生成为党组织的积极分子。不久后，解放大军向重庆奔袭而来，国民党反动派在黄桷垭一带土崩瓦解。

重庆的天，亮了。

带枪搞"宣传"

1949 年 11 月 30 日，人民解放军进入重庆，红色的旗帜飘扬在大街小巷，宣告着重庆正式解放和新时代的到来。12 月 1 日，重庆群众纷纷涌向"抗战胜利纪功碑"（现在的解放碑），看到顶端高高飘扬着五星红旗，激动得热泪盈眶。那一天，重庆万人空巷的场景，始终印刻在喻明生的记忆深处。历时久远，但每每提起，依旧会撼动心灵。"想要跟着解放军走"的信念，在那时候变得更加坚定。

1949 年 12 月 11 日，奉中央人民政府电令，重庆市人民政府正式成立。由于学生时代的革命斗争经历，高中毕业后的喻明生被分配到当时的巴县第六区委员会，负责宣传工作，成为一名宣传干事。"减租退押、清匪反霸、土地改革，中华人民共和国成立初期的所有社会主义改造运动，我都参加了。"喻明生说，"那时候宣传干事跟现在可不一样，我们都是带着枪下乡，开展党的政策宣传。"

20 世纪 50 年代初期，重庆虽然已经解放，但仍有大量国民党军队的残余势力潜入地下，勾结本地的土豪恶霸，对新生的人民政权虎视眈眈。在重庆，这支红色政权想要站稳脚跟，仍旧面临重重考验。"尤其是巴县，它其实离重庆主城区很近，又连接着许多重要关卡，当时人口约 90 万，地位重要。"喻明生宣传工作的重要一项就是深入农村，依靠贫下中农，宣传党的政策，发动群众积极主动地参与减租退押、清匪反霸等民主改革运动。

"那时候国家马上要开始土地改革，但在土地改革以前，要先把一些内患处理掉。"喻明生所说的"内患"，便是一些历史和内战遗留问题。刚刚解放的新解放区，恶霸地主、土匪、国民党特务等反动势力勾结起来，企图动摇刚刚成立的人民政权。在党中央的带领下，新的解放区都会开展大规模的肃清土匪、特务和反对恶霸地主的斗争。通过减租退押、清匪反霸等斗争，为即将开始的土地改革奠定了基础。

　　"这个人民政权能存在多久？""会不会遭到报复？""还会反扑回来，再打仗吗？"……经过了国民政府、地主恶霸等漫长压迫统治，老百姓看到了希望，可是又害怕希望的火苗被浇灭。"我们的主要任务就是要让老百姓从心底里相信，只要站出来一起战斗，就能迎来美好生活。"

　　喻明生每天都奔波于各个村子之间，用双脚踩出了一幅"巴县地图"。为了能和老农民们说得上话，他就和农民同吃同住。一盘野菜，半个白薯，能吃得很香甜。一碗稀粥，就能坐在门槛上和老农民聊半天。"一开始，老百姓可不敢跟你打开心扉，都不敢说。但是只有当地人才真正了解谁是当地的恶霸。"喻明生反复上门，把农民们当朋友，也当亲人。久而久之，农民们开始对他讲出内心的担忧。

　　"知道他们顾虑什么，就好办了。"喻明生开始每天给老农们介绍什么是中国共产党，什么是人民政权以及为什么会胜利并且走得远。有些知识，老农民们似懂非懂，但是却听明白了喻明生话里话外传递的信念：这个人民的政权将为了人民，与恶势力抗争到底。

　　渐渐地，一个又一个的当地老百姓站了出来，开始举报恶霸地主，支持减租退押和清匪反霸斗争。这两项运动也成了土地改革运动的"前哨战"。肃清了暗藏的反动匪帮，镇压了罪大恶极的恶霸，贫苦农民终于能放心地站起来，与土地改革工作队一起开展土地改革运动，没收地主的土地和财产，分配给贫下中农，组织农会，建立贫下中农为主体的民兵队伍，新生的农村基层人民政权逐渐稳定起来。

　　"现在仔细想想，那时候每次下乡工作，都是冒着一定风险的，主要是怕坏人打黑枪，只是当时大家都是二十来岁的革命青年，无所畏惧，党指引到哪里就打到哪里。"喻明生说，在那个年代成长起来的人，"很少考虑到个人安危"。区领导为了保证干部的人身安全，特允许干部下乡工作随身带枪，以防万一。

　　新解放区往往伴随着许多的"黑枪"和动乱，经常会有特务出来暗杀政府人员，地方土匪也有自己的武装力量。"有可能你走在乡间的道路上，就有人出来打你一枪。"喻明生说，"所以，区干部下乡也都得带着枪，是一种保护，也是底气。"

这也是刚满 20 岁的喻明生第一次接触到"枪"，没有人教学，还得自己学会如何"开枪"。幸好，当时政府部门内有许多从部队转业过来的解放军战士，喻明生也有了"老师"。"这段时间的工作是非常锻炼人的，不仅磨炼了工作技能，还练了胆子。"

1954 年，喻明生就被调往了原中共巴县（现在为重庆巴南区）县委宣传部工作。同年，喻明生加入了中国共产党。

改变人生的高考

1956 年 1 月，中共中央发出了"向科学进军"的号召。随着知识分子问题大会的召开，"十二年科技规划"的制定，一场"冲刺科学"的热潮在全国掀起。其中，改变了喻明生一生的便是在职干部可以继续考大学。

抗日战争和解放战争相继取得胜利，却也让中国千疮百孔。国家百废待兴的时刻，最需要的就是能支持国家建设和发展的人才。为了尽快恢复中国国力，改变国家经济落后的面貌，赶上世界科学发展的步伐，党中央要求各大高校全力培养后备人才，为国家组建一批高素质的科技人才队伍。但连年战争过后，中国的高中生源严重不足，于是国家开始广泛动员应届毕业的师范生、中专生，有条件的在职干部，甚至是社会人员积极参加当年高考，再读大学深造。

1956 年的高考，尤其被社会关注。这场高考也改变了喻明生的人生轨迹。

"大概高考开始前的一个星期，我知道了消息，只有 7 天的复习时间。"即使如此，喻明生还是决定必须要参加这次高考。此时，喻明生已经远离学生生活五六年了，初高中的知识也都忘得七七八八了。

只有勇敢的人才能赢得人生的精彩时光，所以人都应该勇于冲锋。喻明生的这一次"冲锋"，为他迎来了云南大学的录取通知书。高考成绩公布后，喻明生被云南大学历史系录取，还获得了每个月25元的助学金。1956年至1960年，喻明生离家远赴云南，开始了四年的大学光阴，四年里，他下过东川铜矿，还遇上了相伴一生的妻子张杰，更获得了外交部的"敲门砖"。

从小喻明生就爱好学习，到了云南大学依旧品学兼优，最终也以各科全优的成绩毕业，并被评为全校"三好学生"。但如今回想记忆中的大学生活，印象深刻的也不过三个关键词："东川铜矿""老张""去外交部"。

云南大学距离东川铜矿不远，喻明生也体验了一段一边下矿一边学习的半工半读的求学生活。东川铜矿是一座国有大型铜矿区，也是第一个五年计划的重点建设项目。1953年2月，从寻甸县羊街至东川因民全长243公里的铜矿公路通车，从此百里矿区也开启了声势浩大、全国参与的"万人探矿"。1953年至1957年，在全国各地和社会各界的支援下，东川铜矿先后向国家提交了第一、二期地质储量报告书，为国家探明了一个大型铜矿基地。其间，为了让学生也不忘艰苦奋斗的优良传统，东川铜矿附近的学校经常会组织学生去往矿区，与工人们一起下井挖矿，喻明生恰好赶上了"万人探矿"的末班车。"老师会带着我们进矿区，我们一边下井，一边上课。"学生与矿工们一起挖矿，也成为具有时代烙印的特别风景。

老张，是喻明生对妻子张杰的称呼。他把与张杰的相知、相恋称为"师生恋"，直到今天还是会不好意思地说，"娶到老张是我高攀了"。

云南大学学习期间，喻明生一直担任系党总支委员会委员兼年级党支部书记，因此会常常负责组织一些学生活动。在一次活动中，他遇见了同在历史系的张杰。张杰比喻明生早两届考入云南大学，在名义上是喻明生的学姐。"他成绩非常好，而且人也非常正派。"这是张杰对喻明生的最初印象。两个人在学生活动中多有合作和接触，渐渐互生好感，但谁也没有说破。一个重庆的老乡当了媒人，替两个人捅破了这层窗户纸。

"那个人是我的老乡，他认识我，也认识老张。"喻明生说，"有一天，他突然问，你觉得张杰怎么样啊，又去问了老张。然后我们就在一起了。"

没有太多的风花雪月，认定了就直接在一起了。1958 年，张杰毕业，选择留在云南大学当老师。1959 年，两人就结婚了。

1960 年，毕业分配工作时，组织上对喻明生说，你可以有两个选择：外交部或者中组部。"那时候，非常巧，外交部只在云南大学要一个人，而且这个人必须是历史系的。"于是喻明生选择了去外交部，外交部对他来说，是一个全新的领域，十分具有挑战性。

1960 年 10 月，喻明生要离开云南，去往北京。而在一个月前，他的女儿刚刚出生。如果去往北京工作，意味着妻子张杰要独自在云南抚养女儿，但张杰决定支持丈夫。

"老张非常不容易的，那时候一个人带孩子。她 1964 年才调到北京。"喻明生说。

1960 年到 1964 年，喻明生和张杰两个人过了三年多"天南海北"的生活。初到外交部，喻明生的工作十分忙碌，当时国内交通并不发达，无法经常回家。留在云南的张杰则需要一边备课教学，一边照顾孩子，还要为口粮发愁。"刚刚生完孩子必须要补充营养，那个年代就是吃鸡蛋。但是鸡蛋多难得啊。"于是，喻明生就攒钱，提前四处高价收购鸡蛋。为了保鲜，每收到一个鸡蛋就用泥土包起来，等需要的时候再拿出来吃。

最头疼的还是粮食供应不足。每家每户的口粮甚至都不够自家人温饱，原本喻明生想要请一个保姆，来帮张杰过渡一下照顾孩子最困难的时期，但是家中根本没有"余粮"。两个人的女儿出生 56 天，就被寄放在托儿所。张杰白天上班，晚上将孩子接回，就这样度过了三年。"我们俩第一个女儿，可是跟着吃了不少苦。"喻明生感慨，心中对女儿多少有些亏欠，"总结起来我们女儿就是先天不足，后天还不良。"

外交生涯初印象：外交工作光荣而艰巨

从 1960 年到 1994 年，喻明生为了祖国的外交事业默默奉献了 34 年。无论是在外交部边界处，还是在孟加拉国、菲律宾、牙买加大使馆；无论是作为一名普通的科员，还是大使馆秘书、参赞，直到持旄节而立的一国大使。喻明生在任何一个岗位上都不计较个人得失，有几分热，就发多大光。

外交部是喻明生的"二次就业"。从宣传到外交，喻明生带着新鲜感和好奇心闯进了新领域。对于这份工作，喻明生又有怎样的初印象呢？

"大部分人印象中的外交官都是穿西装、参加宴会、品尝各地美食。但这只是外交工作光鲜的一面，而在实际工作中，外交工作涉及面很广，需要学习的东西很多。外交无小事，稍有疏忽，就可能出大事，必须勤学苦练，做到万无一失。"喻明生笑着说。

一踏入外交部，喻明生就投入了紧张且忙碌的工作中。国家战乱初定，中华人民共和国刚刚成立，许多建交工作和边界问题都亟待处理。喻明生被分配到了外交部亚洲司边界处，负责边界问题文献资料支持等工作。喻明生仔细思考了一下，自己能获得这个难得的工作机会，不得不说是一次注定的缘分。"我是学习东南亚历史的，其实对于外交（工作）一点都不了解，当时国家外交方面的人才也是很多的，怎么也不会轮到我吧。但恰好赶上了中华人民共和国刚成立，解决边界问题必须要大量史料支持，像东南亚历史这种小众专业学的人也不多。"在喻明生的骨子里，有一份从小浸润出来的谦逊。也因为这份谦逊，他珍惜每一个机会，而"机会"也会在合适的时候，给他回报。

外交部边界处的工作是十分枯燥且繁重的。没有唇枪舌剑和推杯换盏，只有无数个寂静的深夜和满桌的书本地图，忙起来的时候，人常常会被埋进史料里。

不知不觉，在外交部的日子就过去了四年。喻明生对于边界工作也有了自己的心得。1964 年，他被任命为中巴（中国和巴基斯坦）边界勘界其中一个组的副组长，来到了帕米尔高原，为中巴边界勘界竖桩。

"干外交的，还得爬雪山呢。"中巴勘界的过程中，喻明生体验了喜悦，也留下了遗憾。

经过中巴双方和平谈判，1963 年 3 月 2 日，《中巴边界协定》签署。随后，中巴成立了联合标界委员会进行实地勘界竖桩。喻明生去往的是中国、巴基斯坦和阿富汗的三国交界处。1964 年 5 月，在夏天从北京出发，直接在同一个月份，进入了"冬天"。

帕米尔高原，平均海拔 4500 米以上，主要山峰均在 6000 米以上，目之所及，白茫茫一片。从平均海拔只有 43.5 米的北京，登上帕米尔高原，首先要适应的就是高原反应。"每走一步，都要喘一口大气。蹲下来吃口饭，也得费老劲儿。"喻明生居住的地方海拔大约有 4400 米，喝的是化开的雪水，吃的是怎么也煮不熟的羊肉汤。"没有别的食物，每顿就只能吃这个，能带上山的就这一种食物。有一些人受不了羊肉的膻味，也得硬吃。这样才有力气勘界。"

每天，勘界小组都要在雪山里徒步，实地查看边界线，确定合适的竖界桩点位。有一次，我方小组需要去巴方境内与巴方小组会晤，需要爬雪山，穿过积雪很深的山口，只能骑马。"我不会骑马啊。"这让喻明生有些为难了，但是作为副组长，他必须身先士卒。当时，小组的组长是部队出身，是骑马高手，他给喻明生选了一匹最温和的马，在简单教了喻明生坐姿和缰绳拉法后，勘界小队就出发了。

在翻越山口的时候，突然马蹄陷进了很深的积雪里，瞬间失衡，喻明生的棉军帽掉在了地上，顺着山势就滚下了悬崖。喻明生则双腿拼命地夹着马肚子，双手死抱住马脖子，看着帽子滚落的方向，愣住了。这一路，喻明生都是一副如临大敌的模样，等再回到营地，刚下马，就"瘫痪"在地上。组长跑过来拍拍他的肩膀："今儿可是捡回了一条命呢。"

　　喻明生所在小组最后一个竖桩点在海拔 5500 米以上的高峰。虽然只是上爬千米，但高原反应却加重了几倍，许多小组成员都出现严重高反，身体渐渐不听使唤。就在还差 50 米就到达竖桩地点的时候，小组前面出现了一条山谷裂缝。这条裂缝是普通人能跳过去的距离，但不包括严重高反，对身体渐渐失去掌控力的人。"我已经能看到竖桩的地点了，跳过去就到了，万一跳不过去就是万丈深渊。"喻明生想要尝试，但被组长阻止了。

　　"命重要。"组长非常坚定地告诉喻明生。

　　喻明生就躺在一块巨石旁边，看着裂缝对面的伙伴们，完成了竖桩工作。由于缺氧，他昏昏欲睡，但对面的伙伴们拼命喊："千万别睡着了。"秃鹰在空中盘桓，人睡着了就有被秃鹰攻击的可能。

　　喻明生在帕米尔高原待了四个多月。这四个月，他第一次骑马，虽然危险，但事后想来却有些快乐。最大的遗憾是，没能勇敢地跳过那一条裂缝。

1965 年 3 月 26 日，中巴完成勘界并签署了"边界议定书"，中巴两国在边境线上竖立了 40 个界桩。每一个界桩是国之尊严，更承载着无数默默无闻的外交工作者的平凡故事。

　　1975 年 10 月 4 日，中国与孟加拉国建交。因为熟悉亚洲事务，喻明生在 1976 年被派往孟加拉国，参与建馆事务，成为中孟建交的"先遣队"。

　　在 20 世纪 70 年代，孟

1976 年，喻明生和夫人张杰摄于中国驻孟加拉国大使馆门前

加拉国仍是世界上最不发达国家之一，人民生活水平较低，食品安全是个难题。刚到孟加拉国的建馆队伍，常常因为食物而患上急性肠胃炎。但是为了寻找合适的大使馆馆址，熟悉当地国情，交际吃饭又是每天必不可少的事情。

"有一次，我们去了一个高级晚宴，想说这种级别的宴会，应该没有啥问题。但是当天晚上我们三个人都上吐下泻，又中招了。"

1980 年 8 月 14 日，喻明生在达卡使馆办公室看报

此后，喻明生和同事们每次出去交际时，就先吃一片黄连素，等回来了，再吃两片。就这样，渐渐适应了孟加拉国的饮食生活。自中国驻孟加拉国大使馆建馆开始，直到 1982 年，喻明生先后任大使馆三秘、二秘，跟随了两任驻孟加拉国大使，共 7 年。

见证总统变"囚徒"

1976 年以后，喻明生就开启了常年驻外的外交生活。从孟加拉国大使馆离任后，他被派往菲律宾，任政务参赞。在这里，他亲身见证了一个国家总统，一夜之间变成了"囚徒"。

"贝尼格诺·阿基诺在马尼拉国际机场被暗杀，敲响了马科斯政权的丧钟。"喻明生说，这件事发生在 1983 年 8 月 21 日，此时他尚未去往菲律宾。但"阿基诺事件"也暴露出一个信号，在可预见的时间内，菲律宾政局有可能发生"巨变"，在这样动荡不安的时刻，1985 年，喻明生受命前往菲律宾。

正如国际舆论所预料的那样，1986 年 2 月，菲律宾政局突然发生急剧变化。2 月 7 日，总统马科斯被迫提前大选。2 月 21 日，国防部长恩里莱和副总参谋长拉莫斯宣布倒戈，举行兵变。2 月 25 日，阿基诺夫人和马科斯先后分别宣誓就任总统，制造了一日间、一国内，相隔两个小时，有两位总统就职的戏剧性事件。也就在这同一天晚上，马科斯在苦苦挣扎但无力回天之后，不得不携带家人以及随从亲信等 89 人，乘坐美国派来的飞机，离开总统府，前往美国檀香山，开始了政治流亡生活。

"老谋深算、集党政军大权于一身，统治菲律宾达 20 年之久的马科斯败在了一位长期是家庭主妇，从政时间不长的阿基诺夫人手中，而且败得十分凄惨，一夜之间从总统变成了'政治囚徒'，是有必然原因的。"这个轰动国际的政治事件，引发了喻明生深刻的思考。1985 年至 1989 年，喻明生在使馆的工作繁忙，没有时间认真探讨。但是，他在退休后，用了两万多字在《中国外交官在亚洲》一书中分析了这件事。

马科斯对菲律宾统治 20 年期间，不但没有带领菲律宾走向繁荣和富强，反而菲律宾的经济发展相比其他东盟国家都缓慢。与此同时，马科斯凭借他手中巨大的权力，通过不正当的权钱交易，让自己成为亿万富翁，让百

1988 年，喻明生参赞陪我国驻菲律宾大使王英凡拜会阿基诺总统时留影

姓生活困苦，自己奢靡无度。1988 年 7 月 8 日，流亡中的马科斯曾经写过一封信给当时阿基诺总统。信中，马科斯表示，他可以在数月内交出自己资产的一半，即 50 亿美元。这就意味着，马科斯的全部资产至少有 100 亿美元，而 20 世纪 80 年代的菲律宾每年的国家预算也不过 33 亿美元。"这可能就是马科斯悲惨下场的原因吧。而他自己至死怕是也没有想明白。"喻明生说。

另一份"震撼"，源自亲身感受到何为"霸权主义"。在当时，美国对于菲律宾的政治干预程度是近代国际关系史上所罕见的。从一定意义上来讲，1986 年的大选是美国一手策划和操纵的。1985 年一年中，美国派了许多团、组到菲律宾，一方面了解菲律宾的形势，另一方面向马科斯施压，要他尽快进行改革。马科斯本是美国的老朋友，但当意识到马科斯再也"无力回天的时候"，这位马科斯心中的"美国朋友"还是抛弃了他。

"马科斯在下台的前一天，在总统府亲自打电话给美国总统的高级顾问，征询他对马科斯的去留意见，这位马科斯的老朋友回答说：'我们欢迎总统及家人来美国做客，安享晚年，并保证你们全家人的安全。'"

听到美方的回答后，马科斯沉默良久，最后有气无力地说了一句："我非常非常的失望。"随后便挂断了与对方的通话。

事实充分证明，马科斯的命运掌握在美国手里。这就是美国的霸权。

被牙买加总理"点名"的大使

1989 年，还在驻菲律宾大使馆的喻明生接到了一份新的任命：出任驻牙买加大使。当年 6 月，喻明生到牙买加赴任，成为中国驻牙买加的第五任大使。

牙买加是加勒比海中的一个岛国，1972 年 11 月 21 日，中国同牙买加建立外交关系；1973 年 7 月，中国在牙买加设立大使馆。两国建交以后，在政

1989 年 5 月 11 日，喻明生向牙买加总督呈递国书

1992 年，喻明生夫妇在大使官邸与牙买加总督夫妇留影

治、经济、文化等各个领域的友好合作关系不断巩固和发展。在国际事务中，也有许多共同语言和共同利益，相互支持。1976 年 9 月 23 日至 29 日，牙买加副总理库尔访华。这是两国建交以来访华的第一个牙买加官方代表团，双方签署了贸易协定、中国援助牙买加 5000 吨大米商品贷款协定和中国援建涤棉纺织厂议定书。1985 年 6 月 6 日至 11 日，牙买加副总理兼外交外贸部长希勒率政府代表团对华进行正式访问，这是牙买加工党政府自 1980 年执政以来向中国派出的第一个高级代表团。1990 年 1 月 14 日至 21 日，牙买加众议院议长赫德里·坎宁安和参议院副议长科特尼·福勒启尔访华。

"但是建交十几年来，始终没有促成总理访华。"喻明生说。牙买加是议会制君主立宪制国家，其政府首脑为总理。总理访华将有力促进两国友好关系的发展。牙买加前总理迈克尔·曼利的首次访华就是在喻明生任期内促成的。

1989 年 6 月 5 日，喻明生大使首次拜会牙买加总理迈克尔·曼利

　　初到牙买加，喻明生形容自己"一无所知"。"我所了解的就是，岛国，人口不多。"但是，"可爱又正直"的牙买加人民却给喻明生留下了美好的初印象。"虽然这是受美国文化影响很大的一个岛国，但牙买加人对中国人是十分友好的。"喻明生说，"那里的人，非常可爱。比如你买东西，坚决不让你讲价，但是等你买完了，就再送你一份。"

　　正是因为这种初印象里的好感，喻明生的驻外工作开展得极其顺利。此时的喻明生在外交领域已经经过了近 30 年的打磨，他认真贯彻中央对牙买加的方针政策，快速了解牙买加各方面的情况，将中国的外交政策用具有亲和力的方式，传递给了牙买加各级政府官员，并与牙买加总理建立了良好的朋友关系。任职期间，中国与牙买加的友好关系不断发展和加强。

　　1991 年 6 月 2 日至 6 日，牙买加总理迈克尔·曼利访华，这也是牙买加总理的首次访华。访问期间，双方签署了《中华人民共和国政府和牙买加政府经济合作协定》《中华人民共和国政府向牙买加政府提供贷款的协定》以及《中华人民共和国政府和牙买加政府文化协定》，进一步加固了双方在国际社会中的伙伴关系。曼利访华期间，先后分别会见了当时的李鹏总理、江泽民总书记和杨尚昆主席。在与杨尚昆主席见面时，除了感谢中国政府对牙买加政府的支持外，曼利还说了一句："感谢杨主席向牙买加派出了一位能干的大使。"（1989年1月，经中央批准，国家主席杨尚昆任命喻明生为中华人民共和国驻牙买加特命全权大使。）

"会见结束以后，有位同事（当时的文化部部长艾知生）突然跟我说，老喻，今天你加分了。"喻明生至今都觉得这份称赞让自己受宠若惊，"在我看来，只是完成了自己的本职工作而已。所以人还是要踏实做事，把事情做好了，自然有人会看到你发出的光。"

1992年10月，喻明生从牙买加任满回国。此时迈克尔·曼利已卸任在家。离开前，喻明生去曼利家作辞行拜会，希望他有机会再去中国做客。

遥远的家和知足常乐的一生

"细算的话，我从小学的时候，就开始离家了。"也是从这个时间点开始，对喻明生而言"家"就成了很远的地方。小学、中学都为寄宿制学校，后来积极参加革命工作，到云南大学深造，直到被调往北京，进入外交部，参加外交工作，成为驻外大使。一路行走，喻明生离家越来越远。就连父亲离世，也没有机会陪在身边。直到退休以后，喻明生才算真的回过一次家。93岁的喻明生回忆起往事，有了许多饱经沧桑的感慨。"我退休以后回家，给父母修坟。木洞镇变化可太大了，一条路也不认识了。"

"少小离家老大回，乡音未改鬓毛衰。儿童相见不相识，笑问客从何处来。"这首诗似乎就是在倾诉喻明生走出的半生。黄继琳先生曾在喻明生幼时评价他"前途无量"，当他带着半生成绩归来，却已经不认得家乡的路。听起来有些许感伤，但喻明生心中更多的是"自豪"："不认路，这不也正说明中国发展和变化大吗？高楼大厦都是国力强盛的证明。"

中华盛世如老一辈革命者所愿。退休后的喻明生也想用双眼亲自去见证强大起来的中国。1995 年，他主编完《中国外交官在亚洲》一书后，便和妻子张杰开始游览祖国的大好河山。重庆、广西、无锡、延安……两个人用脚步丈量着祖国山河风光和发展成果。"等跑不动了，我们俩就来到这里（燕达金色年华健康养护中心）了。"喻明生说，"我们俩来这里，是因为一次桥牌比赛。"

打桥牌是喻明生退休以后的主要爱好之一，还打出了一点小成绩。退休后，他参加了燕达金色年华健康养护中心为外交部离退休干部桥牌协会举办的桥牌比赛，并在比赛中获得了第一名。但这次最大的收获，却是找到了安度晚年的地方。

鲐背之年已过，回首过往，喻明生用了许多个"没想到"。"没想到我一个基层的农村干部还能读大学，没想到能从小镇去北京，没想到来外交部工作，更没想到还能为祖国的外交事业贡献一份力量。"

喻明生说，这一生，幸福满满，没有遗憾。

医学发展

　　冯亦璞，1933年5月出生于浙江慈城镇，我国著名神经药理学家、中国医学科学院药物

研究所研究员、博士生导师。1958年毕业于北京医学院药学系，后分配在中国医学科学院药

物研究所工作，工作期间曾在美国伊利诺伊大学药理系和加拿大阿伯特大学生理系先后进修各

一年。她带领团队历时14年成功研发缺血性脑卒中治疗药物丁苯酞（商品名"恩必普"），

这是我国继青蒿素和双环醇之后第三个拥有自主知识产权的国家一类新药，也是中国脑血管领

域第一个国产创新药。丁苯酞曾荣获国家科学技术进步奖二等奖，曾被评为中国"十大重磅处

方药新品种"之首、"心脑血管类产品品牌十强"等称号，还荣获过北京市科学技术一等奖和

中国专利优秀奖，以及中国药学发展奖天士力创新药物奖等多个重大奖项。

冯亦璞

医者仁心　学会归零

中国现代作家杨绛先生曾经说："我是一个零。"简简单单一句话，道尽了她内心的从容与智慧。人生下半场，最通透的活法，是学会归零。冯亦璞亦是如此。一株小草改变世界，让全世界都知道了青蒿素和屠呦呦。

冯亦璞带队研发的丁苯酞，在国家一类创新药领域，与青蒿素有着同样举足轻重的地位。也许你对丁苯酞并不熟悉，但肯定听说过脑卒中这种病。1990 年到 2017 年间，脑卒中一直高居国人死因前三名，高发病率、高致残率、高死亡率、高复发率、高经济负担，这五大特点经常让人"谈虎色变"。

丁苯酞的出现，给脑卒中患者和家属带来了巨大的希望。它既是国际上首个以"缺血性脑卒中"（脑梗死）治疗为主要适应证的化学药物，具有独特的抗脑卒中作用，还是继青蒿素和双环醇之后，我国第三个自主研发的国家一类创新药，已累计为上千万脑卒中患者解除或减轻了病痛。

从 2004 年丁苯酞正式上市至今，这款造福脑卒中病患的药物的辉煌还在持续，冯亦璞的名字却早已淡出了人们的视线。如今，已经 90 岁高龄的她，正在燕达金色年华健康养护中心享受着宁静的晚年生活。

每天睡到自然醒，看看书、做做饭、遛遛弯儿，偶尔在网上解答一些朋友关于脑卒中用药的疑问，这就是她简单而平静的生活日常。很少有人知道，这位白发苍苍的老者，就是一款造福千万病患创新药物的幕后功臣。

冯亦璞很享受这份人生下半场的平静，在她的眼里，昔日的成功早已是过去式，而人生之慧，在于眉目舒展、通透自然，在于举重若轻、淡看浮华。很多人曾如此渴望命运的波澜，到最后才发现，人生最曼妙的风景，其实是内心的淡定与从容。亦如冯亦璞。

出身贫寒 向梦奔跑

1933 年 5 月，冯亦璞在浙江宁波市江北区慈城镇出生，在家中排行老二。父亲冯绍蘧是当地颇有名气的中医，在她的记忆里，很多事情因为年代久远印象不深了，但父亲为众多病患坐诊把脉看病的场景一直存留在她的记忆深处。

说起宁波的中医药传统，可谓历史悠久。自唐朝起，就名家辈出，并有大量的医学著作流传于世。例如，唐朝的陈藏器撰有《本草拾遗》，日华子撰有《日华子诸家本草》；宋朝的史源精于外科，擅长治疗背疮，王作肃精于内科；元朝的滑寿精于内科、儿科和针灸，擅治麻疹，撰有《麻疹全书》等。到了清朝乃至民国时期，宁波的中医专科流派逐渐形成，包括宋氏女科、陆氏伤科、范氏内科等。这些中医代代相传，继承发扬，绵延不绝。

宁波不仅中医传统悠久，西医也发展较早。清道光二十二年（1842 年），鸦片战争后，清政府与英国签订《南京条约》，开上海、广州、福州、厦门、宁波为通商口岸，称为五口通商。这不仅成为外国人在中国租地通商的开始，也让宁波因五口通商的缘故，成为西方传教士最早向中国传入现代医学和教育的地区之一。

1843 年 11 月，宁波正式开埠前夕，美国基督教浸礼会传教士医生玛高温在宁波北郊租用道观"佑圣观"的部分房屋，办起设备简陋的诊疗所，名为"浸礼医局"。这就是宁波西医的起源。

在此之前,西洋医学与中国医学,是各自独立发展、自成系统、自具特色的。头痛医头、脚痛医脚、生理解剖、取样分析……是西医的方法;辨证施治、阴阳五行、上病治下、左病治右……这是中医的方法。西医将人看作一个可分解为许多部件的机器,每个部件都可以拆开、修理、更换;中医则将人体视为一个彼此联系、互相影响的整体,表里一体,虚实相通。

从那时开始,宁波陆续开设了不少西医诊所。西医区别于中医的治疗方法,让当地的百姓大开眼界,疗效更是让百姓交口称赞。特别在外科、眼科、西药等方面,西医疗效卓越,让不计其数的病患转危为安,所以广大民众对西医保持着热烈欢迎的态度和高度的评价。

在中医和西医并行发展的年代,冯亦璞的父亲冯绍蘧成为一名医生。他既佩服西医器械的精良和手术的敏捷,也推崇中医崇尚自然、表里一体的理念,所以他专攻中医,也修西医,早年拜慈城名中医胡莒庄为师,也经常向宁波范文虎求教,潜心医术研究数十年,医术颇为高超。

冯绍蘧曾花费许多心血研读宁波宋氏女科的《宋氏博川产科全书》。宋氏女科为浙江四大妇科世系之一,起源于唐朝开元年间,距今已有1300多年历史,在浙东久负盛名。宋氏女科历代名医辈出,结合女科疾病特殊性,根据中医的标本兼治和辨证施治的特点,形成独特的经验。尤其对不孕不育、痛经、产后病有独家秘方,医技独到,称誉医坛。

明代万历四十年(1612年),宋氏女科传人宋林皋曾编撰《宋氏女科撮要》,全书具备"理、法、方、药",为后世妇科临床治疗提供了很好的参考资料,现存最早的明抄本仅存于中国中医科学院图书馆。到了明朝嘉靖年间,宋氏女科传人宋博川,因医术高明,成为太医院御医,著有《宋氏博川产科全书》。

冯绍蘧潜心研究《宋氏博川产科全书》,据此编纂重订成《四明宋氏博川产科全书秘本》四卷。卷一是宋氏产证论,卷二是宋氏方目,卷三是冯绍蘧所著的宋氏方评,卷四为冯绍蘧增编的蓐劳及产后效方。此书问世后,深受欢迎和好评。他所编著的《冯绍蘧临床秘典》于1937年5月由上海世界书局出版，曾广为流传。时隔20多年，香港一家图书文具公司于1962年6月又印行过这部医学专著。

不过，与宁波相比，上海的中医和西医发展速度更快。清末民初，上海出现了名医荟萃、流派纷华、学术争鸣、中西汇通的繁荣景象，很快成为中国近代中医医学的中心。上海开埠后，随着城市建设的快速发展，加之租界的特殊政治地位，上海成为移民城市，全国各地的医家纷纷移居上海发展，其中也包括冯绍蓬。1950年，冯绍蓬举家搬到了上海。

在冯亦璞的心目中，父亲冯绍蓬是一个非常优秀的人，也是个十分聪明的人。她的记忆深处，有一件关于父亲的小事足以证明这一点。全家搬到上海之后，父亲虽然是一名中医，但因为一些原因，不能继续坐诊，为了养家糊口不得不到一家工厂里去做工。父亲是一个爱学习的人，所以在工厂做工之余，最喜欢读报纸。可是报纸放在一旁，总是一不留神就被别人拿走找不到了。父亲不气也不恼，因为他的英文水平很高，读英文报纸完全没有障碍，所以不动声色地订了一份全英文报纸。果然，报纸再也没丢过了。那件小事让冯亦璞明白，知识如果都"长"在自己的身上，别人怎么都拿不走。所以，刻苦学习成了冯亦璞学生时代的目标，为的是让自己长真本事。

和中西医一样，宁波的教育，也历史悠久。早在18世纪80年代，宁波就有义学、私塾等教育场所。20世纪20年代，当地的有识之士及地方商绅受新文化影响，以多种形式纷纷办学，普及本地的初等教育，提升本地孩子的教育文化水平。到了20世纪40年代，宁波推行起国民教育制度，普遍设置国民学校，吸纳当地儿童就学。

冯亦璞所就读的慈城尚志小学，就被称为当地的国民第一小学，教学质量很高，学生的素质也很高。从小就不认输的冯亦璞，在学校的成绩始终名列前茅。

1947年，冯亦璞从尚志小学毕业后，以第一名的成绩考到慈湖中学就读。慈湖中学也是一所文风昌炽、传统悠远的百年名校，以校风正、师资好、治学严、质量高著称。一向学习刻苦的冯亦璞，在这里学习的几年也打下了良好的基础。她至今还记得，慈溪当地的一张报纸上，曾经刊登过中考成绩榜，自己则以第一名的成绩赫然纸上。

1950 年初，冯亦璞随一家人迁居上海。当时，父亲已经从医生变成了工厂的职员，是全家唯一的收入来源，再加上当时物价疯涨，面粉、棉花、煤炭的价格至少上涨了 2 至 3 倍，米价涨幅甚至高达 4 倍之多。生活捉襟见肘，从宁波转学到上海的冯亦璞面临的最大难题就是交不起学费。

1949 年，上海的中小学校中，大多是私立学校，直到 1956 年，中小学校才全部实现公立。当时，私立中小学的收费标准由各校自定，但由于一些私立学校带有商业性质，所以收费标准较高；公立学校的收费标准则由教育部门制定，相对较低。

对冯亦璞来说，必须选择一所学费低廉的学校，学业才能继续。于是，她报考了当时学费只要 8 元的上海虹口中学。也许认为 8 元学费是自己唯一的出路，冯亦璞拼尽全力成功考入，成为一名上海虹口中学的学生。

在中学求学期间，正值中华人民共和国刚刚成立不久，冯亦璞深深感受到了学校"储人才，备国家之用"的理念，她自己也暗下决心，为建设祖国拼尽全力。各科老师的教学水平都相当高，多门课程是英文教学，给她日后的学习和工作打下了良好的语言基础。冯亦璞好学，有一阵流行学俄语，她就借来无线电，跟着电台里学俄语，发音还相当标准。

拥有百年历史的上海虹口中学为国家的发展、民族的振兴培育了一批批杰出人才，其中不乏院士、将军等，科技、人文等领域人才更是不计其数，当然其中也有冯亦璞。

受父启发 决心学药

1953 年，冯亦璞从上海虹口中学高中毕业。这时候，中华人民共和国刚成立 4 年，整个中国和中华民族进入了一个崭新的时代，成为执政党的中国共产党，面对长期战争后满目疮痍、百废待兴的大地，正在带领全国各族人民描绘振兴中华民族、恢复和发展国民经济、建设社会主义国家的宏伟蓝图。

中华人民共和国成立初期，面对恢复经济和开展大规模、有计划经济建设的形势，我国高等教育学习苏联的先进经验，批判旧中国华而不实的"造就通才"理念，也正在着力培养服务于国家建设的"专门人才"。周恩来总理当时强调，发展教育要有紧迫感，要有超前意识，要为中国空前规模的经济建设做人才储备。当时北方的大学很少，周总理号召南方的高中生北上考学，均衡发展，其中就有冯亦璞。

在国家的号召下，冯亦璞选择了北京医学院。医学院的院系专业纷繁复杂，冯亦璞看花了眼，自己不知道该挑什么专业好。正迷茫的冯亦璞，收到了父亲冯绍蘧给她的一个建议："学东西就要学到根儿上，得明白其中的道理，才能学得好，想得深，所以应该去学药学。"

一开始，冯亦璞不太理解父亲的建议，那么多专业为啥偏偏要学枯燥的药学？学外科可以直接拿着手术刀治病救人，学妇产科可以为小生命保驾护航，学康复医学能帮助老年人延长寿命……药学能干啥？直到后来参加工作，以及参与丁苯酞研发，她才意识到，药学是基础医学与临床医学、医学与药学之间的桥梁学科，是生命科学的重要组成部分，药物通常除了指导临床用药，还能开展研究，对学术发展有极大的推动作用。所以，父亲当年帮自己做的这个选择非常正确。

最后，冯亦璞以优异的成绩考取了北京医学院，也就是今天的北京大学医学部。一个长期生活在南方的姑娘突然来到了北方生活，气候、饮食等方面有诸多不适应：冬天风沙大，沙子直往嘴里灌；吃惯米饭的她最不爱吃的是硬邦邦的馒头；暖气把人烤得口干舌燥……不过，投入紧张的学习生活之后，对于冯亦璞来说，这些困难一点都不重要了。

新中国给冯亦璞和同学们提供了一座宁静温馨的校园，提供了一个充满希望的人生。而他们也身体力行为国家科学事业的发展添砖加瓦。北京医学院的前身是国立北京医学专门学校，创建于 1912 年，是中国第一所西医学校。

"医校目的，自主观言，在促进社会文化，减少人民痛苦。自客观言，西来宗教，都籍医学为前驱，各国的医学集会以及印刷物中，没有我们中国人的地位，实在是一件最惭愧不过的事。所以这所学校，不仅给诸位同学一种谋取职业的本领，使你们能赚钱，实在是希望诸位负起促进文明，用学术来和列强竞争的责任……"1913 年 1 月，国立北京医学专门学校的开学典礼上，校长汤尔和对从京沪两地招考的第一届 72 名新生发出这样的致辞。这段话也一直激励着年轻的冯亦璞，鼓励她刻苦学习专业知识，肩负起用学术与列强竞争的责任。

幸运的是，冯亦璞考进北京医学院的时候，赶上了高校大发展的好时机。1952 年，全国高等学校院系调整，北京大学医学院脱离北京大学，独立建院并更名为北京医学院，直属中央卫生部领导，办学经费由中央财政部转中央卫生部拨付。中华人民共和国成立后的几年，到处都掀起了社会主义建设的热潮，学校也不例外。再加上中国人民群众对医疗卫生有着非常迫切的需求，因此，北京医学院在这个阶段得到了一次前所未有的大发展。筹建新校舍、调整设置专业、对学制进行改革……教学工作备受重视，招生人数大幅增加，学术氛围也非常浓厚。

冯亦璞回忆，北京医学院非常重视学风建设，对学生的要求也非常严格。"对于基本知识、基本理论、基本技能，要认真掌握；要有严肃、严谨、严格的作风和态度进行学习。"这就是当年北医人耳熟能详的"三基三严"。"三基三严"孕育出北医人特有的品格，有人说是厚道，有人形容是聪明人带着一点傻劲。

冯亦璞在药学系学习，系里云集了国内知名的药学专家，讲课水平一流。毒物分析化学、药物分析学、无机化学、植物化学……药学系要学习的知识非常繁杂，老师们的教学态度也非常严格，但每一位同学们学习热情都高昂、孜孜不倦,彼此在浓厚的学习氛围中建立了深厚的感情,令她至今难以忘怀。

建校百余年来,北京医学院的师生们以无比顽强的精神,坚持科学与民主,推动医学教育,从初建时的一所规模很小的医学专门学校,到后来成为全国重点院校,培养了一批又一批学术上有所作为的医学家。他们当中,有冒着被大量放射线伤害身体的危险,积累了 2500 多例神经外科病例的王忠诚;有为证明缺氧时的肺功能,自我吸入一氧化碳,获得了无价的科学数据的钟南山;有治疗疟疾的青蒿素发明者屠呦呦……

跟所有的北医人一样,冯亦璞在这里也度过了几年"苦日子",但她从未后悔,因为他们始终在践行老校长"促进社会文化,促进文明,减少人们痛苦,用学术来和列强竞争"的谆谆教诲。1958 年,冯亦璞从北京医学院药学系毕业。毕业后,她被分配到中国医学科学院药物研究所工作,直到退休。

专攻卒中　填补空白

冯亦璞没想到,自己跟高血压这个病,有不解的渊源。刚毕业时,她被单位分配去做的第一份工作,就是高血压普查,日后参与研发丁苯酞,也是为了治疗由高血压等慢性疾病引起的脑卒中疾病。在我国现代医学发展领域,很多方面都是落后的,但在高血压这方面却是很早就做了工作的。

1949 年之前,人民生活水平低下,平均寿命不到 40 岁,居民的死因主要为传染病,高血压这一类的心血管疾病少见。中华人民共和国成立初期,心血管类病患人数虽然有所上升,但是全国尚无心血管病学学科,这类疾病的专业治疗尚属空白。

尽管在 20 世纪 20 年代至 40 年代,中外学者在国内进行过一些血压、血脂、身高和体重的人群调查,但研究规模较小。在中华人民共和国成立后,党和国家十分重视人民的健康,也意识到了高血压的危害性和特殊性,于是将高血压等慢性疾病放到防治位置,并提出要专门独立开展高血压研究。

1958—1959 年，全国启动了第一次高血压普查工作，刚刚进入中国医学科学院药物研究所工作的冯亦璞，就被单位派去参与普查了。

这场高血压普查抽样调查对象是 15 岁以上的人群，当时我国并没有统一的诊断标准，只是各地自发调查。即便在这样的情况下，调查结果的数据也不容乐观。调查显示，我国成人高血压患病率为 5.1%，这个概率在当时已经不算低了。尽管在方法学上存在缺陷，但研究结果还是具有参考价值，也是我国高血压流行病学研究的先声。

在那段时间里，冯亦璞被派到北京的好几家单位，包括医院、学校等，配合他们的工作人员对各类人群开展血压测量、查体等摸排工作。冯亦璞记得，别看当时人民群众的生活水平不高，但高血压的查出率并不低，即便是学生群体中，也有不少高血压患者。"当时很多人对高血压并不重视，甚至很多人都不知道这是什么病，更不明白什么是原发性高血压。"

冯亦璞说，从那个时候开始，她对高血压这个慢性疾病，有了全新的认识。在那次普查之后，我国高血压诊断标准制定，并将原发性高血压称为高血压病。对高血压的分期做了详细的说明，这对我国血压防控工作起到了指导性作用。

后来，1979 年到 1980 年，以及 1991 年，我国又进行了多次高血压抽样调查。调查显示，高血压的患病率不仅较前一次普查均有上升，而且调查还揭示了我国高血压患病率高、致残率高、死亡率高"三高"，以及知晓率低、服药率低、控制率低"三低"，不规律服药、不难受不吃药、不爱用药"三不"的特点。虽然后两次的普查冯亦璞没有参加，但她对于高血压等慢性病引起的脑卒中等心脑血管疾病的药物研发开始有了自己的想法。

脑卒中的概念源于欧洲，这是一种急性脑血管疾病，是由于脑部血管突然破裂或因血管阻塞导致血液不能流入大脑而引起脑组织损伤的一种疾病，包括缺血性和出血性脑卒中。其中，急性缺血性脑卒中最是常见，发病率高于出血性脑卒中，占脑卒中总数的 60%—70%。出血性卒中的死亡率较高。冯亦璞说，脑卒中给一个人和整个家庭带来的痛苦，非经历者是很难体会的。

　　英国牛津大学一位教授在他为《柳叶刀》杂志撰写文章的时候，就详细描述了自己突患脑卒中的身体变化和心理感受，他坦言，即便作为专业的神经康复科顾问，他也是在自己患病后，才真正了解脑卒中患者的痛苦和无助。

　　在丁苯酞出现之前，中国一直缺乏具体有效治疗手段，病患的死亡率、致残率都很高，患者也非常痛苦。有调查显示，脑卒中是中国成年人残疾的首要原因。然而，与其他疾病相比，脑卒中治疗的社会和医疗投资仍然不足，导致卒中发病率和死亡率随着年龄的增长而增加。随着人口的持续增长和人口老龄化，卒中人数和死亡人数的绝对数量会稳步增加，这进一步增加了卫生系统的压力。

　　中国对于脑卒中方面的研究更是落后了国外几十年，"没有根本治疗的方法，一般都是保守治疗，打打生理盐水，降一降颅压，没有什么特别有效的办法"。在冯亦璞多年的调查研究工作中，她看到了大量治疗效果不佳的脑卒中病例，因为产生严重的后遗症，让生活质量大幅度下降，甚至不能自理、长年依靠家人照顾的情况。这些给病患本身以及病患的家人都造成了极大的痛苦。医者仁心，冯亦璞想为他们做些什么。

　　冯亦璞所在的中国医学科学院药物研究所每年都会开设很多研究课题，而她也从事过心血管生化药理、肾上腺素受体药理、脑血管病和神经药理等很多方面的研究。她发现，针对脑卒中防治领域的特效药长期是个空白，她想试一试。

　　也许是命运的刻意安排。正当她想开展脑卒中防治特效药相关研究的时候，单位突然派她到美国伊利诺伊大学药理系和加拿大阿伯特大学生理系各进修一年。这让她不得不暂时放下刚刚萌生的研发念头，但是她只是悄悄藏在了心里，并没有放弃。因为她知道，这是脑卒中病患真正需要的。

　　在这两所大学进修期间，除了学业上需要完成的任务，只要有时间，她就一头扎进大学的图书馆、当地研究所以及档案馆，查阅与脑卒中防治相关的文献资料、科研论文等。从小就擅长英文的冯亦璞在这里如鱼得水，再加上国外的文献资料和论文查阅系统建设得非常好，轻松检索，就能调出一系列的相关文章。她在这两年里，非常系统地了解了外国关于脑卒中防治的最新进展、理论研究和科研成果。这不仅让她在学术上开阔了眼界，也为日后丁苯酞的研发奠定了一定的基础。

1986 年，冯亦璞在美国芝加哥伊利诺伊大学药理实验室

源于芹菜　柳暗花明

回国之后的冯亦璞，很快就投入脑卒中防治药物的研发过程中了。屠呦呦发现的青蒿素被誉为中草药给世界的一个礼物，其实在中草药中，不仅仅只有青蒿素这一个瑰宝，还有很多由中国研发的创新药，每一个创新药物的研发上市，都是我国中医药高光时刻，丁苯酞就是其中一个。丁苯酞的发明与天然植物芹菜有着深厚的渊源，冯亦璞说，这是一个柳暗花明的故事。

和大多数民族工商业一样，中国制药业也萌芽于清末民初这个风起云涌的大时代。自从鸦片战争撬开了中国的国门，外国的资本和商品就长驱直入。西药房遍地开花，外商更是将西药房扩大成制药厂。虽然为响应政府"师夷长技以制夷"的号召，不少民族资本家斥资建厂，但被外商的药物挤占市场，生存不易。

五四运动的兴起，敲醒了沉睡的雄狮。民族制药业也受到了爱国主义的鼓舞，决心自制新药，与外商抗衡。一时间，上海、广州等大城市的制药厂犹如雨后春笋般崛起。

然而，当日寇铁蹄踏上中国大地，烽火狼烟起时，制药工业不得不在夹缝中求生。抗战胜利后，资本主义瞄准了百废待兴的中国，剩余的军用药品大量涌入中国医药市场，一度市场上80%的药品均为舶来品，无力竞争的民族药企快速衰败，纷纷倒闭。直接导致的局面是，我国的制药工业主要是生产制剂，原料药很少，各药厂所需化学原料90%以上依靠从国外进口。

为改变这种局面，1950年，中央人民政府确定了制药工业以发展原料药为主的方针。第一个五年计划期间重点建设了以生产抗生素、磺胺药、维生素、解热镇痛药为主的华北制药厂、东北制药总厂、新华制药厂、太原制药厂等一批大型企业。有了大量有效的药品，在我国流行的一些传染病基本上得到了有效的治疗和控制，我国医药工业初步摆脱了依赖进口原料药的落后局面。

在接下来的几十年里，虽然我国医药行业的管理体系、法律规范逐渐形成，扭转了乱办药厂、滥制药品的混乱状况，企业管理水平和药品质量有了很大程度的提高。但药品的生产依然以仿制为主，自主创新药非常少。

改革开放之后，研发人员的科研能力，以及外资的引进，在多重因素的作用下，我国制药工业水平得到大幅度提高。直到2001年中国正式加入WTO，我国对外开放进入了新的发展阶段。加入WTO对于促进我国医药工业从仿制为主走向自主开发，加快医药产业科技进步，加快创新药物和高科技药物的研制开发具有积极的影响。

由此可见，中国医药行业的发展阶段性比较明显，从过去的缺医少药，到以仿制为主，再到鼓励创新，丁苯酞就是在这样的背景下诞生的。

《本草纲目》中有载，芹菜有平惊、凉血之功效。比如，民间就有流传"用出海帆船的帆布与芹菜籽一起熬水喝治疗癫痫"的方子。20 世纪 70 年代，中国医科院药物研究所研究员杨峻山教授看到了这个民间验方，并从芹菜籽中分离出了芹菜甲素。1980 年，该研究所研究员杨靖华教授首次化学合成了丁苯酞。但是丁苯酞用于抗癫痫的治疗剂量与毒性剂量接近，存在较大的安全隐患，因此丁苯酞的药物研究被搁浅。

1987 年，从事神经药理研究多年的冯亦璞打算启动脑卒中药物研发，经过大量的筛选之后，她选择了杨靖华曾经用来研发癫痫防治药物的丁苯酞作为了候选药物，丁苯酞等来了柳暗花明的时刻。

"其实脑缺血和癫痫在病理上有某些共同之处，所以我们当时推测丁苯酞可能对脑缺血有治疗作用，而且源于天然食药两用的芹菜，患者更容易接受。"冯亦璞说。

一家知名医药的数据显示，一种新药的研发周期平均为 12 年，需要 423 位医药研究员进行多达 6587 次科学试验，花费长达 700 小时的辛勤工作。在这种高风险、长周期的研发过程中，新药研发的成功率不足十分之一。所以，一种创新药从开始研发到最终上市，就像是一次万里长征。而冯亦璞带领团队，义无反顾地开始了这场万里长征。

第一阶段是候选药物筛选。在这个阶段，研究人员要通过药物化学和生物工程学等相关技术，确定该候选药物是否具有潜在治疗的效果，进而再决定是否进行后续的研究开发。筛选过程的主要难点在于如何找到具有治疗作用的药物，这就需要找到与疾病相关的靶点并设计出对应的药物，以及通过药物与生物大分子相互作用的特性来预测药物的药效。

别看冯亦璞学的是药理学，其实她对中医药也颇有研究。"我父亲本身就是学中医的，我对中医和中药也非常感兴趣，所以利用业余时间也学习了大量中医药知识。"为了提升自己的中医水平，她还曾经专门跑到中医院去见习。因为自己既懂药理，又会中医，在提升自己能力水平的同时还发现了不少病患的病症。

记得有一次，正在医院当主治医生助手的她给一位老年病患量血压，量了几次她都觉得不太对劲，问了问老人的情况之后，初步判断这位老人一定有比较严重的疾病。于是她赶紧给主任上报，主任当即给老人做了检查，此时大家才发现，老人已经出现了严重的心梗。好在发现及时，进行了紧急处置，没有生命危险。

冯亦璞凭借敏感的直觉以及过硬的医学知识，让这位病患化险为夷，而这都归功于她平日的刻苦与努力，身上掌握的医学技能和知识越多，对于她在药物上的研发越有帮助。只有这样，她才有能力从四五百份候选药物中，一眼相中对于脑卒中防治有良好效果的丁苯酞。

历时 14 载　艰苦研发

选定候选药物之后，研究人员就要进行药物的性质鉴定和安全性检验，以确定药物的有效性以及物理化学特性、稳定性和毒性等基本参数。1991 年，从国外访学归国后，冯亦璞正式向这一领域挺进，代号为"911"的研究课题正式启动。

"刚开始，我们做了几次实验，发现芹菜甲素的化合物对于缺血性脑损伤有很好的效果，但是在国内外都没有类似的药物研发。"这个课题刚启动的时候，冯亦璞也担心，将丁苯酞用于脑血管疾病领域，会不会如之前的研究一样走不下去。

遇到困难，有些人可能会思前想后，选择放弃。但对于冯亦璞来说，只要认定了方向和目标，多大的困难，都不会退缩。冯亦璞带领团队开始对丁苯酞重点进行防治脑卒中的药效学研究。从启动研发到丁苯酞上市，用了整整 14 年，14 年的时间里，冯亦璞紧盯全程。

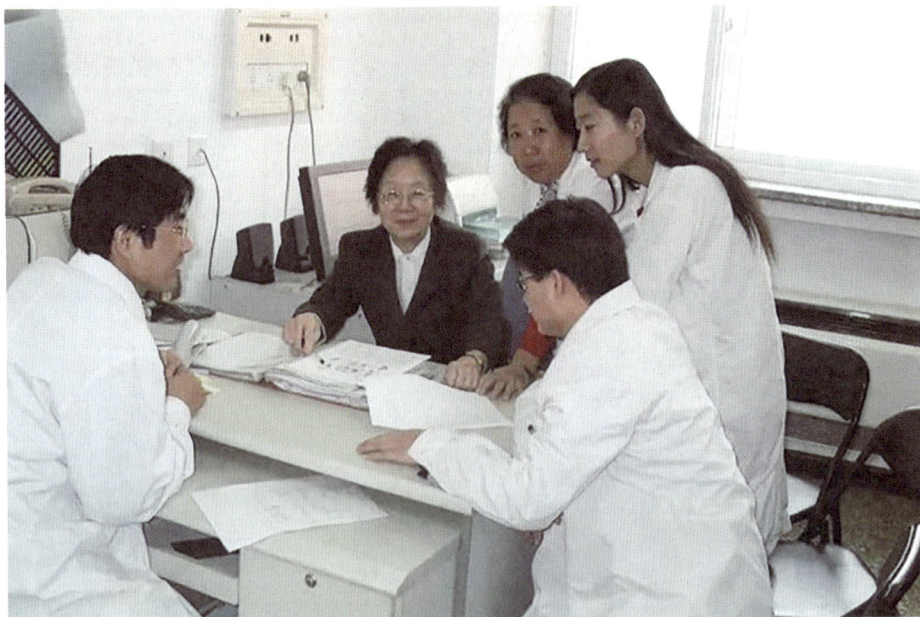

冯亦璞研究员与学生讨论丁苯酞研究工作

在实验过程中，冯亦璞用最严谨的办法，来验证实验结果。"我的实验是这样做的，一个实验结果出来之后，我会反过来开始否定它，从不同的角度不断否定，如果怎么都否定不了，那肯定就是正确的了。"当时，国内外的专家都不看好此药的研发前景，但是作为主要研究人员，冯亦璞了解丁苯酞在脑血管领域的疗效，她依然坚持做"第一个吃螃蟹"的人。

20世纪80年代，我国的药物研发水平比较低，那时候科研条件非常艰苦。"三四个实验组的研究人员共用一个18平方米的实验室。"冯亦璞回忆，有一次，做实验时她的手套破了，皮肤接触了同位素。当时她也没有考虑是否有毒性、放射性，一心扑在了实验上。

一款创新药的研发人员就好比一列火车的车厢，共同协作，组成了这列大火车，而冯亦璞就相当于这列火车的车头，她不仅需要参与研发，还要拉资金、沟通资源等各种事项，为的是拉着这列大火车能安全快速地朝着目标前进。

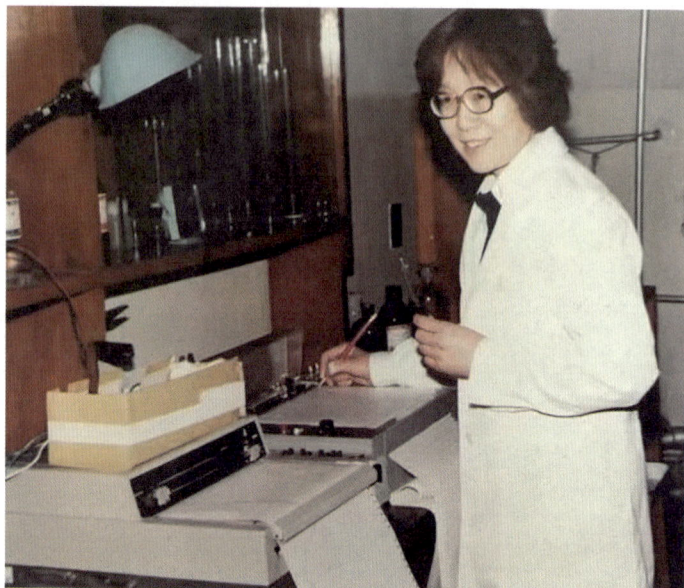

冯亦璞在实验室工作

　　冯亦璞这个"火车头"从未让自己停止过前进。这不仅出于她对未知的好奇心，更是出于她对无药可治的患者的强烈责任感。只有持之以恒地努力，才有可能创制成功，才有可能让病患放心使用。

　　冯亦璞记得，在研发过程中，几乎每天早上八点多，她会出现在单位，开始一天忙碌的工作。有的人会说："冯亦璞每天都来得这么晚啊？"其实他们不知道，冯亦璞早上五点多就已经起床了，随便吃一口早饭，在家工作一个多小时才出门上班的。

　　那时候，她把家安在了单位附近，她的房间里只有一套桌椅，其他空间摆放的都是她的研究资料。从星期一到星期日，要是在单位看不见她的身影，那一定是在这间小屋里研究她的丁苯酞。

　　冯亦璞不仅对自己手头的工作认真、严谨，对于团队的人选和工作也一丝不苟。有一次，别人给她的团队推荐了一个外国留学回来的博士，可对专业知识和业务极其熟悉的她只是看了一下博士的资料，就婉言谢绝了。"团队里的每一个人，必须都能独当一面，才能确保丁苯酞本身的质量。"

国际首创　艰难上市

经过多年大量实验和研究，冯亦璞团队在整体动物、器官、组织、细胞及分子水平方面均证实，丁苯酞治疗脑卒中的独特作用，不仅能重建脑缺血区微循环，还能显著缩小脑梗死面积，保护线粒体功能，改善脑代谢。

冯亦璞解释说：首先，丁苯酞可以抗血小板聚集和抗血栓形成，可改善病灶局部循环，减小梗死面积，减轻脑组织损伤，恢复神经功能。其次，研究证明，丁苯酞对脑卒中后线粒体的损伤有一定的保护作用，可以减少线粒体源凋亡诱导因子的释放，从而在脑卒中发生时保护神经细胞。另外，丁苯酞还可改善急性缺血性脑卒中患者中枢神经功能的损伤，可阻断缺血性脑卒中所导致脑损伤的多个环节，有着较强的抗脑缺血作用，可显著减小局部脑缺血的梗死面积，最终减轻脑水肿，同时丁苯酞的安全性总体较好。

药物研发是一个极其严谨而漫长的过程。新型药物上市前必须进行一系列严格的临床试验，而且必须遵守随机双盲对照研究，只有按照这样的标准研发出来的药物才会有真实的疗效和可靠的安全性。

丁苯酞的研发过程也是一样。研究人员需要随机采用至少两个小组的人群，一组用药，一组给予安慰剂。两组试验对象的条件，如年龄、性别等应大致相当。"双盲"则是指，医生和试验对象都不知道是在试验什么药物。在随机双盲对照原则之下，要进行临床人体Ⅰ—Ⅲ期试验，以及之后的第Ⅳ期临床试验。

人体Ⅰ期试验是从药理学来观察药物的效果和对人是否安全，一般需要二三十位受试者；人体Ⅱ期试验是初步评价药物对目标适应证患者的治疗作用和安全性，一般需要100位受试者；人体Ⅲ期临床试验主要是对药物的治疗作用进行确证，目的是进一步验证药物对目标适应证患者的治疗作用和安全性，评价利益与风险关系，要全面评价药物的有效性和安全性，需要300位受试者。整个Ⅰ—Ⅲ期试验完成后才能向医药管理部门申请上市和进入临床使用。

Ⅳ期临床试验是指，在新药使用一段时间（一般一两年）后，由药物研发者对新药上市后的使用情况进行再评估，目的是考察在广泛使用条件下的药物疗效和不良反应，评价在普通或者特殊人群中使用的利益与风险关系以及改进给药剂量等，要求试验病例在 2000 人以上。只有按照这样严格标准研发出来并使用的药物，才会既有效又安全。

在试验阶段，冯亦璞几乎隔三岔五就要往医院和实验室两头跑，了解试验对象的试验进展及变化，收集数据返回实验室继续研发。那时的她已经是个五十来岁的中年人了，脑力、体力都有大量的耗损，其中的苦只有她自己知道。在团队面前，她永远精力充沛。

在她和团队的努力下，丁苯酞研发进展顺利：

1995 年，丁苯酞启动Ⅰ期临床试验。

1999 年，丁苯酞启动Ⅱ期临床试验和Ⅲ期临床试验，总有效率为 70.3%。

2002 年，丁苯酞软胶囊（恩必普）取得新药证书及试生产批件。

2003 年，丁苯酞启动Ⅳ期临床试验。

2004 年 11 月，丁苯酞正式上市。

2005 年 2 月，丁苯酞完成Ⅳ期临床研究试验，总有效率为 78.2%，当时该临床试验也被称为中国神经内科领域最大规模、最高标准的临床试验，由北京协和医院牵头，在全国 11 个城市 94 家医院进行临床，总共收集缺血性脑血管病例 2050 例。

2015 年的《中国脑卒中防治报告》中指出，脑卒中在我国的死亡原因中占据第一位，给我国带来了巨大的经济负担，而且其发病率呈现逐年上升的趋势。在丁苯酞上市前，治疗缺血性脑卒中的药物只有抗血小板药物阿司匹林和氯吡格雷，以及调脂药物他汀。丁苯酞的上市，填补了这一空白，目前已经成为临床上轻、中度急性缺血性脑卒中患者神经功能缺损改善的主要治疗药物之一，2014 年出版的《中国急性缺血性脑卒中诊治指南》将其推荐改善脑血循环药物。

丁苯酞的面世，成功走出了一条从天然植物中筛选创新药物，研制成具有知识产权的治疗急性缺血性脑卒中的创新药物，进而实现规模化生产的新药研发之路。

作为我国第三个拥有自主知识产

2002 年，冯亦璞在人民大会堂的恩必普科技成果会上作研究工作报告

权的国家一类新药，2005 年中国国家药品监督管理局批准石药集团生产上市丁苯酞，商品名为恩必普。在全球 86 个国家受到专利保护。2010 年在国内重点城市样本医院已突破亿元，尤其是 2010 年丁苯酞氯化钠注射液上市后有了长足迈劲。2019 年国内恩必普用药市场达到了 56 亿元，同比上一年的 41 亿元增长了很多。

小　结

恩必普从 1986 年开始研究至今历经 30 多年，作为第三个自主研发的一类新药，国际上首个作用于急性缺血性脑卒中多个病理环节的创新药物，加诸恩必普身上的标签有很多：国家自然科学基金项目、1035 工程、国家 863 计划、"八五"和"九五"国家科技攻关项目、"十五"创新药物和中药现代化重大科技专项、"十一五"国家科技重大专项和"十二五"重大科技专项。2009 年，"丁苯酞原料及软胶囊"项目获得国家科学技术进步奖。2010 年，丁苯酞氯化钠注射液被评为中国"十大重磅处方药新品种"之首。2011 年，

国家科学技术进步奖
证书

为表彰国家科学技术进步奖获得者，
特颁发此证书。

项目名称：丁苯酞原料及软胶囊
奖励等级：二等
获 奖 者：冯亦璞

证书号：2009-J-235-2-01-R01

2009 年，冯亦璞研究的"丁苯酞原料及软胶囊"
项目，荣获"国家科学技术进步奖"

丁苯酞软胶囊获得"心脑血管类产品品牌十强"称号。2013 年"十二五"重大科技专项丁苯酞氯化钠注射液 IV 期临床试验项目取得了突破性的进展，并荣获"国家战略性创新产品"奖项。丁苯酞系列产品还先后纳入《国家医保目录》《军队合理医疗药品目录》，连续被《中国脑血管病防治指南》《中国急性缺血性脑卒中诊治指南（2010）》《中国急性缺血性脑卒中诊治指南（2014）》列为指导用药。

丁苯酞还取得了很大的社会和经济效益，对脑血管病领域的基础和临床研究发展有较大贡献。通过研制世界上第一个缺血性脑卒中的多靶点创新药物，培养和锻炼了一大批科研、临床和研制开发人员，增强了我国自主创新药物的研发能力。

丁苯酞带着这么多的光环，但冯亦璞似乎不以为意。"我只是研发环节上的一环，每一份创新药都是众多科研人员前赴后继努力的结果。"冯亦璞说，在从事药物研发工作的这几十年里，作为妻子和两个儿子的母亲，她反而是略带愧疚的。因为自己在工作上的忘我和投入，经常忽略了爱人和孩子们的需求。在研发丁苯酞的这十几年里，她已经是五六十岁的中老年人了，但她依然投入和忘我，让那个丁苯酞成了那个获取她全部的爱的"孩子"。

直到 75 岁，冯亦璞才正式退休。在冯亦璞看来，丁苯酞获得巨大成功，作为主创团队，她非常引以为傲。然而，就算丁苯酞有再大的光环，这也是

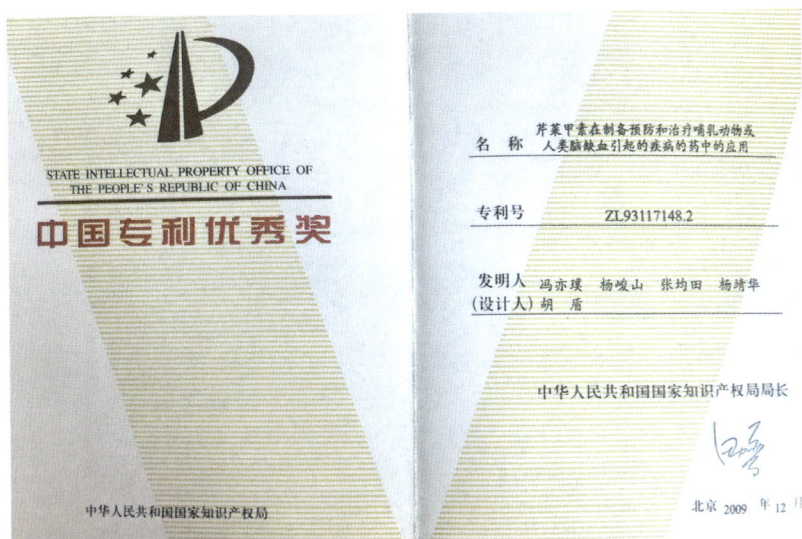

2009 年，"芹菜甲素在制备预防和治疗哺乳动物或人类脑缺血引起的疾病的药中的应用"项目荣获中国专利优秀奖

她过去的辉煌，人到老年，不管是过去还是现在，我们能够拥有的就是最好的。

欲望归零，生活清浅却也无忧无虑；执念归零，让一切变得轻松起来；心态归零，当下就是最好的岁月。冯亦璞觉得，人生的智慧有很多种，人到老年，学会归零，就是余生最大的智慧和远见，不被束缚的人生，才是真的洒脱。

康增寿，男，83岁。黑龙江省五常县（现为五常市）人，1964年从哈尔滨医科大学医学系毕业后，在核工业领域从事职业病及辐射防护研究长达20年。1984年，调至北京协和医院核医学科，从事内科临床、核素治疗学40年，用碘-131治疗Graves、Plummer甲亢近2万例，治疗原发性真性红细胞增多症、胸腹腔转移瘤、血友病关节腔出血、癌症骨转移骨痛、甲状腺癌等500余例，有着丰富的临床经验。在国内率先将TRAb用于GD甲亢病因诊断，提高GD甲亢的诊断率，降低了甲减率。在国内率先开展儿童Graves甲亢的治疗，取得良好的社会效益。首创了碘-131治疗GD甲亢EHL测定的新方法，提高工作效率4倍。工作期间，曾参与《内分泌学》《核医学》《放射生物学》等10余部大型著作编写，发表论文50余篇。曾任北京协和医院核医学科主任，中国协和医科大学本科毕业生导师，中国同位素与核辐射行业协会特邀委员，中国协和医科大学中国医学科学院学位评委会1996—1998届委员。中华医学会医疗事故鉴定委员会两届委员。在北京协和医院核医学科从事放射性核素治疗临床工作期间，开创了放射性核素治疗10项全国第一。获中国农工民主党优秀党员奖。

康增寿

从事核素治疗 40 年　创下 10 个全国第一

　　在患者眼里，他是协和医院的老专家，经验丰富、医术高超、德高望重，用回春妙手解决了无数患者的病痛；在学生眼里，他是严师，对待医学总是一丝不苟；在同行眼中，他既专业权威，又很较真，是个有着鲜明个性的学者；在他自己眼里，他始终秉承着"低调做人，高调为人"的人生格言，践行着一名协和医者的严谨、踏实与负责。康增寿把毕生的精力献给了我国核医学事业，在北京协和医院核医学科从事内科临床、核素治疗学 40 年，用碘 –131 治疗 Graves、Plummer 甲亢近 2 万例，治疗原发性真性红细胞增多症、胸腹腔转移瘤、血友病关节腔出血、癌症骨转移骨痛、甲状腺癌等 500 余例，有着十分丰富的临床经验，并取得了累累硕果，开创了放射性核素治疗 10 项全国第一，如率先将碘 –131 治疗甲状腺机能症规范为碘 –131 治疗 Graves 甲亢，在国内率先开展了 Graves 甲亢病因 TRAb 的研究及应用等。在医学的道路上，他敢于突破创新，用专业推动我国核医学事业不断向前发展，也在持续造福广大患者。尽管已经 83 岁高龄，如今康增寿依然活跃在临床一线，每周坚持出门诊，为医学事业发挥余热。

与时俱进　时刻学习英文

初见康增寿，是在位于东单三条的北京协和医院，接受采访的那天上午，康老还在出门诊。作为国内最顶尖的医疗机构，协和医院内一片忙碌景象，来自全国各地的患者络绎不绝。医院东侧的新楼群窗明几净，现代感十足，前来求医问药的患者进进出出。康老的办公室在院内西侧，位于著名的拥有百年历史的协和老楼里。老楼是传统的中式建筑，屋顶铺着绿色的琉璃瓦，外侧的灰墙没有过多装饰，几条长长的走廊将不同的楼栋串联在一起，沿途走去，一路上可以看到依然有不少患者在等待就医，置身其中，仿佛穿梭时光回到了百年前。这里也是协和医院核医学科所在地。从外观上来看，这个在全国领先的医学科室显得十分低调、朴实，却掌握着国际前沿的核医学诊治技术，汇集了一群最顶尖的核医学从业者。康增寿正是其中之一。

康老的办公室面积不大，陈设简约，里面有两张旧书桌，一张皮质沙发，一张简易床，以及一张洗手台，墙上挂着他的白大褂。闲暇时，康老就会在这里看书、学习或午休。书桌上，各类学科资料、书籍将整个桌面铺得满满当当，中文的、英文的都有，大多与核医学有关。其中，还存着许许多多这些年来康老的工作资料、获奖经历、研究文献等。桌上还摆着几张照片，是他与家人、学生、同事的合影，以及孙子孙女的照片。尽管年过八旬，但康老依然精神矍铄，记忆力惊人，每每需要查找某一份资料，他总能精准地从一堆文件或抽屉中翻出所需要的文件。

桌上一角，一台老式收音机十分惹眼。康增寿说，这台收音机陪伴了他多年，当时，他就是用这收音机收听英语节目，自学英文，每天都要用他来练听力、跟读。作为一名医生，学好英语这项必备技能十分关键。时至今日，他依然保持着阅读英文、听英语节目的习惯，就是为了保证自己的英语水平能时刻跟上学术和临床所需。"咱们就得跟得上时代，得与时俱进，得跟得上国际水平！"他的桌上还放着两本厚厚的《新英汉词典》以及人民卫生出版社出版的《英汉常用医学词汇》，两本词典的外皮都已经有些磨损，这是他用于自学英语的工具书，看得出来，这些词典已经被他翻阅了无数遍。平时，他也很喜欢跟学生用英文交流，用英文给学生讲解专业知识，要是遇到需要回避病患的问题，涉及一些隐私，他也会用英文跟学生交流。

"当年，您为什么选择学医？"面对记者的提问，康老在椅子上坐定，思绪一下子回到了儿时。"虽然我是黑龙江五常县人，但其实我的祖籍是山西，生在山西，长在黑龙江。当年，我父亲闯关东时，把我从老家带到了黑龙江。那时候，我在黑龙江一路从小学、初中念到高中，后来考大学的时候，考上了哈尔滨医科大学的医学系。"

选择学医，与康增寿的母亲有着直接的关系。"记得应该是在我七八岁的时候，我母亲得了病，印象中，她的肚子上有个鼓鼓的包，而且便血。她每次一犯病，胃就疼得不得了，在床上翻来覆去，真的很让人心疼。那时，我父亲在外头的私人商店上班，给人当账房先生，我年纪小，什么也不懂，我妈一犯病，我就手足无措，得去找我父亲。东北的冬天那叫一个冷啊，那时家里穷，也没有棉鞋，戴上个帽子就跑出去找我父亲，一路不停地跑 20 分钟，去唤我父亲回家。母亲犯病的时候什么也做不了，整个人都陷入痛苦中，越来越消瘦，看得我很是心疼，而且当时条件有限，根本请不到医生，没有人给她诊治，也不知道是得了什么病。后来才知道，我母亲得的是胃癌。"

后来，康增寿的母亲因为胃癌的折磨，不久便去世了。母亲患病离世，给他幼小的心灵留下了一道难以磨灭的创伤，也让他萌生了要学医救人的想法。高中毕业后，康增寿下定了决心："我要上医学院校，我要当医生！"

在黑龙江五常县拉林镇读完小学和初中之后，因为五常县没有高中，康增寿又辗转到呼兰县（现为哈尔滨市呼兰区），考上了呼兰一中。其实，在那个年代，上大学的概率很低，能考上大学的无疑是天之骄子。当年，一个班里 50 个人，能有五六个人考上大学就已经相当不错了。从一个小小的县城考入鼎鼎有名的哈尔滨医科大学并不是一件容易的事情。康增寿通过自己的努力，成功踏进了哈尔滨医科大学的殿堂，如愿成为一名医学生。

"那时父亲工作赚得也不多，养家糊口的压力也很大，所以我家里的生活条件也不算太好。考上大学之后体检，结果发现我患有肺结核。那时医疗水平有限，对当时的人来说，肺结核是一种很可怕的疾病，被称为'白色瘟疫'，让人闻之色变，所以一发现我有肺结核，学校就让我先休学了一年，在家把病养好，到了第二年复查没有问题了，我才继续回校上课。"康增寿说。

兢兢业业　在核工业系统工作 20 年

康增寿在哈尔滨医科大学曾学习过放射医学，这 5 年的大学时光，他给自己将来的事业扎扎实实打好了基础。那时候，他也是我国第一批学习放射医学的学生之一。1964 年，康增寿顺利大学毕业，也正是这一年，我国第一颗原子弹爆炸成功，中国用事实向世界庄严宣告：中国人民依靠自己的力量，掌握了原子弹技术，打破了超级大国的核垄断。

滚滚时代洪流，推动着一代人前行。20 世纪是原子时代，核工业的建立和发展在一定程度上反映了一个国家整体工业水平、经济实力和科学技术发展水平。中华人民共和国成立初期，国内经济困难、工业基础薄弱、技术水平落后，各方面百废待兴。为打破西方大国的核讹诈和核垄断，造出"争气弹"，一大批老一辈科技工作者秉持"国家利益高于一切"的坚定信念，奋发图强、攻坚克难，以强烈的创新自信，打破国外的技术封锁和限制，突破关键性技术难关，和成千上万的核工业人一道，铸就了共和国的坚强盾牌。那是一个创造奇迹的时代，让世界重新认识了中国，也让世界真正听到了中国的声音：1964 年 10 月第一颗原子弹爆炸成功后，紧接着在 1967 年 6 月，我国第一颗氢弹试验成功；1971 年 9 月，第一艘核潜艇顺利下水。邓小平曾经这样说："如果 60 年代以来中国没有原子弹、氢弹……中国就不能叫有重要影响的大国，就没有现在这样的国际地位。"

在我国核事业发展进程中，无数核工业人前赴后继，助力这项伟大的事业不断向前推进，许多人甚至为此付出了自己的身体、青春乃至生命。那个年代，国家正大力发展核工业，需要大量开采铀矿、分离铀矿、做各类核试验，其中的辐射防护问题以及放射类疾病的治疗十分关键。康增寿毕业时，当时的第二机械工业部（后来更名为核工业部）来学校招收学生，经过一番考察，康增寿学习成绩优异，就被顺利选上了，也成为核工业系统的一员。后来，作为研究放射医学的专业人士，他在自己的工作岗位上，开展核工业系统职业病及辐射防护研究，先后在相关基层医院做卫生防护、放射病防治，这一干就是 20 年。

当时基层的工作环境并不轻松，很多时候都在"荒郊野岭"中。这不得不提到当年的"三线建设"的时代大背景：从 1964 年开始，我国在内地省份进行了一场以备战备荒为目的的大规模国防、科技、工业、电力和交通基础设施建设，主要在三线地区，即"第三条前线地区"进行，其核心地区在我国西北地区（包括现在的陕西、甘肃、宁夏和青海）和西南地区（包括现在的四川、重庆、云南、贵州）。出于备战需要，三线建设时期的工厂和基础设施建设遵循"分散、隐蔽、靠山"的指导原则，对于某些特殊的企业，"必要时要进洞"。为了挖掘铀矿资源，那时候，广大地质工作者四处寻找、开采铀矿。跟随工作变动，年轻的康增寿四处腾挪，在多家核工业部门下属的基层医院辗转，开展辐射防护和治疗工作，直到 1979 年被调回北京到核工业部的信息所。

当时，国家对科技的重视程度越来越高。1978 年 3 月 18 日，中央召开了具有重要历史意义的"全国科学大会"。邓小平在大会提出"科学技术是第一生产力""四个现代化，关键是科学技术现代化"等重要论断。同时，中央组织制定了《1978—1985 年全国科学技术发展规划纲要》，提出了"全面安排，突出重点"的指导方针。1978 年国家修订《中华人民共和国发明奖励条例》；1979 年出台了《中华人民共和国自然科学奖励条例》；1980 年中国科学院增选了 233 位学部委员；1981 年 4 月国家出台了《科学技术干部管理工作试行条例》；1984 年 3 月出台《中华人民共和国专利法》，4 月出台《中华人民共和国科学技术进步奖条例》……一系列法律法规紧锣密鼓地颁布，也推动着我国科技工作不断大踏步迈进。

在国家大抓科技的背景下，当时正在核工业部信息所工作的康增寿开始参与相关教材的编写，并取得了优异的成绩。至今他还悉心保存着当年部里颁发的奖励证书，他所参与编写的教材《医学放射生物学》获得了由核工业部颁发的"优秀教材奖"，康增寿正是责编，获奖者中，他的名字排在第一位，获奖时间是 1987 年 12 月，以表彰在高等学校原子能类教材建设中做出显著成绩者。1995 年 12 月，由康增寿担任责编的《核科学技术辞典》被核科学技术情报研究所评为"所一等奖"。1997 年，康增寿负责的《核科学技术辞典》又获评三等奖，奖励授予单位为中国核工业总公司部级科学进步奖评审委员会。在核工业部工作了 20 年，对于他的辛苦付出和努力，核工业部也给予了充分肯定，一份特别的证书上面这样写着"康增寿同志长期从事核工业建设，作出了贡献，特颁发荣誉证书"，颁发时间为 1985 年 10 月。这是一份部级荣誉，而且这种结论性的证书一般是不轻易颁发的，只有作出了贡献的人才能获此殊荣。对于这份沉甸甸的荣誉，康增寿格外珍惜。

专攻临床　开创核素治疗领域 10 项全国第一

1984 年，整个核工业系统开始缩小规模，因为曾经从事过放射防护，又有放射医学的专业基础，康增寿就被调到了北京协和医院核医学科，开展核素治疗工作，他的工作方向也从过去预防放射、治疗辐射疾病，转向了利用放射性元素治疗疾病。从 1984 年到现在，康增寿在 40 年时间里，持续潜心临床与研究，不断开拓创新，用自己的专业、严谨，给我国的核素治疗领域带来了一股"新风"。在他工作期间，围绕核医学发表了 30 余篇论文，其中不少是开创性工作。可以说，他把毕生精力都花在了利用核素治疗甲状腺相关疾病上，他也用一名医者的坚守，造福了千千万万的病人。

谈到核医学科，这是一所综合性医院中必不可少的重要学科。它是医学学科的一个分支，是指利用先进显像设备和具有靶向结合功能的放射性药物进行临床诊断、疾病治疗和生物医学研究。核医学是核技术和现代电子技术、计算机技术、化学、物理和生物学等技术与医学相结合的产物。

作为国内医学界的顶尖机构，北京协和医院的核医学科在业界鼎鼎有名，它创立于 1958 年，是我国最早成立的临床核医学科之一。50 年来，经过几代协和核医学工作者的不懈努力，北京协和医院核医学科逐步发展成为在国内外具有重要影响的核医学医疗、研究与培训中心，为核医学在我国的引进诞生、发展壮大和人才培养作出了突出贡献，包括开展了常规诊断、治疗项目 80 余项，是国内开展核医学常规诊断、治疗诊疗项目最齐全、数量最多的科室之一，其中多个诊疗项目为国内最先创立。例如，在国内最早开展碘 –131 治疗 Graves 甲亢，已治疗病人逾数万例。随访长达 40 年，其治疗方法及效果居全国领先地位，并建立了一套严谨、规范的甲亢诊断、治疗计划和疗效随访程序，已形成北京协和医院特色的治疗项目之一。而这正是康增寿最引以为荣的工作成果，也是他在协和医院所开展的创造性工作之一。

康增寿刚到协和医院时是 1984 年，当时，我国核医学科发展还处于起步阶段，核医学治疗手段大多还是引进自外国，很多细分领域的发展还有待进一步完善。当时，科室很大一部分诊疗工作是用放射性元素为患者治疗甲状腺疾病，包括甲亢。甲亢的全称是甲状腺功能亢进症（hyperthyroidism）。这是由于甲状腺合成释放过多的甲状腺激素，造成机体代谢亢进和交感神经兴奋，引起心悸、出汗、进食和便次增多和体重减轻等现象的综合征。在临床上，多数患者还常常同时存在突眼、眼睑水肿、视力减退等症状，有时可表现为阵发性或持续性房颤，甚至周期性瘫痪，女性可表现为月经紊乱甚至闭经，影响生育功能，即使怀孕后也易产生胎儿发育不良、早产、流产及死胎等现象。

甲亢若不及时得到治疗，还会引起多种其他疾病，包括糖尿病、肝病、心血管疾病、贫血、肌无力等。

甲状腺位于颈前正中位置，是一个小腺体，形态上像护甲，重量一般为20—25 克。别看它小，却是人体重要的内分泌腺体器官。它能直接分泌甲状腺激素进入血液，促进生长发育、促进全身代谢。据统计，我国有甲亢患者1000 万人，甲减（甲状腺功能减退）9000 万人，甲状腺结节及甲状腺癌患者超过 1 亿人，保守估计，目前我国有超过 2 亿人的甲状腺相关疾病患者。对于甲状腺相关疾病的治疗方式，目前有口服药物、使用放射性核素碘 –131 以及手术切除甲状腺等方式。

如今，碘 –131 治疗甲状腺相关疾病已经成为一种颇为普遍、常规且有效的治疗方式。碘 –131 是一种具有放射性的同位素，在 20 世纪 40 年代，最早由美国麻省理工学院总医院首次将其用于治疗甲亢。为了迅速开展放射性同位素临床应用工作，1956 年，根据中国和苏联两国政府的协议，我国派出了一批专家前往苏联进修核医学和放射医学。同年，在原军委卫生部的带领下，在西安第四军医大学举办了生物医学同位素训练班，标志着我国核医学（实验）的诞生。1958 年 3 月至 11 月，根据当时原卫生部的指示，先后在北京解放军总医院、天津医学院总医院、上海医学院中山医院和广州中山医学院第一附属医院举办了放射性同位素临床应用训练班。在训练班期间，由叶根耀和邢家骝医生于 1958 年 4 月 18 日在北京用碘 –131 治疗了一例 37 岁女性甲状腺功能亢进症次全切除术后甲亢复发的病患，同年 9 月 30 日，在上海用碘 –131 治疗了一例 30 岁女性滤泡型甲状腺癌骨转移病患，从而开启了中国用碘 –131 治疗甲状腺疾病的历史。训练班结束后，来自北京解放军总医院、天津医学院总医院、上海医学院中山医院和广州中山医学院第一附属医院、广州军区总医院、广西医学院附属医院、四川医学院附属医院等单位的学员正式回到各自医院开展核医学的临床工作。1959 年起，协和医院也开始采用这种治疗方式。经过一段时期的发展，这种治疗方式因其简便、安全、一次性治愈率高、复发率低、费用少等优点，受病人欢迎，也在国内不断推广开来。

碘 –131 的治疗原理在于，碘 –131 口服后一个小时内可吸收 75%—85%，2—3 个小时以后几乎全部吸收入血。血液内的碘 –131 会迅速被甲状腺滤泡细胞浓集、氧化和有机化。碘 –131 衰变产生的 β 粒子通过电离作用破坏甲状腺细胞，由于 β 粒子在甲状腺内的平均射程只有 1—2 毫米，所以它的电离作用只限于甲状腺组织本身，一般不会造成周围组织的辐射损伤。用碘 –131 治疗以后，2—3 个月内可以使得甲状腺滤泡细胞坏死、胶体消失、腺体纤维化，90% 的患者在 3—6 个月内相关疾病治愈。

不过，刚开始开展碘 –131 治疗时，医学界存在一定的误区。康增寿强调："甲亢是一个症，不是一个病，它有很多原因，分成很多种类型，并不是所有类型的甲亢都能用碘 –131 治疗，比如青春期甲亢，就不能用这种方式来治疗。"到了北京协和医院之后，康增寿在医院所做的工作就是将甲亢治疗进行规范化。也正是他，在国内最早开展了碘 –131 治疗 Graves 甲亢，从数量、质量到疾病类别，他用自己的坚持，努力推动医学往规范化的方向发展。如今，已治疗病人逾数万例，随访长达 40 年，其治疗方法及效果居全国领先地位。同时，他还建立了一套严谨、规范的甲亢诊断、治疗计划和疗效随访程序。如今，这些治疗方式也已经成为北京协和医院核医学科的特色优势项目，帮助了大量患者。

说到这里，康增寿又打开了话匣子，并当场做了一堂医学科普：甲亢是一种症状表现，它的病因可能有十几种，导致其细分种类也有许多种。如毒性弥漫性甲状腺肿（也称 Graves 病，简称 GD），这种 Graves 甲亢是主要病因，占甲亢人群的 80%—85%。其次是 Plummer 甲亢，占比 3%—5%。临床上常见的有 Hashimoto's 甲亢，是一过性、时相性甲亢（0.5—5 年，平均 1.8 ± 2.1 年），占甲亢人群的 8%—12%。青少年青春期甲亢占青少年甲亢 40% 以上，Graves 甲亢仅占 20%。此外，还有炎性甲亢、药物致甲亢、HCG 相关性甲亢（妊娠呕吐性暂时性甲亢）、垂体 TSH 瘤甲亢、碘甲亢、胎儿 / 新生儿甲亢等各种类别。

康增寿保持着阅读最新外国文献的习惯，只要是他所关心的医学领域有最新的研究进展，他都要随时阅读、吸收，不断充实自己。在阅读大量的外国医学文献、学习相关知识后，康增寿发现，并非每一种类型的甲亢都能通过碘–131来治疗。结合国外专家学者的研究，以及自己的临床经验来看，他发现，碘–131治疗甲亢主要针对免疫性Graves甲亢，和非免疫性Plummer甲亢。康增寿提出，碘–131可适用任何甲亢，这是不合适的。因此，是哪一种甲亢，鉴别诊断非常关键。他始终强调，在治疗的过程中，一定要找准靶点，精准用药。

"要发现是甲亢，而不去区分他们具体的致病原因，一概地使用碘–131治疗的话，很可能会耽误病患的病情，过早出现甲减的情况。"康增寿说。所谓的甲减，就是甲状腺功能减退，是由于甲状腺激素合成及分泌减少，或其生理效应不足所致机体代谢降低的一种疾病。康增寿一再强调，如果不加以区分，只要是甲亢就给病患治疗，这是非常不负责任的行为。其实，在当时不少相关医学指南中，都笼统地将碘–131用于治疗甲亢，不仅表述不清晰、概念不明确，更是存在误诊的可能。

在1993年举行的全国核医学大会上，康增寿在现场做了一场非常关键的演讲，他直言不讳地抛出自己的观点："关于碘–131的治疗，现在有的做法其实是错误的，甲亢多了，有十几种，都能用碘–131治疗吗？"当时，康增寿振聋发聩的声音给当场在座的业界专家学者带去了重大冲击，许多专家听完他的论述马上就下场跟他请教、讨论。而北京协和医院作为甲状腺疾病治疗的一个风向标，在康增寿的呼吁之下，学界和业界都开始慢慢重视这个问题，并逐步修正治疗方法。

因为时刻保持与国外先进医疗技术的同步、更新，康增寿将很多国际先进的治疗理念通过翻译文章的形式引进到中国，并推动着中国核素治疗领域的规范化发展。其中，在2019年的《国际放射医学核医学杂志》第43卷第5期中，康增寿发表了一篇文章，在这篇文章中，他详细解读了国际辐射防护委员会（ICRP）第94号报告书，该报告书建议针对接受开放性放射性核素治疗后的患者，应对个体患者做具体分析后再做出住院与否的决定。该报告以高端科研结果为基础，分析比较了开放性放射性核素治疗后的患者住院与免住院的利弊，以及免住院患者及家属应当注意的问题。透过这些细节，也能看出他作为一名医者的初心，即一切以患者为中心的行医原则。

因为碘 –131 是放射性核素，可以释放 β 和 γ 射线，对周围人群有一定辐射，对周围环境也存在一定的污染，所以一部分接受碘 –131 治疗的患者需要住在专门的核素治疗病房中。这项报告书指出，患者住院与否要做个体分析，如患者意愿、职业与公众照射、家庭及环境因素等，而不应当仅仅根据估算的体内残留量一律住院。文章指出，ICRP 从没明确提出碘 –131 治疗患者应一律住院，只要求遵从国际公众剂量限值和剂量约束值，遵从最优化、和谐化相伴随。患者住院可以减少对公众及家人的照射，但增加了职业辐射。住院隔离会给患者及家属造成明显的心理负担。患者住院也会导致费用增多以及造成其他社会损失。大量科研成果表明，主管部门治疗的患者一律住院的决定过高估算对公众与防护的潜在剂量，多数国家甲亢病患门诊治疗，而甲癌患者一律住院，缺乏具体的分析考量。

关于碘 –131 治疗后的辐射防护，文章指出，碘 –131 的防护主要是 γ 射线外照射和内污染后的 β 内照射，后者较前者容易实施。多年来，防护工作者将重点放在甲癌治疗患者，甲亢治疗可门诊实行，忽略了两种病患生理特点。口服 100mCi 甲癌病患，甲状腺全切后，吸碘 –131 率仅 1%—3%，20 分钟后99% 的碘 –131 分布在 1.6 平方米全身血液中，对他人造成极小的辐射量。而甲亢病患口服 20mCi，甲状腺吸碘 –131 率 80%，20 分钟后 16mCi 集中在甲状腺，一束射线照在接触者身上（当然也无害），甲癌治疗后对成人不会引起甲低也无诱发癌变风险，婴幼儿、妇女敏感人群，七天内不宜近距离接触。

文章还探讨了内污染防护问题。内污染的防护主要是患者尿液，碘 –131治疗病患肾功能正常，一般水化后口服剂量 55% 在 24 小时排出，48 小时后排出达 80%。多年战略研究表明，储存尿液弊多利少，ICRP 从没提出核素治疗要储存尿液。碘 –131 100mCi 10 个半衰期后仍有近 1000μCi，储尿池几个月后不排是不现实的，是一个相当剂量的放射源。而 100 个病患，不同时间、不同地点的尿液排入下水道，经过 4 级稀释后在城市测下水道的剂量低于国际剂量限值。

康增寿在文中给出了对 ICRP 第 94 号报告书之后的思考。他指出，患者是否住院应当以个体化判断为基点，采取两条腿走路的方针。他认为，下列情况可以免住院：病患有自理能力，理解并接受医师安、防、卫指导；家中环境适于隔离；家中无婴幼儿、儿童、孕妇、敏感人群；仅甲亢或甲癌，不伴随其他内科疾病；本人及家属同意。免住院前需要做出下列准备：免住院方案设计，包括剂量；对免住院病患的安全、卫生、防护给予指导卡片；体内残余量测定方法及人员培训；随访时间及项目安排。下列情况需要住院：无自主能力与智障，有精神疾患；家中无隔离条件，有敏感人群；甲癌伴其他内科疾病（心衰、糖尿病、肾功能差等）；本人及家属要求住院隔离；施给剂量大于 200mCi 者。

康增寿从患者的实际情况出发，在不耽误疾病治疗的基础上，考虑到其利益，明确提出了应当对碘 –131 治疗的甲癌患者住院与否做正当化、最优化判断，也对核素治疗病房建立衰变池的必要性提出了稀释法的建议。当时，ICRP 报告书的内容与我国现行法规形成了鲜明对比，值得我国法规制定者认真思考。

那么，用碘 –131 治疗患有甲状腺疾病的儿童是否安全？20 世纪末的中国医学界对此并无定论，并不敢轻易尝试。为了打破僵局，让更多患儿受益，在临床实践中，康增寿又评价了儿童 Graves 甲亢三种治疗方法的利弊，在查阅大量的外文资料、研究一线临床经验的基础上，给中国医学界吃下一颗定心丸：用碘 –131 治疗儿童 Graves 甲亢安全、有效。在国内，康增寿率先开展了儿童 GD 甲亢碘 –131 治疗。

Graves 病（GD）是儿童甲状腺功能亢进最常见的病因，是自身免疫失调病，特点是甲状腺弥漫性肿大、功能亢进、浸润性突眼。儿童 Graves 甲亢（即 GD

甲亢）会影响儿童生长和发育，特别是骨骼、心脏、脑等，又因 GD 甲亢病程长，很少自然缓解，因此儿童、青少年 GD 甲亢的治疗是生命攸关的大事。在儿童 GD 甲亢的治疗方面，当时业界尚无一种专一的首选方法，碘 –131 治疗儿童 GD 甲亢的癌变及后代生育缺陷等理论上的推测长期困扰着医学界，在国内，部分认识领域仍属禁区，甚至用碘 –131 治疗儿童及青少年甲亢均被列为禁忌证或相对禁忌证。为了让更多人了解儿童青少年 Graves 病（GD）的治疗方法，打消人们的顾虑，并与国际最新治疗理念和治疗技术接轨，康增寿与戴维信、杜永昌编译了美国耶鲁大学医学院发表的 "The Management of Graves' Disease in Children, with Special Emphasis on Radioiodine Treatment" 综述，并翻译成《碘 –131 治疗儿童 Graves 甲亢安全，有效》试图达到拓宽 GD 甲亢治疗的视野，与同人取得共识的目的。文中提到，儿童 GD 甲亢碘 –131 治疗后，很少见到 Graves 眼病加重的病例，根据 Safea AM 等报道，在 87 例儿童 GD 甲亢中，用碘 –131 治疗后，90% 的眼病得到缓解改善，仅有 7 人无变化，3 人略加重。

　　针对人们的顾虑，文章指出，通过半个世纪以来的临床实践，GD 甲亢碘 –131 治疗可诱发甲状腺癌及白血病的推断已被大量的回顾性研究所否定。Dobyns BM、Hall P、Holm LE 等对 60000 名受辐照个体长期随访研究表明，受到低剂量和中等剂量外照射的人群，有增加甲状腺癌危险的可能性，而受到较高剂量（治疗量）照射的甲状腺癌危险度低，因为辐射引起细胞死亡和减少了细胞的有丝分裂。Hall P 等报道，1.62kBq（60μCi）碘 –131 剂量传递给甲状腺的吸收剂量是 6.5cGy，这个剂量已证实没有增加甲状腺癌的危险。Thompson DE 报道，日本原子弹受害幸存者，由于爆炸空气中 X、γ 射线的急性照射，甲状腺癌的发生率有所增加。受到含碘 –131 落下灰照射及日本马绍尔群岛核试验时，甲状腺受辐照估计在 150cGy/ 成人和 700—1400cGy/ 儿童，这种辐照剂量使甲状腺肿物增加 3 —10 倍，而碘 –131 对甲状腺癌的危险度没有增加。

　　碘 –131 治疗后，部分保留的甲状腺组织，从理论上有甲状腺细胞囊性变的危险存在，但因施用了能杀死细胞的辐射剂量，甲状腺组织明显缩小，甲状腺癌危险度将远远小于外照射。Kogut MD、Sheline GE 等报道，儿童 GD 甲亢用碘 –131 治疗后，发现 4 例甲状腺恶变（5 岁：50μCi/g。9 岁：54μCi/g。11 岁：125mCi。16 岁：3.2mCi），4 例中，3 例施给小剂量，1 例用中等剂量，所以认为，甲状腺结节和囊性变的增加，与低剂量碘 –131 照射有关。Robertsona JS 等研究证明，碘 –131 治疗时，性腺受到 2.5cGy 辐照，相当于作一次钡灌肠或静脉造影。Sorkar SD 等报道，77 例儿童使用 2590—2960 MBq（70—80mCi）碘 –131 治疗的病患，其后代没有发现先天性畸形。

该文章中给出的结论是，放射性碘治疗儿童 GD 甲亢是简便、安全、有效的方法，其治愈率与施给剂量有关，施给每克甲状腺组织的一次剂量 4.05—5.4kBq（150—200μCi），GD 甲亢治愈率 >90%。GD 甲亢病患甲状腺癌的危险度较正常人高，且用 ATD 治疗甲状腺癌的危险度高于碘 –131 和手术治疗。这可能是由于药物治疗后，甲状腺残余组织多的缘故。迄今为止，儿童 GD 甲亢碘 –131 治疗的甲状腺癌的危险尚未观察到，但大量资料提供儿童颈部受到外部照射后甲状腺癌危险有明显的增高。因此假定，碘 –131 内照射治疗后，儿童甲状腺癌危险度理论上的增加也是在 5 岁以前，5 岁以后是很低的。高剂量的碘 –131 治疗儿童 GD 甲亢 （5550—7400kBq/g；12000—16000cGy/g）能减少残余甲状腺组织，降低肿物的危险度。碘 –131 治疗后，要长期随访，并给予左旋甲状腺素（L–T4）治疗，以防止甲低和 TSH 的升高，实验也证明，TSH 的增高有利于残余甲状腺组织的增生。儿童期 GD 甲亢碘 –131 治疗，没有观察到后代任何畸形和发育缺陷产生。儿童 GD 甲亢 ATD 规律治疗后，其长期缓解率仅 30%—40%，而 20%—30% 有并发症，有的甚至很严重，危及生命。外周血 TRAb 的高低可预示缓解期长短，以便指导临床治疗，改换治疗方案。儿童甲亢手术治疗是受欢迎的方法，治愈率达 90%，并发症仅 1%—5%，死亡率 0.08%，但需要有经验的外科医生施治，临床大甲状腺伴结节（>80 克）者适合选择手术。另外，实际实施中常常受到手术适应证和病患美容要求的限制。

康增寿表示，儿童 GD 甲亢需要及时诊断与治疗，治疗方法的选择可因人而异。半个世纪来的实践表明，科学、审慎地用碘 –131 治疗儿童 GD 甲亢是安全、有效的。康增寿在国内率先开展了儿童 GD 甲亢碘 –131 治疗，治疗病患近百例，让更多患病儿童和家庭受益。

康增寿很多创造性的工作都是从患者切身利益出发的。例如，他在国内率先开展了用计算机测定碘 –131 有效半衰期。临床上用碘 –131 治疗甲亢（主要是 Graves 甲亢）方便、安全有效，在国内外已经广泛开展起来。但这种疗法关键的一步半衰期的测量经常需要 5—7 天时间，患者需要在治疗前来院 4次，因此增加了患者和医生的负担。康增寿在国际上首先发现碘 –131 有效半衰期与转换率呈负相关，并与北京核仪器厂合作研发出了有效半衰期测定软件（EHL 软件），将测定时间缩短至 24 小时。

康增寿说，碘 –131 治疗甲亢的四个主要步骤为：测定甲状腺摄取碘 –131率，测定有效半衰期，甲状腺显像估算重量和口服剂量设计。其中，有效半衰期测定是指 24 小时最高摄碘 –131 降至一半的天数。第一天，医生需要测定患者 2 小时、4 小时、6 小时、24 小时的吸碘率，找出这四个值的最大值。48 小时后，医生需要再次测定患者的吸碘率，查看吸碘率的值是否降低到了首日最大值的一半。如果没有降到一半，则需要在 72 小时后再次测定并比较，以此类推，直到测定吸碘率降到一半，取当时的天数为有效半衰期。用以上传统做法测定有效半衰期一般需要 5—7 天，因此需要病人多次来院，这是碘 –131 治疗甲亢的一大弊病。

根据多年临床经验，康增寿发现，摄碘 –131 转换率（4 小时吸碘 –131率与 24 小时吸碘 –131 的比值）与有效半衰期呈负相关。对已治疗的 1044 例 Graves 甲亢患者的摄碘 –131 转换率和实测有效半衰期进行回顾性总结的结果，证实了二者之间的负相关关系，进一步印证了他的发现。

康增寿根据 1044 例患者的大量样本分析，推算出了相关回归方程式，并且根据该公式，用第一天测定的摄碘 –131 转换率就可以直接推算出有效半衰期，将测定半衰期的时间缩短至 24 小时。他敏锐地意识到，快速测定碘 –131 治疗甲亢的有效半衰期有望通过该方程式来解决。在北京核仪器厂的协助下，碘 –131 治疗甲亢有效半衰期测定软件——EHL 软件研发成功，现在医生用该软件测定有效半衰期时，只需要将第一天测定的吸碘率输入软件，就可以立即得到有效半衰期。后期的比较验证也证实了该软件测定结果的科学、可靠。

这款 EHL 软件可以在 24 小时内测出碘 –131 治疗的 Graves 甲亢患者有效半衰期，为患者和医生节省了 120 个小时，工作效率提高了 4 倍，同时还避免了多次实测的误差，使数据更加科学有效。目前，该软件已经在北京协和医院核医学科推广使用，让患者和医生深深受益。

医学从来不是简单的事情，他对患者的负责，也充分体现在他对待患者一丝不苟的态度上。在临床工作中，康增寿从来都要认真考量、仔细研究，才敢给患者用药。康增寿说："用碘 –131 治疗 Graves 甲亢，什么时候用药，给多少剂量，这都是有严格要求的，比如要根据甲状腺的大小、个人体质的情况，还要详细考虑淋巴系统、免疫系统的情况等等，得综合很多因素，而不是简单地根据甲状腺大小就给定一个剂量，不是那么简单的。"

这些因素其实对于很多刚入行的年轻人来说是需要积累一段时间的，而康增寿足足做了一辈子，有着充分的经验，对于这些药物的用法、用量，他拿捏得准准的，可以说是"信手拈来"，只要根据患者的基本情况，他总能做出最恰切的考量。打个比喻，就像蒸白面馒头，一个经验丰富的人蒸出来的馒头，和一个刚学会蒸馒头的人蒸出来的，味道也许就会有天壤之别。

出于对患者健康的负责，以及对医学的执着，康增寿是一个近乎"执拗"的人。曾经对国家疾控中心和卫健委组织翻译的 ICRP 94 号出版物（国际辐射防护委员会 94 号出版物）原则错误给予纠正。出现了一个翻译错误，在康增寿看来，这个错误是不能容忍的，眼里揉不得沙子的康增寿多次亲自写信给国家卫健委等有关部门，呼吁要及时更正翻译。基于自己多年从业经验以及对核素治疗领域的专业性，他甚至敢直接"叫板"国家卫健委新版卫生辐射防护标准，针对其中的错误及时提出修改建议。用他自己的话说："我不会溜须拍马，只会实事求是，就是靠技术、靠专业说话。"对于学生，他也都是这样要求的："我要求我的学生做到两点，一是实事求是，二是要尊重病患的实际数据。"

细细数来，在北京协和医院核医学科从事放射性核素治疗临床工作 40 年，康增寿开创了放射性核素治疗 10 项全国第一，每一项对于患者和医生来说都具有十分关键的意义，甚至大大推动了整体学科的发展：

1. 将碘 –131 治疗甲状腺机能征规范为碘 –131 治疗 Graves 甲亢。

2. 在国内率先开展了 Graves 甲亢病因 TRAb 的研究及应用（院内获奖）。

3. 1985 年，率先开展了核内分泌（甲状腺疾病）对外门诊，GD 甲亢诊断治疗 300 人次 / 年。

4. 在国内率先开展用计算机软件代替定标器甲状腺碘 –131 摄取率测定（院内获奖）。

5. 在国内率先开展了儿童 GD 甲亢碘 –131 治疗，治疗病患近百例。

6. 在国内率先开展了用计算机软件测定 EHL（有效半衰期）（院内获奖）。

7. 在国内率先用 Captopril 肾图诊断肾动脉狭窄性高血压（院内获奖）。

8. 在国内率先与原子高科合作研究出碘 –131–MIBG 放射性药物。

9. 在国内率先开展了碘 –131–MIBG 治疗嗜铬细胞瘤。

10. 在国内率先开展了血友病 32P 滑膜切除治疗关节腔出血（院内获奖）。

大爱仁心　他为患者送去温暖和福音

虽然早已退休多年，如今，康增寿依旧坚持在协和医院出门诊。康增寿住在北京南城，虽是耄耋之年，但他身体依然硬朗，能够自己驾车，每周五上午早早地从家里驱车到协和医院出诊。出诊时间只有半天，但却能为更多患者带来福音。他乐于看到患者解除病痛高高兴兴回家的样子。

像康增寿这样的老专家的日常门诊无疑是年轻后辈观摩学习的重要机会，科主任安排轮转的研究生，跟着康增寿一同出门诊，作为实践课堂。按照规定，退休之后，康增寿就不能正式带学生了，但对于前来临床实践的学生，康增寿从来不含糊，也从不吝惜自己的知识，充分利用好这一次次带教的机会，将毕生所学，尽全力传授给一代代的年轻学子。

上午的门诊结束，就都到了中午用餐时间，康增寿每次都会带着学生们去协和医院二层的教授餐厅，请孩子们饱餐一顿，改善改善伙食。在他看来，这些后生晚辈需要用心对待："看完门诊我都会请他们吃饭，因为他们也都挺辛苦的，前前后后跟着忙活半天。而且这些研究生都还很年轻，没有太多的收入来源，请他们吃一顿也是应该的。""想吃什么你就拿，多拿点，一定要吃饱。"教授餐厅的饭食采用的称重计费，康老每次都慷慨地叮嘱孩子们，饭要吃好。用餐时，康老也会跟孩子们讨论上午的病例，有任何疑惑，他都会给孩子们耐心地解答。

跟随康增寿出门诊多次，学生张雨薇对他留下了非常深刻的印象："虽然康老师已经80多岁，但是他每次出门诊给患者看病的时候，思路非常明确、条理非常清晰，而且会用最简单的、患者能理解的话来告诉患者疾病的状态，解释疾病发生发展的过程，以后后续如何复查、治疗，他都会给患者交代得非常清楚。康老师为人非常善良、热情，即使是不出门诊的早上，路过检查区域，他也会热心地叮嘱患者一些注意事项。康老师也很喜欢用英语跟我们交流专业知识，帮助我们答疑解惑。"

尽管已经退休20多年，但康增寿作为老专家，在病友中有着相当高的威望，甚至许多患者专程从外地赶来，就是要求得康老的一剂良方。而他总是对患者倾尽全力。在互联网诊疗平台上，也能看到康增寿的出诊信息，而且有大量的患者给康老点赞，并写下了自己最真实的就医感受：

"2018年年末在康老师这里给孩子做的碘-131治疗。当时在哈尔滨的医生让孩子口服赛治和一堆辅助药物治疗了几个月，孩子出现全身关节游离性疼痛，当时孩子已经无法自理，我们是坐着轮椅去的协和医院。多亏遇到了康老师，康老师给我们讲解了孩子的病因，以及告诉我们孩子该如何治疗，讲得很全面，也让我们了解了孩子病情的严重性。通过康老师的治疗，孩子恢复了很多，一直在恢复中，今年也参加了小学毕业考试，数值基本都已经恢复到正常范围内了，真的很感激康老师。"

"我是内蒙古地区的患者，2015 年在本院做的甲状腺全切手术，无淋巴转移，侵入胚膜，经手术大夫推荐来到康老处进行治疗。康老年逾古稀，本该享受天伦之乐，却仍奋战在第一线，他对患者认真负责的态度深深打动着我。他用大爱仁心为患者送去了温暖和福音，尺短情长，方寸之间难表我对康教授的感谢之情，谢谢三年来康老的鼓励与陪伴，愿康老身体越来越健康，事业越来越好，好人一生平安！"

"就诊很顺利，也没多等时间，诊断证明及时出结果，非常感谢康老医生！"

"康教授对患者的病情认真，能给我们耐心讲解，消除我们很多顾虑，真心谢谢康教授！"

"通过朋友介绍前往北京协和找康老求医，康老经验丰富、医术高超、德高望重，祝愿康老健康长寿。"

　　……

在他办公室内侧的墙上，挂着一面鲜红的锦旗，显得十分惹眼，上面写着"医德高尚　医术精湛"，获赠时间是 2015 年，这份谢意来自一位河北张家口的患者。其实，从医数十年，像这样的锦旗，他收到过 30 多面，每一份都凝聚着患者对他最诚挚的谢意，其背后，更是包含着一个个动人的救死扶伤画面。康增寿说，能帮助患者解决病痛，就是他最大的安慰。

国家建设

曾应斌，1936 年 3 月出生于四川省广安县（现广安市）。1954 年考入天津大学工业与民用建筑专业。1956 年毕业，同年进入中国建筑科学研究院参加工作。1997 年，以北京凯勃建设监理公司总工程师身份退休。1997—2005 年，被公司返聘。曾应斌坚守在建筑业务和技术一线一干就是 48 年，其参与或者主持建设的深圳海关联检大楼在 1985 年获得基础工程优质奖，深圳国贸大厦在 1986 年获得基础工程优质奖，武汉建银大厦在 1998 年入围全国鲁班奖，北京三露厂在 2001 年获得北京市优质工程奖，北大集会堂在 2002 年获得北京市优质工程奖。

曾应斌

"螺丝钉"精神　构筑精彩一生

86 岁的曾应斌回忆过往，他将自己比作"社会主义建设的螺丝钉"，哪里需要就去哪里。"平平常常，没有轰轰烈烈，做好每件事，过好每一天。"曾应斌言谈举止中，沉淀着时代的痕迹。

1936 年，曾应斌出生于四川省广安县（现广安市）家境相对优渥的富农家庭，恰逢四川地区军阀割据混战的年代。刚出生不到三个月，曾应斌就差点命丧土匪之手。后来他反抗封建包办婚姻，考入天津大学工业与民用建筑专业，独自北上求学，进入中国建筑科学研究院参加工作。48 年坚守在建筑业务和技术一线，其参与建设的北京 320 米高的大气污染检测塔、北京前三门工程、深圳海关联检大楼、深圳国贸大厦、武汉建银大厦、北京三露厂、北大集会堂等建筑均获得建筑类奖项。

从兵荒马乱走向和平时代的人，最懂"过好每一天"的意义和价值。当串联起数十年的"每一天"，就是曾应斌精彩的一生。

一条生命价值 500 大洋的年代

1936 年 3 月，曾应斌出生在四川省广安县一个小镇的富农家庭，恰逢军阀割据和国难当头的年代。在曾应斌的记忆中，这是一个生命被"明码标价"的时代。"我就是家里花了 500 大洋，从土匪手里赎回侥幸活下来的。"

由于特殊的历史和地理位置原因，20 世纪 30 年代的四川省，各方军事力量汇集，在反对清政府与北洋军阀的统治中拉锯混战，滋生了众多的军阀派系，也造成了土匪猖獗的局面。

清末民初起，四川境内，尤其是成都地区兴办了许多军事学校。例如，1903 年，川督岑春煊开办了四川武备学堂；1906 年，川督锡良开办了四川陆军小学堂；1907 年，川督赵尔巽又开办了四川陆军速成学堂。这些先后开办的军事学校，给四川地区沉淀了大批的军事人才。

到了 1916 年，以蔡锷为总司令的护国军分两路进入蜀地。紧随其后的便是为了镇压护国军入川的北洋军。多路军队入蜀，加之军事人才遍地，四川自此进入了军阀割据混战的时期。从 1912 年到 1933 年，四川境内共计发生了大小 470 余次军阀战争，直到 1926 年，一些四川军阀意识到政局变化，为了自保，纷纷派人去往武汉、长沙，向进行北伐的国民革命军投诚，表示承认国民政府，同意军队易帜改编，才慢慢结束了混战。

连年混战的影响却久久不散。四川成为当时中国所有地区中匪患最严重的地方。民国时期社会动荡，各地均有匪患，但都远不及四川。由于地主盘剥，政府苛捐杂税又多，军阀为了提升军事实力，又巧立名目设置关卡，四川地区农民失地，商人失家。一些散兵游勇也开始占山为王，成为土匪，一些失地失家的民众更不堪重负，被迫加入了土匪队伍谋生。同盟会元老熊克武曾描述四川匪患："今日四川之地，道路之间，何地无匪，何时无匪。"那时候，四川地区的盗匪抢掠财物的同时，还会绑架幼童为威胁，让家人想办法筹措赎金，极尽压榨。

曾应斌刚刚出生不足三个月，就被土匪掳走，成为人质。"那时候，我们家里的家庭条件不错，父亲靠着第一桶金，赚了一点小钱。"曾应斌说，这或许也是自己家会被土匪盯上的原因，在当时，但凡有点儿家底的，都容易遭到"抢掠"。

曾应斌一家原本靠务农为生，家中有几亩地，再养几头猪、牛、羊，日子足够温饱。不过，曾应斌的父亲却是一个有经商头脑的农民，早在他还没有出生前，父亲与祖父就一起做起了粮食贩卖的生意。"父亲把周边农民的粮食囤起来，加工后去城里卖，慢慢成了一个小粮食商。"

在战争年代，正所谓"兵马未动，粮草先行"，四川大小战争不断，不同派系的军阀也总在想办法筹措军粮。最常见的办法就是冲进普通老百姓家中"找粮"。曾应斌的父亲在家中积攒的"小粮仓"就被发现了。"军官对我的父亲说，把粮食给他们，等打赢了仗，会给奖励。"面对军阀的"赊账"，曾应斌父亲无奈将粮食全部给了他们。父亲后来告诉曾应斌，把粮食给出去的时候，就没想过会再有回报。"我的父亲说，财物这些东西都不重要，任何时候，人活着最重要，他是个非常看得开的人。"

但是没有想到，曾家遇上的是一个讲诚信的军阀。不久以后，战争结束，真的有军官将"奖励"送来。"这让我们全家一下子变成了富农，所以我出生的时候，家里条件算是镇上非常不错的。"曾应斌说。

福祸总是相依的。广安县附近山区的土匪就盯上了曾家。1936 年 6 月，一伙土匪冲进曾家，带走了可见的财物，封了房子，也顺便带走了襁褓中的曾应斌。为首的一人留下话，要求用 500 大洋来换孩子的性命。

对于一个刚刚遭受过抢掠的家庭，再筹集 500 大洋，其艰难程度可想而知。曾应斌的家人甚至一度绝望，认为无法将他救回来。但幸好得到亲戚和街坊邻居们的帮助，最终筹集到了赎金。"听说那时候是用箩筐挑，明晃晃的，挑到了土匪窝里，把我赎回来了。"每当听家里的老人说起这段故事，曾应斌就庆幸命运的眷顾。在土匪窝待了两个月的他，被带回来时已经奄奄一息。"可能稍微迟过几天，我就没命了。"

这件事情发生后不久，曾应斌全家就搬到了稍微安全一些的广安县城。其父亲的经商才能在这里也更好地展现出来，不仅还清了外债，家境也重新殷实起来。

以自己的方式向命运抗争

虽然出生即遭难，但回忆起自己的童年，曾应斌觉得比同时期的大部分孩子要快乐也舒服得多，至少在吃、穿、用上从未缺失过。"那个年代，很多人都在饥饿的边缘挣扎，在我的印象里，家里不只能温饱，我还能吃到一些小零食。"童年的记忆有些模糊，但曾应斌还能想起拿着零用钱去买糖糕的景象。不过，这种快乐又舒服的生活，在曾应斌初中即将毕业时，戛然而止。

曾应斌十二三岁的时候，他的大姑与父亲就开始为他筹划婚姻大事，没有询问过他的意见，就为他定下了一个童养媳。曾应斌得知此事后，极力反对。他当即回答："不同意。"可是，父亲还是把这个姑娘接到了家中。

被接来的姑娘是附近农户家的孩子，约莫十三四岁。姑娘似乎是接受了父母的"包办"，在曾应斌家中住了下来，帮忙操持家务，干些力所能及的农活。"她这个年龄，本该读书，不该待在家里务农。"曾应斌完全接受不了父亲的包办婚姻，就与父亲谈判。谈判惹怒了父亲，一顿怒骂之后，父亲中止了经济供给。曾应斌吃饭、上学都成了问题。"我没有屈服，找亲戚借钱，每天吃白薯稀饭，一边继续上学，一边想办法解除婚约。"他希望能名正言顺地将父亲接来的"童养媳"送回去，还双方自由。

早在 20 世纪 20 年代末 30 年代初，在川、陕、湘等地的农村地区，由中国共产党领导的农村革命根据地就广泛宣传实行男女平等、拒绝包办婚姻等思想，为破除农村地区婚嫁旧俗奠定了基础。中华人民共和国成立后，在 1950 年 5 月正式颁布施行《中华人民共和国婚姻法》，彻底废除包办强迫、男尊女卑、漠视子女利益的封建婚姻制度。曾应斌发现自己难以说服父亲，开始向当地的农会寻求帮助。此时，人民政权初建，正在进行土地改革等铲除封建剥削制度的社会革命。尚在念初中的曾应斌鼓起勇气，告诉农会父亲包办婚姻的行为，希望组织能帮忙解除婚姻。在当地农会的干涉下，曾应斌的父亲被迫放弃"童养媳计划"，因此导致了父子关系的恶化。

"此后，我跟父亲的关系就变得非常不好，他不再支持我的学业，我的日子也渐渐难过起来。"曾应斌的父亲断绝他一切经济支持时，他还没有念完初中。"没钱就读不了书，我那时候还是非常喜欢念书的，我告诉自己，无论多难，也得考高中，念大学。"

为了缓和与父亲的关系，曾应斌变得更加懂事了。每天天还没有亮，他就起床把家中的牛牵到附近的草地上喂食，然后开始打猪草。到了7点多回家吃完早饭，才去上学。每天放学回家，他主动承担家务，忙到晚上10点钟以后，又开始点着小油灯温习功课。曾应斌的口袋里，经常会装着一本小册子。这个自制的小册子里，有时候是数学公式，有时候是英语单词，有时候是他从名著小说里摘录的名言警句。无论在什么地方，只要一有空闲时间，曾应斌就拿出来看两眼。"我那时候尤其喜欢《三国演义》《水浒传》这些中国的名著，看到那些困境里还坚持自己理想的英雄，非常崇拜，也激励了我。"

时间也慢慢修复着曾应斌的父子关系。磕磕绊绊，曾应斌总算完成了初中学业，也以优异的成绩从学校毕业，考上了同校的高中。他的成绩也能获得学校每个月四元五角钱的助学金。

这时候，意外又发生了，曾应斌的入学体检出了问题，体检结果表明，他因为身体原因，不能进入高中念书。"我没有放弃，去找学校的教导主任，争取上学机会。"

"我还记得，当时的教导主任姓冯。"来到冯主任办公室，曾应斌说明了自己的情况。冯主任说，学校有章程，应该照办。曾应斌再三请求，拿出学习成绩，希望能再次体检。"我跟冯主任说，自己好不容易坚持读完了初中，不甘心就这样落榜。"最终，冯主任被打动了，带着曾应斌找到了校医，校医认为是小病，不影响入学。"我的执着，收获良果。"

进入高中后的生活，并没有好很多。虽然与父亲的关系慢慢变好，但曾应斌的日子依然非常拮据。骨子里，曾应斌也有一股傲气，除非到了没有办法的境地，否则绝对不会向父亲开口。而曾应斌的父亲也始终憋着一口气，从不主动关心儿子的学业和生活。也因为这样，曾应斌常常吃不上饭。这种情况，被一名老师看在眼里，在他最困难的时刻，把5元钱给了他。

"5元钱看着不多，但对这个负担沉重的老师而言，也是一笔巨款。"在当时，学校老师的工资刚够养家糊口，根本不会有结余的存款，曾应斌意识到这5元钱一定是攒了许久。"我必须把钱还给老师。"

要还5元钱，对曾应斌而言也是"一座大山"。到哪里去找5元钱还给老师呢？最后，曾应斌鼓足了勇气，去找父亲，这也是二人吵架之后，第一次主动跟父亲要钱。这一次，两人之间没有歇斯底里。曾应斌心平气和地向父亲说明情况，并告诉父亲，不能因为自己影响老师的生计。"父亲一直很严肃，但最终还是把钱给我，还给老师，并向老师致谢。"

曾应斌的父亲是个非常节俭的人，从不铺张浪费，甚至在家人的眼里"有些抠抠搜搜"。明明有殷实的家底，但从未享受等值的生活。每次出门做生意，父亲午饭从来不舍得去餐馆吃，而是吃自己从家中带去的泡菜馒头。曾应斌的母亲在家中务农做饭，用的食材稍微好一点，就会被父亲数落。曾应斌的父亲做生意，赚了钱，把钱攒起来。每当看到有农户落难，或者街坊邻居需要救助，父亲就会毫不吝啬地出钱出粮。"我一直觉得，父亲是个非常善良的人。"

如果一开始就服从父亲的安排，或许曾应斌的初高中生活会拥有一些更美好的回忆，往后的人生道路也许会有一番别样的风景。若干年后，思及年少时的选择，曾应斌却坚定地说从未后悔过。明知前路荆棘，但曾应斌想以自己的方式，扼住命运的喉咙，勇往直前。这份骨子里的倔强和坚守，也跟随了他的一生。

大学里的"赤脚学生"

1954年，即将高中毕业的曾应斌又站在了人生的分叉路上。"高考究竟是报考本科还是专科，我犹豫不决。"

以曾应斌的学习成绩，完全可以考虑清华、北大等一流大学，但是一旦选择读本科，这意味着至少要承担四年的学费和生活费。曾应斌心里没底，无法确定父亲是否愿意一直资助他读完大学。"所以我把目标放在了开设专科的大学。只要读两年，就能出来工作了。"天津大学在因缘际会中，就成了曾应斌的首选。

曾应斌的择校经历完全是一个独自摸石头过河的过程。作为小县城出来的学生，视野并不开阔，唯一向往的大城市就是北京。"我不想选择去北京念书，一是没有特别合适的学校，二是担心大城市开销太大，自己负担不起。"踌躇彷徨之时，一本城市宣传画册闯进了他的视野。书中介绍了天津市和天津大学，而恰好天津大学有符合曾应斌要求的专科招生。"我立即决定，报考天津大学，选择了工业与民用建筑专业。"

天津大学成立于 1895 年 10 月，创建于中日甲午海战后，其前身是北洋大学堂，是我国第一所现代大学，开中国近代高等教育之先河。填报完志愿以后，曾应斌才意识到，自己无心插柳选择的大学，竟然是当时中国理工科领域的佼佼者。他渐渐有些担心了："害怕自己考不上。"

录取结果还没有下达的时候，曾应斌的母亲就开始为他准备远行的被褥。有一天，母亲正在缝补被子，曾应斌突然开口："要是考不上大学怎么办？也不用这么着急（准备行李）。"母亲抬头看了一眼，然后又低头缝补，慢吞吞地开口说："考得上，考不上都一样，就算考不上，在家里也能谋生。"母亲平淡如水的话，抚平了曾应斌的焦虑。不久后，录取通知书到达，曾应斌如愿考上了天津大学工业与民用建筑专业。他带着 30 块钱和简单的行囊，出发北上。

"我的家庭条件虽然不错，但因为父子关系不太好，上学上得有点像难民一样。"曾应斌调侃道。随身带的 30 块钱，是通过母亲从父亲那里求来的。而小小的行囊内只装着一床母亲缝制的被子，两套衣服和一双破烂大小不一的解放军胶鞋。曾应斌背着这样的行李先来到了四川南充市。

中华人民共和国成立初期，为了鼓励学生积极参加高考，为社会主义建设培养人才，对准入的大学生可以去指定地点申请路费。"但是这个申请过程比较烦琐，等待的时间特别长，我非常怕错过学校报到的时间。"于是，曾应斌的"谈判"才能又在这里发挥作用了。他找到路费申报的负责人，表示自己可以不拿全额路费。原本从南充市到天津市的补贴路费为40元，曾应斌提出只需要补贴一半，另一半由自己出。"对方看到我十分真诚，一共30块，愿意拿出20块当路费，就答应了。所以我没等多久，就出发去天津了。"

从南充到天津，曾应斌兜兜转转走了半个多月。他从南充市辗转到了成都，又从成都坐了四天四夜的汽车，到达了秦岭。在秦岭又绕到了宝鸡，最后从宝鸡坐了两天两夜的火车，到达了北京前门火车站。"从交通上就能看出来，中国的交通和工业，在当时都很落后。"

北京前门火车站广场，许多稚嫩的脸庞在等待学校的班车。曾应斌望着雄伟且安静的正阳门，突然萌生了想去天安门看看的想法。他询问了旁边几个同学，提议在天津大学接送的班车还没来之前，一起去天安门。"我们都是第一次到北京，不知道天安门在哪里，同学们都不敢去问路，我第一个冲了出去。"即使到了陌生的地方，曾应斌还是原来那个敢闯敢冲的人。这股勇往直前的劲头，也伴随着他一生，成为他能不断适应新变化的"法宝"。

天津大学接送新生的班车到达前门火车站时，已经是晚上。一路追着长安街的灯火明灭，曾应斌离开了短暂停留的北京，看过天安门的兴奋久久萦绕心头。来到天津大学，住进宿舍，看着带着大包小包行李的同学们，再回头看看自己的行囊，当即失落又涌上心头。整理床铺时，舍友看到曾应斌只有被子，没有床单和床垫，好奇询问起来。"我就说，可以直接睡在床板上。"听到曾应斌的回答，室友惊诧过后，从行李中拿出来一块崭新的布料，递给曾应斌铺床。

"这是他原来想要做新衣服的布料，我谢绝了。"曾应斌对室友说，床板干净，睡在上面没问题。室友又拿出包裹行李的一块油布，坚持让他当床垫。最终拗不过这名室友的关心，曾应斌就答应了。在两个人成为知心朋友以后，才知道，原来他是一位调干（原为国家干部，后调到学校去学习，称"调干"）

共产党员。

硬床板上一块油布，几本书叠起来当枕头，曾应斌就这样开始了大学生活。

工业与民用建筑专业的课程比曾应斌想象中的还要紧张，周一到周六都排满了专业课。"周一到周五，每天上午四节，下午四节。周六好一点，上午四节，下午两节。"满满当当的学业压力之外，还有生活上的困苦。到了冬天，曾应斌还是只有原来那双破胶鞋，常常赤着脚走路，被人称为"怪人"。班长听说后，前来询问情况。"班长才知道，我仅有破鞋一双，单衣两件，没有冬衣，身无分文，是一个顶着寒冷攻读的学生"。

后来，学校给每一位贫困学生补助了一套冬衣，穿上棉衣棉鞋的曾应斌感受到了党的温暖。而他做的第一件事竟然是跑到了冰场。一个南方少年，第一次体验到了滑冰的快乐，看到了光明的前程，也下定了为党的事业而献身的决心。

爱干苦活的技术骨干

日子一旦忙碌起来，时间就溜得更快。两年转瞬即逝，1956 年 8 月 16 日，以优异成绩从天津大学毕业的曾应斌来到了刚刚成立一个月的建筑机械化研究所。即使过了半个多世纪，曾应斌依旧能不假思索地说出参加工作的准确日子。"毕业填写分配志愿的时候，我并没有写北京，更希望自己能去西南西北这些条件艰苦的地方。"曾应斌说。虽然他没能如愿去往艰苦创业的西南和西北，但成为建筑机械化研究所零基础创业的较早一批员工。他们从无到有，在建筑机械化领域一边研究，一边建设，为中国建筑工程沉淀了宝贵经验。

20 世纪 50 年代，中国一直处于以美国为首的西方国家经济封锁和孤立中，唯一能得到的支持来自苏联。结束了连年战争，百废待兴的新中国急需从农业国快速蜕变为工业国，让经济加速崛起。历史资料显示，当时中国工业基础特别是重工业基础十分薄弱，现代工业仅占国民经济的比例不到 10%。为了尽快习得现代工业技术，中国先后派往苏联多批留学生、考察团等，建筑领域也不例外。国家建筑工程部派出以张恩树为首的考察团到苏联考察建筑机械化的有关问题。1956 年 2 月，中国开始筹建建筑机械化研究所。1956 年 7 月国家建筑工程部发文成立建筑组织及机械化研究所，将办公地址设在北京小黄庄。

初到小黄庄，曾应斌有些无所适从。或者说，当时全所的员工都不知道应该往哪个方向走。"没有项目可以做，大家都在等待安排。"曾应斌却没有让自己闲下来。考虑到未来许多经验都要向国外学习，但当时的天津大学工业与民用建筑专业没有开设外文课，曾应斌利用工作初期相对清闲的两个月，又捡起了高中学的英文，补读俄文，自学了德文、日文，几门外文都快速达到了自由阅读水平。

1956 年 10 月，经建筑工程部批准，建筑组织及机械化研究所并入建筑工程部建筑科学研究院，成为建筑科学研究院建筑组织与机械化研究室，项目接踵而至，工作渐渐忙碌起来。从 1956 年年底到 1957 年，曾应斌的足迹遍布长春第一汽车制造厂、北京原子能工厂、东北富拉尔基重型机械厂等重大工程，从实习助理工长成长为技术负责人和带班工长。其间，曾应斌参与的多为深入地底的特殊工程，地下气压大都高于地面，长时间的高气压环境极容易造成人耳鸣或者破坏肺部。"那时候没有太多防护措施，就只能选择身体条件较好的下去。"当时的曾应斌患有中耳炎，却隐瞒了病情，积极争取参与工程的机会。曾应斌依稀记得，沉箱工程起初有 400 多人参加，但中途有人晕眩，有人吐血，最后只剩下三四十人坚持到工程结束，曾应斌就是其中工长之一，并获得了"青年突击手"和"先进生产者"的称号。

1957 年年底，建筑组织与机械化研究室的大部分工程技术人员被下放到广东江门，参与劳动锻炼。最初，曾应斌被下放到最基层，成为一名混凝土工，与工人们同吃同住同劳动。挑水泥，抬钢筋，曾应斌干活的精神同工人们一样，完全看不出来是一名前来劳动锻炼的技术骨干。"工人能抗多少水泥，我就能抗多少，甚至比他们还多。"

半年后，江门工程处需要技术干部，曾应斌被提拔为工长，参加了广东省江门糖厂泵房等工程。直到 1958 年 8 月，下放到广东江门的技术人员才重新回到建筑组织及机械化研究室。劳动锻炼期间，曾应斌因为工作成绩突出，获得先进工作者称号。"我还记得奖品是一个大

曾应斌（左一）和同事们在施工中的广东省江门糖厂前合影留念

红背心，上面印有'先进生产者'几个大字。"说到这里，曾应斌微微调整了一下身子，眼中闪过一丝自豪。

见证人民的力量

天安门广场的西侧，人民大会堂巍然矗立，陪伴着中国走过了 60 多年的风雨。它让人铭记了许多知名建筑设计师的名字，但在砖瓦之中，地基之下，还藏着数以万计默默无闻人们的汗水。曾应斌就是其中之一。1958 年 8 月回京后，正好赶上人民大会堂即将开建，于是，曾应斌马不停蹄地进驻了人民大会堂项目。

对于这个中国建筑历史上的奇迹，回忆当时的情景，曾应斌印象最深刻的就是——人多。"天安门广场上挤满了人，就连晚上也都是人，集中力量干大事，10 个月就建完了。能参与这项工程，我感到非常荣幸。"曾应斌主要负责人民大会堂建筑模板和钢筋施工流程方案设计并兼实施工长。

正如曾应斌所说，人民大会堂是集中力量干大事的成果，是靠"人民的

力量"堆砌起来的"奇迹"。早在中华人民共和国成立之前，建造一个能容纳万人开会的大礼堂就是毛泽东主席提出的一个梦想。1956 年，中国完成了社会主义三大改造，初步建立起社会主义基本制度，进入社会主义初级阶段，农业、工业以及工商业等形式一片向好。国家经济发展好转之后，"容纳万人开会的大礼堂"的想法又被提上日程。

1958 年 7 月，北京市规划局专门去了一趟莫斯科，进行考察研究，为筹建大礼堂做准备。同年 8 月，中共中央作出指示，为了庆祝新中国成立十周年，计划在北京建立一批重大建筑工程，万人大礼堂就是其中之一。

即使经过七八年的经济恢复，1958 年的中国要建成一个万人大礼堂，依旧困难重重。"人民大会堂的工期非常紧张，要求还很高。"曾应斌说，"当时所有人，无论是设计师还是工人，可以说是吃在天安门，睡在天安门。"

人民大会堂开始提交设计方案之前，周恩来总理就提出要："中而不古，西而不洋，取其精华，去其糟粕，要经济、安全、美观。"中共中央也明确发文，人民大会堂必须要在1959年的国庆节基本建成，底线是保证在1959年9月完工。

人民大会堂设计稿敲定以后，立马进入施工阶段，第一个困难就出现了。"人民大会堂的地址在天安门广场的西侧，北京比较繁华的地方，这里住了很多老百姓。"

根据设计要求，该建筑的占地面约 17 万平方米，至少需要拆迁达 67 个单位，迁移 684 户居民，3993 间房屋。上千人究竟该如何安置呢？参与搬迁的工作人员都感到了极大的压力，已经做好心理准备，迎接巨大的困难。

令所有工作人员没想到的，是老百姓的觉悟。一场搬迁动员会过后，搬迁范围内的单位和居民陆续自动搬离了"祖宅"，只用 10 天时间，人民大会堂的建筑地址附近就"腾空"了。1958 年 9 月 8 日，北京市各领导为了更好地完成这项工程，特意向参与建造的设计、施工单位做了一个动员报告，告知了这项工程的重大意义。开始施工后，为了顺畅设计与施工人员之间的沟通，设计团队与施工团队同住在施工现场，甚至许多人像曾应斌一样，方案设计者同时也是施工工长。

然而，工程量的巨大远远超过了预期。按照设计方案，需要向下深挖4米，才能挖到老土层，保证建筑地基的稳定性。但是在实际施工的过程中，发现必须深挖到8米才会到达老土层。于是，就多出了20万立方米的土方。"建筑地基打好，才能提高建筑的稳定性和使用寿命。"作为一名建筑者，曾应斌说起了一个有趣的比喻。他说，每一项工程，好像是老师教学生。有一个明确的大方向，从第一步开始立根基、明框架，然后注重每一处细节，最终才能保障工程的质量和生命力。

建设人民大会堂的人手本就匮乏，又如何解决这20万立方米的新土方，又不影响工期呢？关键时刻，又是人民的力量。北京市发起了一项全国号召，全国人民接到号召后，很快便组建起一支"义务劳动大军"，搬走了20万立方米土方。历史资料显示，有超过30万人次参加到此次义务劳动中。

1958年的10月6日，国庆工程办公室发布的一条通知，又为大会堂工程泼了一盆"冷水"。通知中声称，到目前为止，现存的钢筋连1吨都没有，如果钢筋供应不到位，就会有停工的可能。曾应斌是钢筋施工流程方案设计者之一，他深深明白，钢筋是建筑的"骨架"，没有"骨架"支撑，建筑怎么扛得住岁月雕琢。在"骨架"搭建上，绝对不能有一分折扣。人民大会堂特殊的政治意义和时代意义，也阻断了进口钢筋的道路。进行建筑材料采购之前，周恩来总理就特别指示：建造人民大会堂所用的全部材料都必须为国产。

工程指挥部再一次向全国人民求助。一批批钢筋建材运进北京，保障了人民大会堂的工期进度。从1958年10月到1959年8月，人民大会堂仅用280天左右就完成了主体工程，高峰期现场工人超过1.5万人。1959年9月9日的凌晨，毛泽东主席在北京市副市长万里等人的陪同下，来到礼堂视察。当得知人民大会堂总建筑面积比故宫还要多两万多平方米，但只用10个月就完工时，毛泽东主席笑着对副市长万里说："好呀，你叫万里，做起事来也日行万里！"万里表示，这是两万多职工废寝忘食、夜以继日劳动的结果，是全国人民共同努力的结果。

曾应斌还记得，人民大会堂竣工庆祝大会上，来参加的人把大会堂的大门"挤破了"。"到处都是人头，大家都特别兴奋。"如今回忆这些场景，曾应斌的神情依然"眉飞色舞"。1958 年至 1959 年，在参与人民大会堂工程之余，曾应斌还支持了北京天文馆、上海闸北电厂沉箱工程、武汉长江大桥、重庆长江大桥、南京长江大桥、包头钢铁厂等重要工程。1960 年到 1979 年，他完成了北京 320 米高的大气污染检测塔，还走遍了大江南北。在福建、湖北参加钢铁厂等工程建设，奔赴东三省地区，开展建筑施工技术调研。"在国家最困难的时期，苏联撕毁了援助合约，撤走技术人员，让许多国家重大工程面临停工，我们的调研就是为了总结工程经验，保障国家重大工程的开展。"曾应斌在东北地区待了整整一年，最终写出了一份混凝土、钢筋等工程的施工总结，为当时国内开展建筑施工提供了借鉴性经验。当时，曾应斌已经具备阅读俄文、英文、德文专业期刊的能力，在国内"施工杂志"发表了多篇译著。

南下加入深圳特区"建设大军"

1979 年 7 月 15 日，中央正式批准广东、福建两省在对外经济活动中实行特殊政策、灵活措施，迈开了中国改革开放的历史性步伐。面对改革开放的浪潮，中国建筑科学研究院也积极进行科研体制机制改革。当时的国家建设部把建筑科学研究院作为部改革试点单位，建筑科学研究院则把曾应斌所在的地基所作为院的改革试点单位之一。大刀阔斧的科技改革开始了，同步伴随的还有适应对外开放政策的人才技能提升，开始大范围地组织院内技术人员赴国外学习前沿建筑理念。曾应斌也被选入脱产学习班，在国内脱产学习英语一年，为出国做准备。后来，因为年龄到了 45 岁，而落选。

但是，对外开放的春风习习，改革的浪潮阵阵，又把曾应斌吹向了南方。1981 年，曾应斌与几个同事，带着 300 元启动资金，奔赴深圳，准备开辟深圳的科研、生产市场。

改革开放政策实施以后，最先发展起来的是沿海特区。1980 年 8 月 26 日，经第五届全国人大常委会第十五次会议决定批准，在深圳市境内划出 327.5 平方公里地域设置经济特区。一个南海边陲小渔村迎来了改变命运的大机遇。从渔村蜕变成经济特区，这意味着大量的基础设施建设与施工。但是，要去陌生而遥远的南方打开局面，谁的心里都没谱。45 岁的曾应斌似乎还是那个十几岁初到北京的少年，又一次冲在了最前面。

刚刚到达深圳，曾应斌就发现，在城市基础工程领域，这里早已是港商的天下。由于毗邻香港，交通便利，深圳在利用外资上有着得天独厚的优势。港商早已带着雄厚的资金和国外的建筑技术，抢占了先机。"我们没有市场认知度，一开始自然也接不到项目。"曾应斌与同事们并没有气馁，反而靠着过硬的降水和钻孔灌注桩工程技术，一步一铿锵，叩开了深圳建筑市场的大门。

第一个接到的项目仅仅是深圳罗福区一栋商业民宅的桩基和降水工程。随着城市化进程加快，高层建筑越来越多。建筑越高，建筑物地基基础的埋置也就更深，导致建设工程需要在地下含水层降水后进行施工。降水后，杜绝了坍塌、流沙等土层失稳的情况发生。尤其是在深圳这样的沿海城市，多半边界与海相邻，深基坑开挖不仅要重视降水问题，还要同时注意防止海水倒灌。

面对来之不易的大工程，曾应斌与同事们将多年的城乡建设降水工程经验都应用于此，出色地完成项目。这座 33 层的商业民宅——海丰苑竣工时，还刷新了当年的"深圳海拔"。1980 年，深圳特区刚刚成立时，全市最高建筑仅为两座 5 层楼的水泥建筑。到 1983 年 12 月，33 层海丰苑竣工，将"深圳海拔"刷新到 95.70 米。

此后，建研院在深圳渐渐有了口碑和市场，曾应斌接到的项目也渐渐多了起来。"我几乎天天都泡在工地上，甚至 24 个小时连轴转，两个月瘦了 20 多斤。"曾应斌说，奋斗的日子虽然苦，但好像身体里有着用不完的力量，催促着自己往前冲。有一次，他在工地上爬高架，不小心摔了下来，一阵眩晕后，爬起来继续干活。"后来，去医院检查，发现摔出了脑震荡，医生让我住院，但是工期紧、人手少，我拒绝了，又回到工地上继续战斗。"

1981年到1986年，曾应斌在深圳承接了14个项目的基础施工和除水工程。在深圳罗湖口岸的德兴大厦项目中，曾应斌为中国建筑科学研究院赚到了第一笔港币，总计50万元；深圳海关联检大楼和深圳国贸大厦分别获得了1985年和1986年的"基础工程优质奖"。6年的时间，曾应斌带领的中国建筑科学研究院小分队成长为深圳基础工程、降水工程以及地基加固的主力军，其工程质量还得到了深圳建委的官方认可和好评。见证了深圳特区从小渔村变成摩天大楼林立的经济特区，从零起步打开了中国建筑科学研究院的深圳市场，曾应斌说自己算是当好了"社会主义建设的螺丝钉"。

命运也从来不会辜负矢志奋斗的人，1986年，回到北京时，曾应斌也将自己打拼成了最早一批的"万元户"。如今每个月工资动辄上万元的新时代，人们对于"万元户年代"的记忆早已模糊了。"1986年的时候，找个万元户还是非常难的。"曾应斌激动地说。20世纪80年代中期，人们的月工资普遍不到100元，直到1988年5月10日，才第一次发行中华人民共和国成立后的百元面值钞票。随着百元货币的诞生，一部分像曾应斌这样，在改革开放中靠勤劳致富赚第一桶金的人成为"万元户"。"那时候一个普通人，能靠自己的努力赚到1万元，是一件非常不容易的事情。"曾应斌说。根据当时披露的数据来看，20世纪80年代，全国万元户占比只有2.8%左右。

20世纪90年代的"闯海人"

从东三省的黑土地到深圳的蔚蓝海岸，从喧闹繁华的上海到荒野万里的新疆，到1986年，曾应斌已经奔跑了30年，把足迹印在了祖国建设和发展的大小项目上。从深圳回到北京后，中国建筑科学研究院为其安排了相对舒适的岗位——国家建筑质量检测中心旗下建筑工程质量监督与检测杂志社总编辑。"写稿，编辑出版杂志，用不着到处跑了。但是我待了两年，就待不住了。"曾应斌说自己更适合在技术一线待着。

1988 年 4 月 13 日，为了加快海南岛开发建设，第七届全国人民代表大会第一次全体会议通过国务院关于设立海南省的议案，同时通过了《关于建立海南经济特区的决议》，划定海南岛为海南经济特区。1988 年 4 月 26 日，中共海南省委、海南省人民政府正式挂牌，海南岛进入了一个崭新的发展时期。

"院内计划像深圳一样，开发海南的市场。我抓住了机会，又去了一线。"刚刚安稳两年的曾应斌，又给自己找了件苦差事，成为初代"闯海人"。

在海南岛发展的道路上，曾经有过十万人才闯海南的辉煌场景。《海南日报》曾经报道，在 1990 年人才大潮消退之前，海南库存人才档案有 18 万份之多。外界把这段故事称为"十万人才过海峡"。这些奔赴海南的身影，走出了一种创造历史的豪迈感，曾应斌就是十万分之一。他去往海口，担任中国建筑科学研究院海南科研设计主任兼中国建筑技术开发公司海南分公司经理，为海南岛的开发与建设贡献了一份力量。

在海南期间，曾应斌以高于当地建筑承包商的投标价格，拿下了南洋大厦项目。南洋大厦由南商投资，采用了公开招标的形式，招募建设方。曾应斌与许多当地的建筑承包商共同参加了招投标。"当地的公司给出了 700 万元的报价，我给的报价是 1200 万元。最后是我中标了。"曾应斌说，"人家说信得过，国字号的好口碑。"南洋大厦落成后，成为 1994 年之前，海南省的第一高楼。

正值开发建设黄金时期，海南本地的项目应接不暇，还有深圳的项目找上曾应斌。"福田保税区地基加固的大工程，对方单位说自己缺少一个核心技术，于是想找我合作。"曾应斌说，"其实我也没有这个技术。"但曾应斌敢想敢做，依然去到深圳参加招投标工作。这个总金额 2000 万元的大工程一共投标了三次，招标期长达一年。曾应斌一直没有放弃，成功拿下了项目。1988 年至 1993 年期间，曾应斌往返于海南与深圳之间，在两片土地上，辛勤地耕耘。建设者的汗水，在两个经济特区挥洒。

1994 年，即将退休的曾应斌被任命为北京凯勃建设监理公司的总工程师。该公司前身是成立于 1989 年的中国建筑科学研究院工程监理部，1993 年，经建设部和中国建筑科学研究院批准，工商注册为独立法人单位——北京凯勃建设监理公司，全国最早参与监理试点的企业、全国首批 59 家甲级监理单位之一，并于 2002 年经公司法改制，更名为建研凯勃建设工程咨询有限公司。在凯勃公司内，曾应斌担起了项目总控和培育新的建筑领域人才的任务，将自己近 40 年的工程经验，毫无保留地传递给了年轻一辈。1997 年，曾应斌正式在凯勃公司退休。

返聘发挥余热建新功

有一句话就像是曾应斌的写照：干一行，爱一行；精一行，专一生。曾应斌把一辈子都扑在了建设上，只想燃尽最后一滴蜡，发尽最后一缕光。办理退休没多久，他就接受了凯勃公司的邀请，被原岗位返聘。

1998 年，曾应斌组织实施的武汉建银大厦入选全国鲁班奖参评工程之一

返聘后的曾应斌还是兢兢业业地当好一名"建设者"。他组织实施了武汉建银大厦、北京三露厂、北大集会堂等多个工程。武汉建银大厦是建行湖北省分行办公大楼兼营业部、金库，也是武汉市标志性建筑。整栋大厦楼高 52 层，是全国银行系统最高楼，是武汉市石材装修投入最大、档次要求最高的一项工程。该工程被列为武汉市的样板工程，1998 年入选为全国鲁班奖参评工程之一。

位于东城区永生巷 4 号的北京三露厂孕育了一个家喻户晓的品牌——大宝 SOD 蜜。大宝品牌系列化妆品就是在这里发家，然后走向全国的。2001年，北京三露厂被评选为北京市优质工程奖。历经数十年岁月雕琢，北京三露厂已经焕发出时代活力。这栋北京市优质工程经过更新改造后，如今已经变成了非物质文化遗产主题园区——咏园。曾应斌负责监理的北大集会堂也于 2002 年，获得了北京市优质工程奖。

直到 2005 年，年近古稀的曾应斌才彻底退居二线。从 1956 年参加工作，到 2005 年完全退休，48 年的时间里，曾应斌参加或者主持的工程项目多达 50余个，平均每年都会完成一项大工程。在支持项目建设的同时，曾应斌坚持总结经验，进行学术研究，主编过《工业与民用建筑施工验收规程》，获得国家科技进步三等奖；在 20 世纪 70 年代到 80 年代，参加了国家基础施工及验收规范的编制；并在建筑领域杂志中发表过多篇署名理论文章，丰富了中国建筑工程基础建设的知识体系。

"岁月峥嵘，青春无悔，奋斗当时，壮心不已。"2023 年，已经 86 岁的曾应斌用 16 个字概括了自己的一生。他在一篇随笔中写道："我是祖国培养的一颗小小的螺丝钉，一直脚踏实地、埋头苦干、一往无前的普通建设者。我以献身祖国社会主义建设为光荣，以能成为一名平凡的建设者感到幸福。我以小草精神，献身祖国。山有多高，我就长多高；地有多深，我就长多深。从海岸走到边疆，我的双脚走遍四方，到处都是我的'家乡'。前面是一片片原野，身后是一栋栋厂房。"

曾应斌的一生，就是这样，战斗着奔向前方。直到今天，他依旧关注着中国建设与发展。看到生态环保、万物共生的绿色发展理念，看到以"一带一路"为纽带、互通有无、共同繁荣的风景，看到和平共处、协同发展、没有霸权主义的未来。曾应斌激动地说："我虽然年迈，却志在千里。"

他深深期待，这个数以万计人民建设起来的新中国，稳健有力地走向中华民族的"强国时代"。

　　张树发，1946年9月出生于河北保定高阳县。18岁光荣入伍，22年军旅生涯，多次立功受奖，曾被原北京军区评为学雷锋积极分子、雷锋式的好干部、国防施工先进个人等等。在担任原北京军区某部队汽车排长教导训练大队长期间，创新驾驶员训练方法和考核体系，为部队培养了大批军官和技术人才，为军队建设和国防建设作出了重要贡献。转业后进入中国人民银行工作，其间参与建设中国金融卫星通信专用网工程、支付清算系统、电视电话会议系统等多项重要任务，为中国金融电子化作出了自己的贡献。

张树发

汽车老兵转战金融圈　是金子在哪儿都发光

笑容爽朗、身板挺拔，张树发比 77 岁的实际年龄看上去要年轻得多。77岁的年纪，在燕达金色年华健康养护中心算得上是年轻人了。张树发不仅是这里的"年轻人"，还经常把活力传播给大家。

养护中心的台球厅里，几乎每天都能看到他的身影。推杆、落袋。腰板儿倍儿直，瞄准倍儿稳。白球走位准，做球技术棒。台球已经成了他晚年生

张树发在燕达养护中心老年大学台球厅打台球

活不可或缺的一部分。他不仅自己练、带着队员练，还参与比赛甚至组织比赛。有人以为他年轻时候是个职业选手。殊不知，这位老人当过 22 年兵，在银行系统又工作了 22 年，跟台球八竿子打不着边。

很多老人一退休，便进入了老年。年岁渐长，身体和精力不如从前，经常悲哀和沮丧。但也有人说，退休是第二次青春的开始。自驾出行，看遍祖国大好山河；跳起广场舞，与老伙伴享受生活……张树发就是后者。

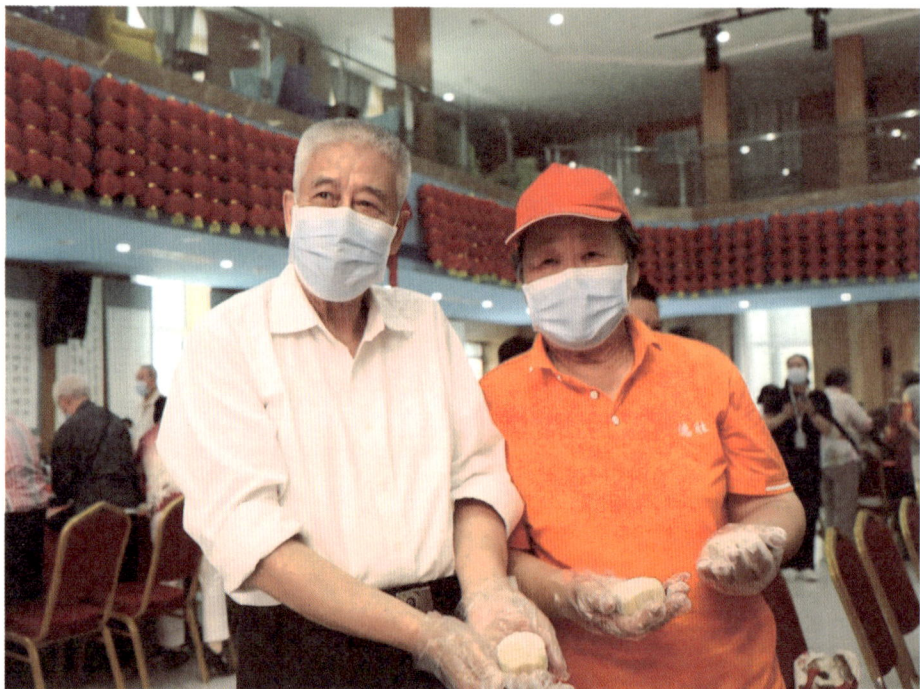

张树发与夫人万丽芬参加中秋节包月饼的活动

年轻的时候在部队里训练汽车兵，培养无数优秀驾驶员；中年转战金融圈，为中国金融电子化作出了贡献；退休后也不闲着，拾起了年轻时不敢想的爱好——台球。张树发总说："活着，就该让自己高兴起来。"

其实，这是一种活在当下的状态。专注每一段人生经历，努力，就会获得回报。努力改变自己，努力提高自己，让自己变成"真金"，在哪儿都能发光。

"我的未来在哪里？"

1946 年 9 月 12 日，张树发出生在河北保定高阳县一户普通村民家中。生在旧社会，长在红旗下，高阳作为革命老区，给年幼的张树发早早种下了红色的种子。

高阳地处华北平原，位于河北保定东南部，东与沧州接壤，北依华北明珠白洋淀。在高阳县布里村，屹立着全国重点文物保护单位——布里留法工艺学校旧址。学校大门并不高大，但风格独特，既有西方哥特式建筑的味道，又有中国传统民居的建筑风格。

张树发曾经在这里上学，对学校的历史了如指掌。"我们学校的最大特色就是中西合璧，这也正是创始人李石曾先生一生为人做事的风格。"李石曾是高阳县庞口人，早年留学法国，1908 年在法国巴黎郊区建立"法国巴黎中国豆腐公司"。1917 年，李石曾来到布里村，在当地同盟会会员段宗林的支持下，创办了留法勤工俭学预备学校"留法工艺学校"。这所学校也是我国早期职业技术学校，开创了中国职业学校先河。1918 年，毛泽东、蔡和森等湖南籍学生就曾经赴保定高阳县等地与李石曾联系留法勤工俭学事宜。

张树发说，当时为了筹集创办"留法工艺学校"的经费，京剧大师梅兰芳还曾经为建校义演和捐款，在当时轰动一时。京剧大师姜妙香也曾经义演过《四郎探母》《玉堂春》《白蛇传》等剧目，专门为建校捐款。大师们用义演筹得了不少捐款，再加上布里村筹来的建校资金，李石曾的"留法工艺学校"得以顺利创建。

从 1917 年至 1920 年，布里"留法工艺学校"共举办了三期，培养学生200 余人，其中有大批共产党员，他们当中有 70 人赴法勤工俭学。当时，学校为旅欧共产党支部、旅欧共青团支部输送了大批早期革命家。这些留法勤工俭学的旅欧共产主义支部成员学成后，将马克思的《共产党宣言》翻译为中文版本，并传入中国，为早期建党提供理论基础。

1920 年，因法国经济凋敝，学生赴法留学发生困难，学校被迫停办。抗日战争期间，中西合璧风格的校舍曾遭日军破坏。中华人民共和国成立后，1950 年，该校获得捐款，校舍得以重新翻修，张树发后来才有机会进入该学校就读。

这座具有红色基因的学校影响深远。毛泽东同志在河北省视察，与地方官交谈时说："高阳出了个李石曾。"周恩来、邓小平也常追忆留法勤工俭学对旅欧共产党支部、旅殴共青团支部的巨大作用。"留法工艺学校"的红色基因也深深刻在了张树发的精神里，长大之后，他回想起母校时总是不禁感叹："李石曾把豆腐卖到了法国，把高阳的知名度和美誉度推向了全世界，还输送过早期革命家，我们高阳人就是这么勇于开拓，自强不息！"

张树发是家里的老三，上面有一个在原沈阳军区当兵的大哥，还有一个姐姐和一个弟弟。因为农村上学晚，张树发 9 岁才上小学一年级。

1964 年张树发正在上初三，有一天，大哥从沈阳回老家探亲。闲聊之余，大哥问他："树发，你想不想当兵？"在张树发心里，眼前的大哥一直是自己的榜样。他凭借努力在原沈阳军区当上了排长，身穿笔挺的军装，头顶大壳帽，很是气派和威风。张树发觉得当兵不错，但好像又不知道自己去当兵能干啥，"当时家里条件不好，吃的也差，我瘦得跟电线杆子似的，心想部队要不要还是另一会儿事儿呢"。

但大哥不这么想，从小看着这个弟弟长大，知道他是个什么样的孩子。之所以这么问，其实心里已经有了答案：树发是一块当兵的料。

张树发从小就是个奋发向上、有吃苦精神的孩子。因为各方面都很优秀，他还不满 14 岁，就被老师推荐加入了中国共产主义青年团。他的学习成绩也在班里名列前茅，一直担任班长，为人处世总是宽容大度，跟谁打交道都是乐乐呵呵的，受到老师和同学们的喜爱。

张树发特别爱笑，说起话来也总是带着笑容，给人很开心的感觉，但实际上，他小时候也过过不少苦日子。

张树发来自农村家庭，父亲是最底层的普通农民。为了养家，父亲平日里既要下地干农活，又要打一些小工补贴家用。母亲在家做家务。大哥早早当兵离开了家。姐姐在村里放羊。弟弟的年龄尚小。家里很多粗重的农活都落在了张树发的肩上。

家里的一亩三分地种了不少农作物，隔三岔五，张树发就要帮父亲去浇地，年纪轻轻的他就能把辘轳使用得非常熟练。即便已经步入晚年，他依然记得如何使用辘轳打水：一只手抓着辘轳的手柄，放长线把水桶放到井里。晃动几下让水桶接满水，再反向转动辘轳，让水桶被绳子带到地面上来，抓起水桶快速浇地，再反复刚才的动作。由此可见小时候干农活的苦日子对他的影响之深远。

这一系列的动作对个人的反应能力和臂力都是极大的考验，也非常耗费体能。那时候的农村非常穷，处处闹饥荒，经常饿得前胸贴后背，父亲也没办法，但还是会经常叫他干活。刨木头的时候，父亲总是批评他技术差，他也不敢还嘴，只能听着。其实，他不是真的技术差，而是饿得干不动。

每到这个时候，张树发就很困惑："难道我这辈子就整天在地里干活了吗？就只能在农村当个农民了吗？我的未来到底在哪里？"

"我的新征程开始了！"

大哥建议张树发去当兵，如同给迷茫的他点亮了一盏指路明灯。

抱着试试看的态度，张树发报了名。个子高、长得不错、说话办事儿利利落落，人也很随和没啥脾气，来村里征兵的连长一下子就看上了这个小伙子。"要个头有个头，要样儿有样儿，跟我们去部队建设国家吧。"连长拍拍张树发的肩膀，给了他一个大大的肯定。

就这样，18 岁的张树发成为一名光荣的解放军战士。

他清楚地记得，跟着部队出发的那天，他胸前戴着大红花，扛着自己简

刚入伍时的张树发

单的行李，在队伍里迈着坚定的步伐，朝前走去。他感觉自己正在告别过去的一切，朝着光明的未来，走去。新兵队伍从村里要一直步行到高阳县城，走了多久他已经记不清了，但是感觉腿上的劲儿使不完，可以一直往前走，一直往前走。

队伍进了高阳县城之后，径直来到了招待所，张树发更精神了，像刘姥姥进大观园一样，这儿瞧瞧，那儿看看，从小到大，他连村子都没出过，更别说县城和招待所了，趁着这个好机会，他赶紧看个够。"快去洗个澡换上军装，休整一个晚上，咱们明天凌晨出发。"连长走过来，递给他一套崭新的军装。

终于有新衣服穿了！张树发看着自己身上的一身破棉袄，再对比一下手里的新军装，都快哭出来了。

从小在地里摸爬滚打，张树发就没穿过新衣服，从来都是捡哥哥穿剩下的。夏天穿夹衣，到了冬天把粗布拆了，絮上棉花就成了棉衣，等天暖和了，就再把棉花拆下来变成夹衣，一年四季、从早到晚，就这一身。

跟着连长来到澡堂，张树发激动得不行。从小到大，他就没进过澡堂子，平时只是简单洗洗脸，夏天特别热的时候，在村外的大水坑里扑腾扑腾就算洗澡了。看着这冒着热气的水池子，张树发立马跳了进去，把自己认认真真地洗了一遍，头发洗得蓬松柔软，身上攒了好多年的泥儿搓掉了，换上新军装，就像换了一个人。

洗完澡，整个人轻松又温暖，身上这身新军装，给张树发带来的，是一种从未感受过的安全感。

第二天凌晨三点，一阵急促的哨声响起，睡梦中的张树发迅速起床，在昏暗的灯光下打好背包，跟战友们快速来到招待所外集合，列队出发，向保定火车站开拔。

凌晨的气温很低，张树发却没有感到冷，内心反而腾起一团火：参军、报国，新生活从此开始了。

到达火车站，张树发跟着队伍登上了军列。

军列什么样？张树发从未见过，走近它才恍然大悟，原来是一节节的"闷罐车"。车厢是铁皮做的，中间有一个大铁门，使劲一推，大门敞开，战士们鱼贯而入，张树发也跟着进去了。走进车厢，侧面有上下两层一共四个小窗口，因为保密需要，窗户都是封闭的，空间很大，没有憋闷的感觉。

清晨，随着列车的一声长鸣，车厢里忽然响起一阵骚动："车动了！""出发了！"战士们小声议论起来，脸上流露出兴奋之情。张树发也是一样，在心底暗暗告诉自己："爹、娘、姐姐、弟弟，再见了，我的新征程，开始了！"

列车在飞驰，车厢内新兵们思绪飞翔。有人正在感受参军报国完成心愿的喜悦，有人正在体味告别亲人离家远行的乡愁，张树发对即将到来的军营生活充满憧憬。

十几个小时之后，军列到站停车了，车门拉开，几百名新兵战士陆续下车。张树发背好背包，简单整理了一下军装和军帽，紧跟他前面的同连队新兵迅速下车列队。从小到大第一次独自一人来到这么远的地方，人生地不熟，跟丢可就麻烦了。天已经黑了，人头攒动的站台上，全都是刚刚入伍的新兵，别看战士们表面看着特别淡定，其实大家内心都在好奇，这到底是哪儿？

原来，新兵们参军的目的地信息是保密的，在上车前，没有人告诉他们目的地是哪里，即便在坐车的过程中，大家你一言我一语也都是小声猜测，不敢主动提问。在有些昏暗的站台上，张树发突然看到"丰台西站"的大牌子高高挂在不远处，"丰台"是哪儿？从没出过村儿的他暗自纳闷儿。

走出火车站，战士们分头坐上了来接他们的苏联嘎斯–51 敞篷大卡车，朝各自所属的部队营地出发。张树发也是一样，坐车穿过陌生的城市，和战友们一起抵达了军营。因为是晚上，军营里的光线很暗，但是眼尖的张树发还是认出了满院子停放的汽车。"难道？这里是个汽车连？"张树发还没来得及细看，就被拉去了营地。"营地就是个马棚，稻草都提前给我们铺好了，我们把背包里的被子一铺，就算安营扎寨了。"

安顿好之后，连长整队集合，正式跟大家宣布：大家隶属于原北京军区汽车七团，所有人都是汽车兵，地点是北京。张树发和战友们听完"北京"两个字，都惊讶得不敢相信。"我居然来首都北京当兵了，不光家里人，全村儿人知道了都得高兴。"张树发心里觉得特别自豪，也暗下决心，一定在部队好好干，为村里争光。

新兵入营第一件事，就是了解部队的历史。他们所在的汽车七团可是大有来头，是抗美援朝战场上回来的英雄部队。

回溯 20 世纪 50 年代，在历时三年的抗美援朝战争中，中国人民志愿军汽车兵功不可没。当时，朝鲜的工业基础设施已经在志愿军入朝之前被美军全部摧毁，战士们吃的饭、穿的棉衣、手里的枪支弹药全都无法就地解决，后勤补给的重要性被前所未有地凸显了出来，汽车七团就是专门为志愿军们提供运输保障的团队。

敌军可不会让汽车兵顺顺利利地把物资都送到前线，而是对他们的运输线进行了全方位的封锁。在空中，敌军用飞机狂轰滥炸；在地面，敌军就用大炮坦克轰炸，用封锁阻击破坏。敌军还派出大量便衣特务，在重要道路暗埋地雷、三角形钢钉和铁钉，甚至用挖深坑等手段破坏志愿军的运输线，阻止运输前行。

但是汽车兵们总能见招拆招。

在一条条运输线上，随处可见被炸或发生故障的车辆。虽然车不能前行，但司机有办法。他们把车上的物资一件件抢运到路边隐藏起来，再把车厢盖掀开，把轮胎拆掉，伪装成废弃车辆，骗敌机放弃轰炸，但同时连夜抢修。等天色转黑，他们再把轮胎装回去修好，继续加入运输队伍。

汽车在夜间行驶如果没有雷达，无法及时发现敌机。在抗美援朝战争过程中，志愿军缺少雷达，但他们不缺少聪明才智。为了及时发现敌人踪迹，汽车兵建立起夜间防警戒哨制度，他们在重要的运输干线上设置哨兵，专门负责排地雷、取钢钉铁钉、填坑填沟壑等工作。只要一发现敌人的飞机升空，哨兵就鸣枪报警，车队就立即闭灯隐蔽，躲避敌机。等敌机飞走后，防空哨兵再发出解除警报的信号，车队再继续行驶。当时，汽车兵们靠这种土办法大大提高了志愿军夜间运输效率，车辆损失、物资损失、人员伤亡大幅度减少。

张树发所在的部队里，有很多军人都作为汽车兵参加过抗美援朝，他们经常会说起自己的经历：白天不敢生火，晚上不能点灯，睡觉不可脱衣，开车摸着黑走，甚至他们还创造出了雪野行车、冰川行车、山林行车、夜间行车等多项行车技能，在艰苦的环境中，练出了汽车兵不一样的身手和智慧。

包括汽车七团在内的汽车部队在敌人狂轰滥炸、运输条件极其困难的情况下，在运输战线上，与敌机、敌特做出了英勇顽强的斗争，战胜了冰天雪地、崇山峻岭、零下35摄氏度的低温等重重困难，凭借"钢少气多"的大无畏精神，源源不断地将大量物资输送到作战一线，筑建了一支拖不垮、炸不烂的钢铁运输线。

汽车七团参加抗美援朝的英雄事迹对张树发触动很大，前辈们在枪林弹雨中练出了胆大心细、沉着冷静，张树发暗下决心，要向他们学习，在自己的工作领域干出一番成就来。

"老司机"是这样养成的

汽车七团的主要任务，是保障原北京军区的各种运输任务，而汽车兵的职能就是驾驶各类汽车，在复杂的环境下完成驾驶任务。

张树发与其驾驶的汽车合影

从小到大，张树发连汽车都没坐过，更别提开车了。对他来说，一切从零开始。

每天清晨，伴随着军号声，战士迅速起床、列队出操、排队吃饭、学习驾驶和修车技能……每天都在循环往复这些内容，张树发一点儿都不觉得枯燥。他认为，每一次练习，都能让自己距离合格的汽车兵更进一步。

张树发说，很多人对汽车兵的认识仅仅停留在"会开车"上，其实这群天天与车为伴的"老司机"不仅"上车能驾驶""下车能修车"，而且"遇敌能战斗"。不论老兵还是新兵，个个都身怀绝技。

很多时候，汽车兵面对的驾驶条件都极其恶劣，不论是路况或是战时敌人的攻击，都是对汽车兵各项技能的严峻考验。张树发听说，常年穿行在川藏线上为驻边部队运送补给的汽车兵们，要经过戈壁、高原、雪山等复杂地形，甚至一天之中就体验到风霜雨雪、冷热交替等不同气候。只有真正将驾驶技术练到人车合一的地步，才能胜任这项任务。

学会驾驶汽车基本技能之后，张树发就开始了他的"老司机"的养成之路。

就像抗美援朝战争中，汽车兵的遭遇一样，在战时，车队很可能会被敌人的空中火力和炮兵"重点照顾"，因此平日里要反复练习如何应对这一情形。张树发说，为了躲避敌人炮轰，必须跟住前车，前后车之间的间隔越短，越不会因为火力的突袭而跟丢。在练习的过程中，整个车队以极小的间隔"S"形前进，其衔接的流畅让整个车队宛如一条灵动的长蛇。

夜间闭灯行车这项技能也是解放军的老传统了，早在抗美援朝战争期间，为了规避美军的空袭，志愿军的汽车兵们就开始使用这样的战术，从而保证了前线官兵们的后勤供应。

张树发跟战友们还会专门训练在冰雪路面上的驾驶技能。在冰面上，车辆要以 40 公里每小时的速度行驶，他们要反复练习如何在遭遇险情时刹车，如何在打滑的情况下控制车辆。

张树发的绝活儿是在钢轨桥上驾驶。钢轨桥其实就是模拟的铁路铁轨，两条钢轨的高度在 2 米左右，宽度在 30 厘米左右，这个宽度还没有张树发驾驶的大解放的车轮宽。汽车兵坐在驾驶室里，要小心翼翼地把车开上钢轨，并且将四个车轮分别架在两条钢轨上前行或后退。

司机必须在驾驶室"左顾右盼"，不仅要对准轮胎和钢轨之间的位置，还要始终保持方向盘是向前的，这样车才不会因为跑偏而掉下来。这种驾驶技术，并不是每个人都能掌握的，要经过长年累月的反复练习才可能实现，而张树发就是靠平日的刻苦练习，在全团汽车连长军事技术大比武的比赛项目汽车走钢轨桥中获得了第一名的好成绩。他有个钢轨桥驾驶诀窍，就是把四个轮胎的胎压放掉一点，这样轮胎就会压住钢轨，稳定性就更好了。

实际上，会开车只是对一个汽车兵最入门的要求，懂车、会修车

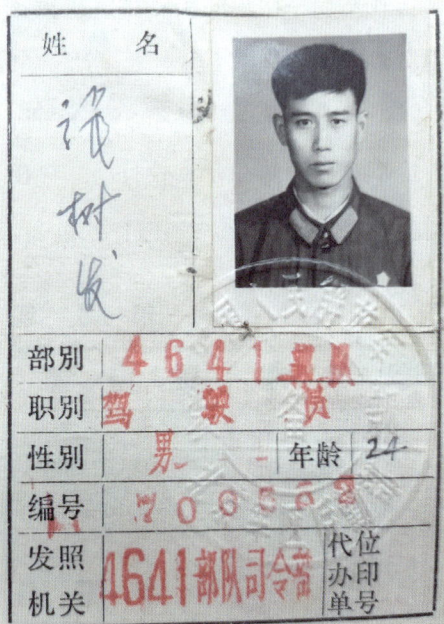

张树发的驾驶证

的汽车兵才是一个合格的汽车兵。不仅仅是军车平时的维护保养，战场特殊条件下对车辆的快速维修能力才是考验一个汽车兵的重中之重。

张树发这样的老司机们往往只要听一听汽车发动机运行时的声音，就能知道车辆出了什么故障，这背后都是成千上万次的刻苦练习换来的。

"雷锋精神照我去战斗"

年复一年，日复一日，张树发在部队每天都在跟汽车打交道。他内心一直有一个目标，就是练好本事，为人民服务，而给他这个目标的人，是雷锋。

雷锋 1940 年出生于湖南长沙县望岳乡（现长沙市望城区雷锋街道），1960 年参军，同年 11 月入党。在部队工作期间，雷锋热爱学习，他整天驾驶汽车东奔西跑，很难抽出时间学习，他就把书装在挎包里，随时带在身边，只要车一停没有其他工作，他就坐在驾驶室里看书阅读。雷锋还乐于助人，一位战友在一次夜间出车中，棉裤被硫酸水烧出了几个洞，雷锋值班回来发现后，把自己的帽子拆下来一针一针地为他补好了裤子。

但遗憾的是，1962 年 8 月 15 日，雷锋与战友乔安山在准备前去洗车时，雷锋下车指挥倒车，车轮打滑，碰倒了一根晾衣服的木杆，这根木杆打到了雷锋左太阳穴上，雷锋当即昏死过去，经抚顺市望花区西郊职工医院抢救无效，因公殉职，年仅 22 岁。

雷锋全心全意为人民服务、为了人民的事业无私奉献的模范事迹和高尚思想在军内外以及社会各界产生巨大影响。1963 年 3 月，毛泽东同志写下"向雷锋同志学习"题词，号召全国人民学习雷锋的共产主义精神品质。全国各族人民学雷锋做好事的风气掀起，其中也包括张树发。

1964 年入伍后的张树发，在这样的氛围下，一直践行着毛主席的号召，忠于共产主义事业，向雷锋学习，毫不利己帮助别人，在工作岗位上干一行爱一行，把有限的生命投入无限的为人民服务中去，在平凡的工作中为社会主义、共产主义的事业而奉献自己的力量。

在部队里，张树发经常学雷锋做好事。早上不到五点，他早早起床，主动拿着扫帚把院子里的落叶打扫干净；冬天炉子里的火灭了，他总是第一个跑去给大家生炉子……好人好事儿他都抢着干，自己开心，战友们也纷纷点赞。他也像偶像雷锋一样，因为入伍后的优秀表现，很快入了党，还当上了学习雷锋积极分子，还曾经在全团大会上做事迹汇报。

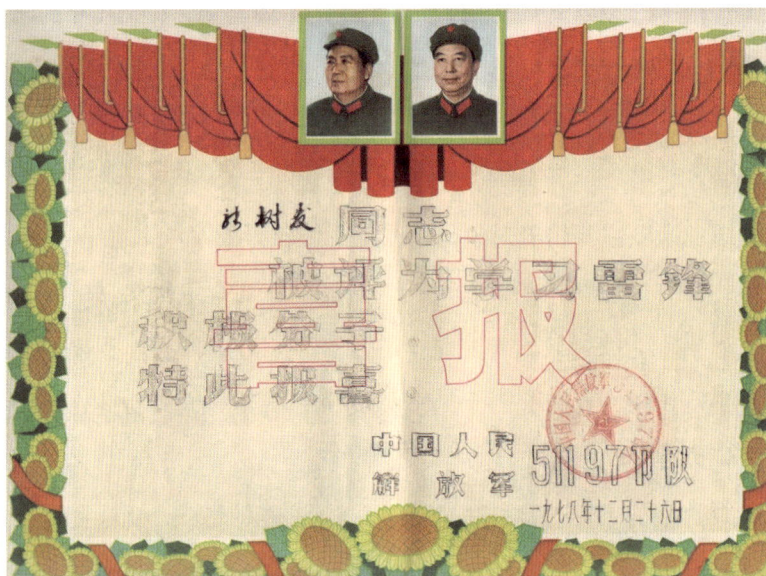

1978 年，张树发被评为学习雷锋积极分子的喜报

张树发学雷锋学得深入透彻，也源于他跟雷锋的一些渊源。"一个离你那么'近'的榜样，一定要好好向他学习。"

一方面，他和雷锋的兵种一样，都是汽车兵，开的也是相同款的苏联嘎斯 –51 大卡车，冥冥之中有种惺惺相惜的感觉。张树发觉得，作为汽车兵的榜样，雷锋精神值得每一个人学习。"我愿永远做一颗螺丝钉。""人的生命是有限的，可是，为人民服务是无限的。我要把有限的生命，投入无限的为人民服务之中去。"这些雷锋语录，感动着张树发，也教育着他，直到后来他当上了营长、副团长，乃至转业，都一直影响着他。

另一方面，还有一个不为人知的细节。原来，张树发的哥哥和雷锋都在原沈阳军区当兵，而且是一个部队的，但遗憾的是两人认识没多久雷锋就牺牲了。

在北京的"黄埔军校"当教官

在雷锋精神的鼓舞下，张树发靠着个人的不懈努力，在十几年的时间里，从普通战士一路晋升到副班长、班长、排长、副连长、连长、营长……最后，凭借高超的驾驶和维修技术，当上了原北京军区汽车排长教导训练大队的大队长。

这个司训大队主要培养对象是原北京军区各野战军汽车班里的优秀班长，也就是说，只有凤毛麟角的优秀班长才能被推荐到这里来接受培训。入学门槛不低，如果不能通过政治等文化课以及汽车驾驶维修技能实操考试，还没有资格进来。所以，这里是一个培养精英中的精英的地方，被战士们称为原北京军区各野战军汽车班长界的"黄埔军校"。

和地方驾驶员不同，部队里的驾驶员训练时间更长，要求更严格，优秀驾驶员更是严上加严。除了轿车、运输车，很多人还要练习牵引车、重型运输车等特种车辆的操作。他们在培训的过程中，还要通过长途驾驶、夜间驾驶、施工路段驾驶以及严寒条件驾驶等科目。

"解放军驾驶员，不但要会开车，还得会修车！"张树发说，因为如果将来到了战场上，不可能排除什么故障都靠修理保障分队。一旦单独执行任务，不会排除故障就可能付出血的代价。有时候，为了检验学员们是否熟练掌握维修技能，张树发和教官们要故意设置很多微小的瑕疵，让学员们以最快的速度判断故障点位，快速维修，甚至训练他们蒙着双眼维修汽车。在"黄埔军校"严格的训练中，通过考核的优秀班长不仅熟悉车辆日常使用、维修中应遵循的原则和技术要求，还要掌握车辆爆胎、制动失灵等故障的排除方法，

北京军区汽车排长教导队第二期（上）和第三期（下）学员毕业合影留念

"用修双能"，成为驾驶员中的"修理大拿"。

有时，军车不仅要在野外长时间驾驶，还会面对很多不确定的天气变化，这对驾驶员抗疲劳和应变能力的要求就比较高。所以，长途驾驶、夜间驾驶、雪地驾驶、施工路段驾驶技能也是"黄埔军校"的重要考核内容，他们专门会把驾驶员们拉到盘山路上、雪地等路段进行训练。

　　"黄埔军校"的毕业证不好拿，有一定的淘汰率。"他们不仅要考技术，还要考政治，经过几轮考试，合格了才给发毕业证书。"张树发说，在这个过程中，司训大队为部队培养出了一批优秀的部队干部，他们当中有技术干部也有军官将领。

　　别看张树发在司训大队担任队长和考官，但自己的汽车驾驶和维修技能也没掉链子。20世纪70年代末的时候，部队曾经响应号召开展了一次大练兵，张树发又把当年驾车通过钢轨桥的技能拿了出来，还得了个第一名。因为车技好，张树发在部队还曾经奉命执行过一些国防施工任务。

　　从20世纪60年代到80年代，中苏两国严重对立，苏联在中苏、中蒙边境沿线部署百万精锐部队，毛主席根据形势提出"深挖洞，广积粮，不称霸，备战备荒，为人民"的号召。因此，很多部队都会在驻地周边一带修防御工事，张树发就曾在80年代初在北京郊区参与国防施工任务，为祖国的国防建设作出了贡献。1981年，张树发荣获"北京军区国防施工先进个人"称号，荣立三等功。

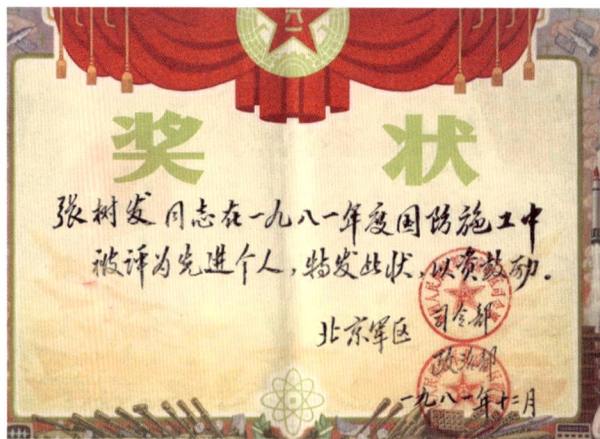

1981年，张树发荣获"北京军区国防施工先进个人"称号，荣立三等功

　　国防施工以打山洞为主，目的是存储战备物资。战士们吃住都在施工现场，驾驶员一方面要开着车协助施工队在山区里勘察地形，寻找合适的施工位置，

一方面要将生活物资以及沙子水泥钢筋木料等施工物资送到"前线"，保障施工进度。

当时，张树发带着部队在丰宁、滦平、承德、张家口一带执行任务，这一带路段山高路险，有的地方甚至没有像样的路，要走走停停，边勘察地形边前行。记得有一次，战士开着车走到丰宁县附近的一个山坡，突然发现没有路了，前方是一个30度左右的斜坡，坐在驾驶室里根本看不到坡后面是什么样的路况，小战士有点怕，磨蹭了半天不敢往上开，一换挡就熄火，再换挡又熄火。车上十几个人都在等，气氛有些焦急。张树发见状，下车查看了一下地形，走到驾驶室的门旁，让小战士下车，自己爬上去，三下两下就给开了过去。

在保障国防建设运输任务的这一年中，张树发说，车队的总里程数已经上百万公里，全程零事故，最后整个团队获得了表彰。但这表彰的背后，却是张树发带着战士们翻山越岭、风餐露宿、克服困难、抛家舍业换回来的。这一年来，张树发几乎没有顾家，就算能回家，也是看一眼妻子孩子，就匆匆忙忙离开归队。这是军令，也是国家的需要，对于一个军人来说，都是军人的职责所在，他在所不辞。

汽车老兵转战金融圈

从20世纪60年代到80年代，从河北农村到首都北京，从一个普通的村里小伙子到业务能力"扛把子"的团长，张树发用20多年的时间脚踏实地在部队干出了自己的一番天地，本以为自己会一直干下去，却在80年代中期遇到了命运的转折。

党的十一届三中全会后，随着党和国家工作重点的转移和改革开放的展开，党逐步调整了中国的对外方针和政策，改变了主要针对苏联霸权主义的"一条线"战略。经过冷静观察和慎重分析，逐步放弃了以往关于大规模世界战争不可避免的观点，对国际形势作出了新的重大判断。在此基础上，国防和军队建设的指导思想也实现了战略性转变。

根据邓小平同志提出的国防和军队建设要腾出力量支援国民经济发展的要求，以及建设一支强大的现代化、正规化革命军队的指导方针，军队建设进行了一系列重大改革。

1985年5月23日至6月6日，中央军委在北京召开军委扩大会议。军委主席邓小平在会上郑重宣布，中国人民解放军将减少员额100万。这是中国共产党、中国政府和中国人民有力量、有信心的表现。它表明，拥有10亿人口的中华人民共和国，愿意并且用自己的实际行动对维护世界和平作出贡献。

按照中央军委的决策部署，从1985年下半年开始，按照先机关，后部队、院校和保障单位的顺序，人民解放军自上而下地组织实施了百万大裁军。这一年，中国人民解放军三总部机关的人员编制精简了近一半；空军、海军和二炮司令部也都作了相应的精简和调整；11个大军区精简合并成7个；全军减掉军级以上单位31个；撤销师、团级单位4054个；各级县、市人民武装部改归地方建制；部队的各级领导班子都减少了副职干部；军队机关、部队的76种职务由军官改为士兵担任，人民解放军的官兵比例达到了1∶3.3。从1985年起的三年中有60万军队干部退出现役转业到地方。直到1987年，中国人民解放军顺利完成了百万大裁军的任务。张树发就在这"百万大裁军"的队伍中。

在部队有表彰、有晋升、立过功，有自己主管的业务，一开始，面对裁军，张树发也有点想法。但22年的军龄让他很快就明白，服从命令是军人的天职，国家有任何需要，军人都应该义不容辞。

也许是命运的眷顾，绝大多数转业的军人都回到了原籍继续工作，张树发被留在了北京，而且，因为他平日表现优秀，国家相关部门专门给他分配了新工作的指标。新的工作单位叫中国人民银行，可长期在部队搞驾驶和汽修的张树发根本不接触银行业务，连这银行是干啥的都不太清楚。但转念一想，虽然是裁军，这依然是国家指派的任务，只是在不同的战线上为国家和人民服务。很快，张树发就到中国人民银行报到上岗了。

参与中国金融电子化大项目

脱下军装，穿上西装，张树发成为中国人民银行的一名员工。从原来的跟汽车和汽车兵打交道，换成现在跟白领和金融打交道，张树发适应得很快。

一开始，张树发被分配在后勤部门工作，负责管理单位用车的日常调度和维修。虽然张树发是军人出身，对银行的专业一窍不通，但管理车辆他是专业的呀，如何安排调度用车，如何维修保养，只要他在，所有车辆就安排得妥妥当当。金子在哪儿都会发光。勤勤恳恳在后勤处干活的张树发很快被领导调入了中国人民银行清算总中心筹建处，渐渐地，这位汽车兵出身的老兵走进了金融圈。

中国人民银行的历史最早可以追溯到解放战争。1947年秋，解放战争开始由战略防御转入战略反攻阶段，为了应对大兵团运动战的后勤保障需要，中央成立华北财经办事处，负责统一华北各解放区财经政策。很快，中国人民银行筹备处成立，开始建章立制、设计印刷新钞票。

1948年12月1日，在华北银行、北海银行、西北农民银行的基础上，合并组建中国人民银行并发行人民币。1949年10月中央人民政府成立后，中国人民银行开始接受中央人民政府的领导。一直到20世纪80年代初期，中国人民银行既是国家管理金融的行政机关，也是国家办理信用业务的经济组织。

20世纪七八十年代之前，如果你站在银行的柜台前，永远看到的是摞得高高的账本。银行的工作人员基本用的是算盘和钢笔。别说异地取款，就算是汇款，那也要等上至少15—21天以上。在当时，以秒计算的汇款转账是根本不可想象的。当时，人民银行总行的联行对账每年结清一次，一般延迟四五个月，最长的一次达19个月。显然，这样的效率是无法满足中国改革开放发展的需要。

20世纪80年代，改革开放的春风吹遍大江南北，我国进入市场经济高速发展期，各类金融服务机构大量涌现。为稳定支付清算秩序，提供公平的支付清算服务，中国人民银行开始谋划改进支付清算服务。

张树发说，1984年，中国人民银行开始专门行使中央银行职能，当时银行跨行的资金清算有两种选择：一种是用老办法，在所有有往来的银行开立清算账户清算；另一种是所有金融机构都在央行开立清算账户，由央行为商业银行统一清算。

互联网远远没有像今天这么发达，各银行的内部数据没有集中，更没有电子化的记账系统，全都靠手工记账，再靠邮局代发信件处理清算业务，效率非常的低，资金在途时间往往在一周以上。随着银行业的不断发展，银行每天处理各类跨行业务的数量越来越多，各家银行自行轧差自己清算变得非常困难，就需要央行必须承担起一个全国清算中心的角色。

所以，第二个方案更优。然而在那个时代，央行能承担的职责是很有限的，各银行内部数据还没有集中，没有电子化的记账系统，国内甚至都还没有银行卡，客户要转账也没有满大街的ATM，达不到让央行推行全国统一结算制度的客观条件。

为了解决这些难题，中国人民银行决定筹建清算总中心，专门为金融机构提供支付清算业务。1989年5月，国务院批准中国人民银行建设金融卫星通信专用网和全国电子联行系统。1990年5月9日，人民银行决定在总行和35个一级分行、5个二级分行分级组建资金清算中心。人民银行从此有了面向商业银行提供支付清算服务的专门机构。

在布设全国电子联行系统之前，要先引入计算机。张树发的主要工作，就是在全国各地筹建电子化机房，如同当年从一个当兵入伍开汽车一样，又是从零开始。

建机房前，筹建处要对全国各地清算业务的科技化情况进行摸排，并调研建设电子化系统的可行性。这个任务就派到了张树发的身上。

时间紧任务重，张树发不仅要恶补金融电子化的基础知识，还要马上出发到全国各地考察。这是一场硬仗。军人出身的他哪儿能服输？当年在部队天不怕地不怕的劲儿拿了出来，一个月的时间他走了 16 个城市，到各个银行网点了解电子化终端机的安装条件，甚至场地面积都是他的考察范围。在这一个月的时间里，他白天扎网点看现场，晚上就回到招待所学习，遇到不懂的问题就及时打电话回总部请教。所有试点的电子化系统布设工作都推进得非常顺利，1989 年，中国人民银行正式启动了全国电子联行项目。这一系统利用 VSAT 卫星通信技术建立中国人民银行专用的卫星通信网，联结各分 / 支行的基于 PC 机的小站，构建成了我国第一个全国大集中的处理系统。张树发也算是亲自参与了中国金融界电子化改革的一个大项目。

张树发（左一）在无锡中央备份站工作时与同事们合影留念

1991 年 10 月，央行又开始着手建设中国国家金融通信网，这个网络是把中国人民银行、各商业银行和其他金融机构有机连接在一起的全国性与专业性的金融计算机网络系统，目标是向金融系统用户提供专用的共用数据通信网络，通过文件和报文传输向应用系统提供服务，成为中国现代化支付系统的可靠网络支撑。

中国国家金融通信网分为两级网络和三层节点，一级节点为国家处理中心，二级为城市处理中心，三级是中国人民银行县支行处理节点。该通信网在北京和无锡分设两个国家处理中心，这两个处理中心互为备份，由单路单载波高速卫星线路和地面高速 E1 线路相连，正常情况下，由主用国家处理中心北京主站控制、管理全网，一旦发生灾难，备用的无锡主站就接管瘫痪的主用处理中心的所有业务。张树发就曾经被派到无锡主站工作了一整年，负责运营维护无锡主站的设备运转和保养。

1994 年 6 月，张树发带领由全国省市人民银行的科技处长、会计处长等成员组成的科学技术学习考察团赴美国马里兰州休斯公司总部接受专业技术培训。历时一个月，经过考试，大家都取得了好成绩，回国后扎根金融电子化建设领域，作出了杰出贡献。

张树发取得培训结业证书（左）并与科学技术学习考察团全体人员合影留念（右）

完成了金融电子化的任务之后，张树发又被派到了人事部门工作。之后又担任了党委专职书记，专门开展党建工作。这份工作让张树发又找回了 22 年前军旅生涯的感觉，在他的精心策划下，单位的党建工作开展得丰富多彩，他带着党员和积极分子重走红军长征路线，学习红色思想教育。虽然临近退休，但张树发并没有选择躺平，而是充分发挥自己的光和热，带着同事们重温入党誓词、听井冈山革命老区讲红色故事。

张树发在井冈山、西柏坡革命圣地对党员干部进行革命传统教育时与同志们合影留念

中国人民银行遵照国家扶贫工作部署，在革命老区陕西省延安市、铜川市认真开展扶贫工作。张树发担任党委书记期间，为了扶持当地的教育事业的发展，兴建了五所希望小学，为该地区的教育事业的发展作出了突出贡献。

2007年，张树发正式退休。

中国人民银行清算总中心捐助希望小学及接受锦旗

活到老，学到老

俗话说得好，"活到老，学到老""靠谁也不如靠自己"，这些看着浅显的话语，却是千百年不变的真理。退休后的张树发，虽然人生来到后半程，依然坚持学习，坚持做自己喜欢的事情。他明白一个道理，只有让自己变得

更加强大，晚年才会有更多的幸福。

即便住进了养老院，张树发也坚持不让自己与社会脱节。每天，他都会仔细阅读当日新闻，了解国家政治经济的最新动态。进入了手机时代，更是很快熟练掌握了各种操作软件的小技能，早早地成为同龄人中的手机高手。

退休之后，张树发一开始被一家公司返聘，做顾问，但是工作量不大，除了出差时有点事情，平日里还是比较闲的。老伴儿给他出了一个好主意。由于老伴儿跟他同在银行系统，有一次在人民银行后勤的台球室看到很多老人正在打台球。"你别老在家待着了，好多退休老同志都在行里的台球室里打台球呢，你也去看看吧。"老伴儿的这一句话，便让张树发对台球的喜爱一发而不可收了。

就如同他青年时期刚刚进入部队，面对汽车驾驶和维修，从零开始；如同他人到中年转业到金融圈，面对从未接触过的清算、电子化等业务，从零开始；到了老年偶然接触了台球，面对如何推杆、如何开球等技术，他还是从零开始。

一开始，张树发只是去试试看，不过他接受新鲜事物快，也爱琢磨，观察了一个礼拜左右，他就已经基本看出打台球的核心要点在哪儿了，所以他挥杆的姿势、进球的步骤，很快就入门了。

负责管理台球厅的一位老同志看到他的球技连连夺奖，并把他推荐到一个更专业的地方参加台球学习，甚至很快成为一支老

2019 年，燕达金色年华健康养护中心聘任张树发担任台球课老师

年人台球队的正式队员。之
后，张树发代表团队参加了
不少台球比赛，成绩相当不
错。

　　进入燕达金色年华健康
养护中心后，张树发很快就
发现了这里的台球厅和一群
老球友。大家平日互相练习，
如果有比赛了，就组团参赛，

张树发手持由北京市西城区体育总会台球专业委员会颁
发的"优秀组织奖"的奖杯和证书

如果有机会，就组织比赛吸引球友参与。2019 年，燕达金色年华健康养护中
心聘任张树发担任台球课老师。短短几年的时间，这支代表燕达的台球队已
经有了上百名队员，年龄跨度从 70 多到 90 多岁，而且男女都有，在老年台
球圈颇有名气。

　　2021 年，养护中心在住宾客张树发爷爷带队，潘小平奶奶、刘福云奶奶、
赵克建爷爷、单德福爷爷四位宾客作为参赛选手奔赴北京参加西城区台球协
会举办的重阳台球赛。比赛中相互交流、相互鼓励，不仅切磋了球技，也锻
炼了身体，为燕达增光添彩，展示了燕达养护中心长辈们的生活风采。经过
多轮角逐，燕达养护中心获得"团体亚军""优秀组织奖"等荣誉。

　　"天行健，君子以自强不息；地势坤，君子以厚德载物。"如今，张树
发每天还在他的台球"事业"上忙碌着，他的日子充实而快乐。热爱生命中
的每一时每一刻，是这位 77 岁的"年轻人"给所有人的最佳忠告。

艺术人生

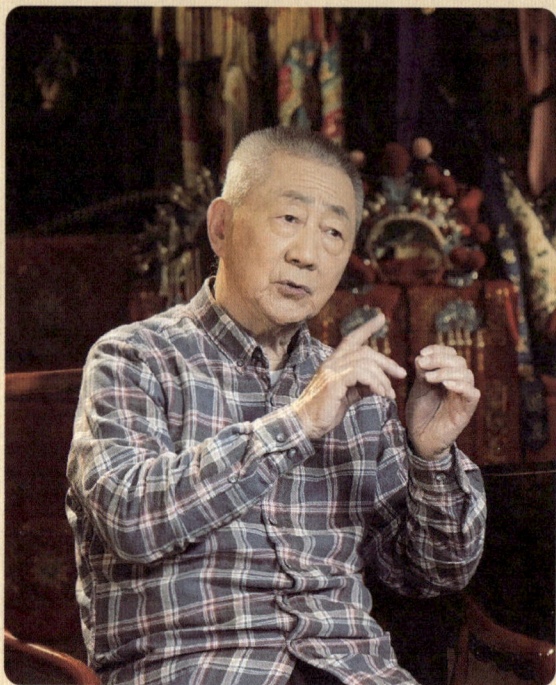

　　孔祥昌，88 岁，北京人，是中国戏曲学院教授，中国戏曲学院原副院长。13 岁时加入四维剧校（中国戏曲学校的前身），专攻老生，从此与京剧结缘，后转学京剧音乐。1957 年，孔祥昌毕业后留校任教，投身于中国戏曲学院的京剧音乐教育事业。在他主持的教学改革中，他大胆吸收借鉴了古今中外的音乐教学模式，采用因材施教、一专多能、教学与实践相结合、基础理论与专业技能并重、传统题材与现代题材并举等教学原则，培养出了一批又一批高水平的京剧音乐人才。1984 年，孔祥昌担任中国戏曲学院副院长，1995 年正式离休。但离休后的孔祥昌依然笔耕不辍，花了 10 余年时间，自学电脑，梳理出近百年间不同年代京剧乐师的师承关系、传承历史，编辑成一部京剧乐师史料集，成为京剧音乐研究的宝贵资料。从事京剧音乐教育达 70 余年，孔祥昌对戏曲教育尤其是京剧音乐教育有着深厚的感情和独到的见解。

孔祥昌

梨园浮沉 70 余载
京剧音乐教育改革的探索者

孔祥昌是中国戏曲学院教授、中国戏曲学院原副院长，从 13 岁起加入"四维剧校"，便开始与京剧毕生结缘。如今，88 岁高龄的孔祥昌已从事京剧音乐和教育事业长达 70 余年。他见证了中国戏曲学院的诞生与发展，并躬身耕耘，对戏曲教育，尤其是京剧音乐教育有着深厚的感情和独到的见解，更是为中国戏曲教育作出了巨大的贡献。面对京剧走向现代化的滚滚洪流，他打破了传统的束缚，大胆吸收借鉴了古今中外的音乐教学模式，采用因材施教、一专多能、教学与实践相结合、基础理论与专业技能并重、传统题材与现代题材并举等教学原则，培养出了一批又一批高水平的京剧音乐人才，可以说，他是京剧音乐教育的探索者、改革者，在京剧艺术的最高殿堂耕耘一生。尽管早已退居二线，但孔祥昌依然坚持伏案写作，花了 10 余年时间，自学电脑，梳理出近百年间不同年代京剧乐师的师承关系、传承历史，编辑成一部京剧乐师史料集，成为京剧音乐研究的宝贵史料。

13 岁加入"四维剧校" 与京剧结缘

　　说起自己与京剧的渊源，还得追溯到20世纪一所颇有历史的戏曲名校"四维剧校"。这是中国戏曲学校的前身。说起母校，孔祥昌满怀热情，一下子打开了话匣子：抗日战争时期，中国的高等教育普遍往大后方撤离，战争让中国的社会生活和文艺运动发生了很大的变化，文人学者不断利用手中的笔，利用文化艺术事业激发人们的爱国热情，持续开展抗日斗争，各类抗战文艺活动热烈而广泛。遥想当年，作为国歌《义勇军进行曲》的词作者，田汉的名字在中国家喻户晓。田汉先生是我国著名的剧作家、戏曲作家、词作家、文艺活动家，也是中国现代戏剧的三大奠基人之一。当年，田汉先生在长沙、桂林等地组织抗战戏剧运动，他们通过剧本创作、演出等方式，积极宣扬反侵略、反战争，主张和平理念。

　　长期从事戏剧界抗日统一战线工作的田汉同洪深等戏剧家一起先后组建了10个抗敌演剧队、4个抗敌宣传队和1个孩子剧团。其中的"1个孩子剧团"就是"四维剧校"的前身，即"四维儿童戏剧学校"，最早叫"四维平剧社儿童训练班"，在1945年正式改名为"四维儿童戏剧学校"。"四维"乃取古训"礼义廉耻，国之四维；四维不张，国乃灭亡"之意。当年，田汉先生的春风化雨，让苦难中的孩子们明白，只有团结起来才能战胜敌人。从此，剧校的孩子们用戏剧当武器，把舞台做战场。当年，田汉先生还写了四句话"创造剧界新的生命，铲除剧界一切恶习。提高剧员文化水平，砥砺剧员人格道德"，激励着孩子们积极投身戏剧事业。

　　1945年8月15日，日本天皇向全日本广播，接受《中美英三国促令日本投降之波茨坦公告》，宣布无条件投降，结束战争。至此，经历14年艰苦卓绝的斗争，抗日战争取得全面胜利。众多文化艺术领域的名人又从各地陆续回到北京，持续开展文艺创作。"四维儿童戏剧学校"的部分成员也辗转来到了北京。1949年前夕，因为一次偶然的机会，孔祥昌在宣武门外江西会馆门口发现贴着一张四维剧校的招生广告，他想都没想就立刻报了名，那年他才 13 岁。

　　说起加入剧校的动机，以及对京剧的兴趣，孔祥昌总结了三个缘由：第一，他的父亲孔小亭是个十足的戏迷，他和当时的一些京剧名家如金少山、李桐春、孙盛文等是好朋友，还与李万春结为盟兄弟。

　　第二，再往前追溯，早在 20 世纪 20 年代初，孔祥昌的祖父孔庆云在前门廊坊头条开设了一家"容丰照相馆"不同于别家照相馆，这家照相馆的独特之处在于设置了"戏装照相部"，照相馆内具有拍摄京剧人物剧照的服饰、容妆道具及人员。当时北京的照相馆尚且不多，而能拍戏装照的仅此一家，从而吸引了众多京剧名家前来拍摄京剧人物照片，他们只要遇有某公馆举办堂会演出，就要登门拍摄舞台演出剧照，不少演员成为照相馆的常客，这就为孔祥昌的父亲结识京剧名家提供了良好机会。当年，小小的孔祥昌常常能在爷爷的容丰照相馆看到各种名家照片，有知名的京剧表演艺术家，如谭鑫培、杨小楼、梅兰芳等。这些巨幅照片被陈列在大门两侧的玻璃窗内，照片里的人物个个容光焕发、精神矍铄，这些形象深深地烙在年幼的孔祥昌心中。

　　第三，孔祥昌与京剧结缘，也与他从小居住的环境密切相关。当时，北京的宣武门、菜市口、虎坊桥、和平门一带可以说是京剧艺术家的聚集地。10 岁左右，孔祥昌居住在宣武门外的椿树下二条，他清晰地记得，当年宣武门外至菜市口区域内的椿树胡同、棉花胡同和西草场一带名家荟萃，众多京剧界大腕在此落脚。比如：椿树上头条有余叔岩的宅院，椿树上二条有裘盛戎、李世芳的宅院；椿树下二条有尚小云、丁永利的宅院；西草场有萧长华的宅院。那时，孔祥昌就住在尚小云宅院的斜对面。"尚先生的宅院非常之大，他的荣春社科班就设在院内，经常隔着墙壁就能听见科班的人吊嗓子、练功。"

　　正是这样的耳濡目染，又在父亲影响下，孔祥昌自然而然地爱上了京剧，并从 11 岁左右开始，就经常到大栅栏的三庆戏院（当时是荣春社的演出阵地）、庆乐戏院（当时是鸣春社的演出阵地）去看戏，而且成了常客，是个不折不扣的小戏迷。

那时，小小的孔祥昌经常爱跟在戏班子后头"凑热闹"："当时，戏班子的成员要到剧场去演戏，一般会穿着长袍，浩浩荡荡地从住地提前出发，走到要演出的戏院去，我小时候总能看到这样的场景，从宣武门走到前门，一路上可热闹了，我就在后面一直跟着走。"这些场景，无不在幼年的孔祥昌心里埋下了一颗颗京剧的种子。

向剧校提交了申请之后，孔祥昌顺利地加入了四维剧校，取名为孔维昌。当时，剧校大部分是孩子，13 岁的孔祥昌算是年幼的小师弟，师兄师姐们大的有十五六岁的，许多人是跟着老师从昆明辗转来北京的。他记得，跟他同一年加入剧校的还有钮骠、张春孝、张华森、张启洪、贺春泰等近 10 人。孔祥昌的启蒙老师是著名的梁连柱先生，他是富连成科班的大师兄，后来又培养出一大批优秀的京剧艺术人才。当时，学习京剧表演的孔祥昌专攻老生。

"我们是烈火里锻炼的钢条" "我们是风雨中生长的新苗"

有了正式的身份，孔祥昌在师父的带领下，跟着师兄师姐们每天练习基本功、一点一点打基础。"当时，我们就是一边练功、一边学戏、一边演出。其实那会儿演出可不少，我们那叫'开门演戏'，几个月就能上台。一开始就是跑龙套，比如演一个小小的士兵，就负责在舞台边上扛旗子，或者是演护卫，大家都是从这些最边缘的角色做起，一边演一边学。"

20 世纪 40 年代，生活条件艰苦，因为生存问题，剧校被划在国民党青年军第 208 师，主要的任务之一就是慰劳京郊驻地的战士。"吃人家的饭，你就得给人家'干活'。我们的演出场所遍布北京城各地，跑过很多地方，剧校经常到北边的清河、沙河演出，也去过门头沟的煤矿区，给煤矿工人演出，还去过丰台的长辛店，给当地的铁路工人演出。"

1948 年年底，当时的北平依稀已经能够听到解放军的大炮声了。随着解放战争的持续推进，国民党节节败退，部队逐步往天津撤退，准备辗转撤到台湾。在此情境之下，剧校的成员是走是留？经马彦祥转达田汉指示：戏校师生切勿随国民党军队南撤，留守北平等候解放，党要办戏曲教育事业。于是师生偕同随校家属，从西苑步行由西直门进入城内，先困于宣武区（现西城区）后孙公园的一所学校里，后又迁至梁家园小学静候北平和平解放。其实在 1949 年初，解放军临近解放北京前，田汉等人早已筹划好解放北京后，将四维剧校这批教师和学生作为基本成员，来组建新中国第一所戏曲学校。

1949 年初，解放军进入北平。就在解放军进城的第二天，田汉亲率军管会文艺部的同志来看望大家，并当即宣布：四维三分校划归华北文艺委员会旧剧处所属，不久师生们便被接到北池子草垛胡同原美术供应社内做临时校舍（后来的北京证章厂）。

当年，田汉先生亲自告诉孩子们："今后，我和你们一样，都要听共产党的话，跟着共产党走。"就这样，这群孩子终于等到了光明，走上了新的人生道路。四维剧校始终都在田汉等人的影响和帮助下，表现出比较进步的一面。同时，四维剧校也为田汉先生提供了一块肥沃的田地，使得他的办学思想在这块田地上播种、发芽、生长、成熟。

1949 年初，"四维剧校"由中国人民解放军军事管制委员会所属的文委会、旧剧处（后来称戏曲改进局）接管，并由人民政府委派的田汉、史若虚等共产党人所领导和管理。这所学校始终贯彻执行的是共产党的教育方针和文艺路线。当时，在四维剧校的基础上成立了新中国第一所戏曲学校，即"北平平剧实验学校"，这是中国戏曲学校刚开始时的校名，当时由田汉任首任校长，史若虚担任第一任教务长。

从找校舍、请老师，当年的几个创始人一步步让学校稳住脚跟，不断成长，向着光明前行。"北平刚解放的时候，很多京剧名流都在社会上闲散着，当时田汉把很多有名气的京剧名家都给请到学校来了，给我们上课，那会儿，大家一边学习，一边演出，还演给解放军看。"孔祥昌说。

从学校的组建和发展历史来看，四维剧校的思想颇有先进意义。首先是创始者为剧校带来了进步的思想，他们打破旧科班烧香磕头、打通堂等规矩，提倡人格上的一律平等，定下新的校规，有了不演坏戏、不陪酒、不侍唱、不赌博的新校风。

1997 年，四维剧校部分校友合影留念

宝贵的进步思想也能从当年的一首"校歌"中窥见一二，这首"校歌"的歌词也是由田汉先生所写："我们是烈火里锻炼的钢条，我们是风雨中生长的新苗；我们踏遍了千万重山海，我们忍受了七八载的辛劳。我们要为新时代歌唱，我们要替老百姓呼号！同学们，这是艰难的工作，但也是伟大的创造。进步的必须学习，腐败的必须丢掉。我们要把铁杵磨成针，我们要在逆水里撑篙。同学们，我们虽然幼小，但将被人民夸耀。坚持改革的旗帜，走向光明的大道！"歌词充分展现出四维剧校学生新的精神风貌和思想气息，曲调并不复杂，却充满了力量，学生们都深受鼓舞和影响。孔祥昌记得，在每次演出开幕之前，全体学生要在舞台上演唱完这首"校歌"之后才进行正式演出。

同时，也可以从当时排演的剧目中，展现出这所学校的进步之处。孔祥昌记得，在 1949 年前，四维剧校的演出剧目包括《琵琶行》《葛嫩娘》《江汉渔歌》《六国封相》《梁红玉》《陆文龙反正》《桃花扇》等。其中，《琵琶行》描写唐玄宗时，梨园供奉老乐工郭霁青高节自守、不惧敌寇、疾恶如仇、颠沛流离的故事。它影射抨击了黑暗的现实，发出了人民反对内战、反对苛捐杂税的呼声。特邀白家麟、李宗义、梁小鸾担任主演，教师梁连柱、郭文龙、韩长宝、徐鸣策、汪荣汉、何宝华等，学生解维蓉、王维蕊、王维松、朱维义、柏维年、葛维菁等，均扮演了重要角色。马彦祥亲任舞台监督并粉墨登场扮演黄大人，导演李紫贵兼演郭英发。特邀叶浅予任舞美设计，杨大钧任音乐设计。王瑶卿还亲临江西会馆排演现场指导，并为梁小鸾扮演的谢云屏设计唱腔。该剧于 11 月起在长安大戏院连续数日演出晚场，场场爆满。日场由解维蓉、王维蕊、朱维义、李维艳、陈维秋等演出李紫贵导演的《金钵记（白蛇传）》和《武则天》。当时，田汉特从上海拍来贺电，后来戏校又应天津中国大戏院之邀赴津门演出数场，观众反响极为强烈。当时，戏校精彩的演出得到社会各界的一致好评，四维剧校当时演出的盛况可谓誉满京城。

1949 年 4 月 23 日，中国人民解放军解放南京，第二天上午，学校就立刻组织学生排练活报剧，到北池子、东华门、沙滩一带的街头演出，庆祝南京解放。当时演出后还拍摄了一张珍贵的老照片。这场"活报剧"中有蒋、宋、孔、陈四大家族等人物，由许湘生扮演宋美龄、孔祥昌扮演的是孔祥熙。

中华人民共和国成立初期，剧校学生的生活条件其实非常艰苦。孔祥昌回忆，当时学校就在北池子草垛胡同的一个小院里，挤着几十个学生和老师。"老师们也很苦，拖家带口地跟着我们，好几家人挤在一个大房间里，只能用床单和毯子自行打隔断，把空间隔开，隔着一个帘子就住着一家人，能把一个大屋子隔成四五个空间，大家挤在一块儿。"

1949 年，庆祝南京解放，戏曲学校排演"活报剧"合影留念

　　那时，孔祥昌每天的生活节奏就是学戏、演出、练功，翻跟斗、练水袖、吊嗓子，一样都不能少，不能偷懒，老师要求又非常严格，每一样都得扎扎实实地学。因为之前并没有学戏的基础，除了每天练基本功，他还在梁老师的建议下在徐鸣策老师的课堂上做旁听生。虽然当年入校稍晚，但四维新派的教学环境，短短几年就为孔祥昌开好了蒙，打下了扎实的专业基础。

　　在教学方面，孔祥昌回忆，尽管当年的剧校没有明确、详细的教学计划和培养目标，但教学状况却是严格按部就班，严谨规范，同时成果显著。很多教师与教学内容、教学方法及舞台风格，在新成立后的中国戏曲学校仍然被延续或采用。

　　当时，四维剧校涌现出了众多优秀的学生，如朱秉谦、柏之毅、袁国林、解锐青、王诗英、李鸣岩、安利、许湘笙、侯正仁、杨启顺、史燕生、刘秀荣、梁九荣、和玲等，他们已学习京剧多年，具有深厚功底，不仅掌握了许多传统剧目，还排演过《江汉渔歌》《花木兰》《断臂说书》《四郎探母》《红鬃烈马》《金钵记（白蛇传）》《潘金莲》等诸多大戏。孔祥昌这一批四维剧校的学生们学习的是最正宗的传统京剧艺术，接受的又是新式学校的教育和管理，专业基础扎实，思想文明先进，他们成为新中国成立后出类拔萃的京剧名家，也是传承京剧艺术的主力军，如王诗英、和玲、贺春泰、梁九荣等，他们始终是学校的教学骨干，也充实了学校的师资队伍。

1949 年 10 月 1 日，正是中华人民共和国成立的重大日子，学校还专门组织了师生参加举世闻名的中华人民共和国开国大典和游行。孔祥昌还记得，在游行临近结束时，大家行进到天安门前，每人双手各持一盏红灯，分别组成"庆祝国庆""共产党万岁""毛主席万岁"等图案。

细数母校的创业之路　怎一个"艰辛"了得

把一辈子献给京剧的孔祥昌也一路见证了母校的成长和发展。说起母校的"创业"之路，孔祥昌如数家珍，并十分感慨于那段历史，在他看来，母校风风雨雨几十年，怎一个"艰辛"了得！

孔祥昌回忆，当年，剧校只有一间简陋到无法再简陋的校舍，就在北池子的草垛胡同。由于校舍过于窄小简陋，人员容纳量十分有限，学校根本无法扩大招生。为了学校能够顺利发展，在 1950 年春，几经寻找，戏校搬到了白塔寺附近的赵登禹路一所"庭院"校舍中。从表面上看，这所校舍房间是多了一些，可是由于没有大房间，武功、把子、排戏等课程还是得在院子里上，孩子们乌泱乌泱地挤在一起上课。后来，三个大院子逐渐被修建成两个"练功棚"和一个小"排演厅"，总算在一定程度上缓解了教学用房的紧张。

其实，修建这个小小的"排演厅"不仅是为了解决教学用房问题，也是为了当年频繁接待外宾能有个像样的、所谓的"小礼堂"。在 20 世纪 50 年代初，所有东欧和苏联等社会主义国家的文化艺术代表团前来中国访问或演出，都会到中国戏曲学校观赏中国的国粹、文化瑰宝——京剧艺术表演。当时的戏校虽然有个小排演厅，可是里头竟然连一把像样的座椅都没有，有接待外宾任务时，还得专门用卡车跑到外单位去借一批可折叠的铁椅子，这样外宾们才能坐下来欣赏节目。

当时，戏校的办学条件真可谓"捉襟见肘"，条件的艰苦在学生的住宿问题上也能充分反映出来：1952 年，戏校为了招收马毓璋、鲍启瑜、李光等第三班学生，因为场地实在有限，学生的住宿成了问题。经过统筹协调，京剧科 1950 班以前的"高班"男生和音乐科唯一的 1952 班男生（这是当时孔祥昌所在的班级）必须搬出校外，在白塔寺附近去租"小四合院"解决住宿问题。

孔祥昌说，虽然戏校在 1955 年时搬迁到自新路里仁街的新校舍，但生活、学习条件仍然很困难。当时只有一栋主楼竣工，学生住宿、上专业和文化课，以及老师们的行政办公，都拥挤在这一栋楼内。一年后，学生宿舍楼建成，教学条件稍微有所改善，但原计划兴建的教学楼始终未能实现。到了 1964 年，戏校建校 15 周年时，才建成一栋四层职工宿舍筒子楼。就是这栋仅能容纳 80 余户教职工住宿的筒子楼，支撑到了 20 世纪 80 年代初，中国戏曲学院才终于建成了两栋 1500 平方米（30 套住房）的单元楼房。

在 20 世纪 50 年代，随着学校的各项工作逐步步入正轨，发展也进入了规范化的进程。当时的学校领导四处奔走，寻找优质的教师资源，聘请名师名家。在校领导的努力之下，中国戏曲学校吸收了三大科班（富连成、荣春社、鸣春社）、三大戏校（四维戏剧学校、中华戏曲专科学校和中国戏曲学校沈阳分校）的人才优势，其中包括富连成"喜、连、富、盛、世、元、韵"七科的前辈名师，以及中华戏曲专科学校"德、和、金、玉"四科的前辈名师，组建了实力雄厚的师资队伍。为提高学生技艺，田汉亲自登门延聘梨园耆宿王瑶卿、萧长华、王凤卿、尚和玉、马德成、张德俊、谭小培、金仲仁、鲍吉祥等来校执教，也就是俗称的"九大教授"。

为了更好地培养下一代，田汉又陆续延聘了四大名旦梅兰芳、尚小云、程砚秋、荀慧生，刘喜奎、郝寿臣、李桂春、杨韵谱、侯喜瑞、雷喜福、姜妙香、华慧麟、贯大元、于连泉（筱翠花）、茹富兰、黄咏霓（雪艳琴）、程玉菁、宋富亭、白登云、于善民等名师先后来校执教。尤其是为了请到著名的刘喜奎，田汉与马少波等不辞辛苦地到处奔走，在东城区公安分局的大力协助下，先后寻访了 17 户人家，最后终于在安定门内谢家胡同找到了这位曾享有盛誉的老艺术家，并为她在阜成门内王府仓胡同安置了新居。

尚小云先生来校授课后与同学合影留念

这些名家被尊奉为中国戏曲学校的领军人物。名师的加持，一下子让中国戏曲学校的办学水平有了质的飞跃。孔祥昌感慨："回忆起这一个个熟悉的名字，这些师资队伍在现在看来，可以说是实力雄厚、规模庞大、盛况空前，而且各行当齐全，形成了老、中、青三代梯队，开蒙师资与充实、提高的师资，三者分工精准、从不越位。这一切给学校创造了良好的育人环境，为学校的教育发展打下了坚实的人才基础，更彰显了当年学校领导远大的战略目光。"

他清楚地记得，在母校建校 10 周年左右，曾经有一位社会知名人士将当时母校这支师资队伍中的名师、名家们称为是一代传授"真经"的"真佛"，当时这位人士说："你们这些学生赶上了好时机，你们是见过真佛、念过真经、受过真传的一代学子。"孔祥昌也十分庆幸自己成长于斯，赶上了最好的时代，得到了名师的"真传"。

孔祥昌认为，早年的京剧科班、班社和现代的京剧院团、戏曲艺术院校，它们无一不是精英荟萃、流派纷呈、名角满台、剧目繁荣之场所，这些都是京剧艺术赖以生存和发展的根基。对于母校来说更是如此，有没有精英与名师极其重要，有名师才能成为名校。母校就是由于聚集了众多的名师、名家而闻名于全国，成为名校，在当年被称为名副其实的戏曲艺术最高学府，并成为培养京剧艺术人才的摇篮。从京剧艺术形成、发展的历史来看，它完全依靠的是人和戏——传统经典、流派剧目来完成传承、延续的历史重任。得益于这些名师的加持，也让京剧艺术实现了代代传承。

1960 年 7 月 9 日，萧长华、史若虚等接见毕业生

对于戏校的几任校长，孔祥昌颇为推崇：田汉、王瑶卿、晏甬、萧长华等。毋庸置疑，这几任校长为中国戏曲学校的创建，为继承中国传统文化、发展戏曲教育事业作出了不可磨灭的贡献。他们在学校不同的历史阶段都付出了辛勤汗水，贡献了自己的智慧，每一位校长都是贡献卓著、功不可没的戏曲

教育事业实践者、教育家。

孔祥昌尤其强调了一个人——史若虚。从 1949 年创建这所戏曲学校开始，再到 1978 年改制为中国戏曲学院，始终就是这位史若虚教务长、副校长在辅佐几位老校长主持着中国戏曲学校的全面工作，尤其是教学工作。史副校长在这座摇篮里辛勤耕耘、呕心沥血，度过了他的大半生，也只有他一直在"国戏"辛勤操劳了 20 余年，每每说及此事，孔祥昌感慨不已。

在孔祥昌看来，母校的优良传统与教学模式的核心就是：师资阵容强，教学剧目精、内容全面，舞台实践多且涉及面广。学校前 30 年的领导集体极具权威性，他们勇于继承、延续科班培养京剧表演艺术高端人才的成功经验和有效的教学模式，这个领导集体更善于在研究、总结科班培养京剧表演艺术人才规律的基础上，创新、发展并形成一整套具有自己特色的教学理念与教学模式，甚至被称为"史氏教学体系"。

在教学内容上，学校坚持剧目教学、基础训练并重。在孔祥昌看来，两者关系密切，必须坚持两条腿走路。"无功不成戏，以戏带功，以功促戏"，这是培养京剧艺术人才的规律之一。剧目教学必须涉及文、武、昆、乱，不仅丰富全面，更能展现人才技能的严谨规范。"我深切感受到，几十年来，母校之所以能培养出一代代继承和创新型的京剧表演、京剧器乐与作曲人才，是始终坚持传统、新编、现代戏'三并举'教学方针的结果。正是这些内容丰富、思想健康并具有训练价值的教学剧目发挥并起到了决定性的功效和作用。总之，丰富多样的教学剧目和基础训练教学内容乃是母校的优良传统，更是成功、有效教学模式的重要内涵。"此外，学生的基础训练必须涉及身训（四功、五法）、把子功（主要是为演员在武戏中表现打斗场面而学习和训练的技巧和套路）、毯子功（如翻、腾、扑、跃、滚、摔）等。

中国戏曲学校长年坚持课堂教学与舞台实践相结合。自 20 世纪 50 年代初至 60 年代，凡是寒暑假和节假日，中国戏曲学校从不放假，学生们始终坚持在各大剧场演出，如前门的大众、广和、民主剧场，西单的长安、西单剧场，地安门一带戏剧学院的实验剧场，圆恩寺和新街口的工人俱乐部等，总能出现学生们的身影。经常演出的剧目有：《棋盘山》《白蛇传》《珍珠烈火旗》《上天台》《击鼓骂曹》《十三妹》《木兰从军》《辕门斩子》《孔雀东南飞》《文昭关》《玉堂春·起解》《黄一刀》《伐子都》《拾玉镯》《失空斩》《宇宙锋》《三击掌》《四杰村》等众多剧目。

学校一边常年坚持面向观众的对外演出，一边在校内则坚持每周两个晚间的彩排或实习。孔祥昌说，这样一来，既给学生提供了舞台实践的机会，不断提高舞台表现力，展现优秀、尖子人才的才华，又能提升尖端人才知名度，扩大社会影响力，从而催生"科里红"，实现人才成长、名人倍增。每每谈及此事，孔祥昌欣慰不已，那些教学的场面深深印刻在他的记忆里："教学楼内的唱腔声与伴唱的琴声不断，从早到晚锣鼓响，三台实习很平常。音乐科的师生提前到，保证实习准时登场。哪个院校能相比，人才济济阵容强。老师们谈起此盛况，心情宽慰喜气洋洋！"在他看来，这是"国戏"最明显不同于科班的办学模式之一，这也是"国戏"培养的人才在技艺水平方面普遍高于科班的主要标志和特点。

"当年，我们四维戏校的这批学生在如此优越的教学环境中得到滋养，并使我们茁壮成长。短短的几年，使我们四维剧校的学生在原有基础上不仅得到深造与提高，更使我们走上成才之路！"说起母校的恩情，孔祥昌内心满是感激。

需要补充的是，对于母校校名的变迁历史，孔祥昌四处搜集资料和佐证，详细梳理了戏校名称变更的过程：1949 年建校初始，校名为"北平平剧实验学校"；1950 年 1 月 28 日为建校日，当时戏曲改进局已成立，戏校是它的下属单位，戏校更名为"文化部戏曲改进局戏曲实验学校"，至此，新中国历史上的第一所戏曲学校正式诞生；1951 年 4 月，因戏曲改进局更名为中国戏曲研究院，戏曲学校仍然是它的下属单位，戏曲学校更名为"中国戏曲研究院戏曲实验学校"；1952 年 11 月，根据当时教育部关于中等技术学校统一按所在地域定校名的通知，以及当时北京市戏曲学校已成立，为避免两校重名，学校再次更名为"北京戏曲实验学校"； 1954 年 5 月，北京戏曲实验学校又归属于文化部、教育司领导，学校更名为"中国戏曲学校"； 1972 年中央五七艺术学校成立，戏曲学校在当时仅是电影、舞蹈、音乐、京剧四大系之中的京剧系，1973 年在中央五七艺术学校更名为"中央五七艺术大学"时，戏校才更名为"中央五七艺术大学戏曲学校"；1976 年恢复为"中国戏曲学校"；1978 年 10 月经国务院批准改制为"中国戏曲学院"。

1957 年 9 月，中国戏曲学校戏曲音乐科第二届毕业典礼师生合影

音乐教育何去何从？做大胆创新的探索者

自 20 世纪 50 年代以来，与孔祥昌同龄的一批学子在母校的悉心栽培下，不仅涌现出了众多的京剧表演、音乐伴奏等方面的优秀人才，还造就了一批戏曲编导、史论、师资以及音乐创作、舞台美术和教学管理人才。由于身体原因，孔祥昌没有继续从事舞台表演，而是转向学习京剧伴奏。

1952 年，当时学校成立了京剧音乐科，招收学习京剧音乐的学生。最早，学生们要从弹拨乐器开始学。孔祥昌说，京剧音乐培养讲究的是"一专多能"，从月琴、唢呐、鼓、笛子……京剧乐器五花八门，每一样乐器都有一位专门的老师来教授，老师们也都各有分工，精通胡琴的教胡琴，精通打鼓的教打鼓。在一年级时，每一样乐器学生们都得学会，基本得扎扎实实学上一年。到了二年级以后，学生可以自行选择一种乐器作为自己主要的学习专业，学到精通为止。这样培养下来，音乐科毕业的学生基本上都能了解每一样京剧乐器，又有自己专门擅长的领域，在实践中也能很好地融入剧团。

孔祥昌不仅是中国戏曲音乐教育事业的第一代受益者，更是践行者和坚守者。1957年，孔祥昌毕业后便留校任教，积极投身于中国戏曲教育事业。传统的京剧器乐"师带徒"模式确实能培养出不少的优秀人才，但传统的教学方式培养的人才数量有限，且培养周期长、成才率不高。如何培养出优秀的京剧器乐伴奏人才？随着京剧的不断发展，需要培养怎样的京剧器乐伴奏人才？怎样的培养模式才最适合创新型人才？在教学岗位上，这些问题始终是孔祥昌一直在思考和探索的内容。

20世纪70年代，社会大环境十分特殊，文艺领域也受到影响，剧团演的、学校教的，都是以创新为主的京剧现代戏，主要是"样板戏"。当时，代表性的作品有京剧《智取威虎山》《红灯记》《沙家浜》《杜鹃山》和芭蕾舞剧《红色娘子军》《白毛女》等剧目。虽然是"样板戏"，抛开时代背景不说，这些剧目确实代表了当时我国京剧艺术的最高水平。要完成这些剧目的演出，对剧团的京剧表演、伴奏、舞美等各方面都提出了创新的要求，也在一定程度上推动了我国京剧艺术的发展进程。

在教学实践中，孔祥昌却深深体会到，京剧器乐的弹拨乐（如三弦、月琴）和管乐（如笛子、唢呐）专业人才存在一些短板，伴奏技能长期以来处在"一般化"水平，始终没有实现明显的提高与突破，这些人才的伴奏技能也普遍不能适应当时样板戏音乐创新的技能需求。让他更加着急的是，如继续按原来的教学模式进行教学，已经不可能培养出能胜任以"创新"为主的京剧器乐伴奏人才，尤其是弹拨乐和管乐人才。深究其原因，在于过去传统的教学模式与培养人才规格和目标的局限性所致。其中，还面临着两个困境。

困境之一：过去的教学模式过分强调按传统京剧乐队的分工，来作为培养人才的规格与要求。这个问题回顾起来有其历史原因。孔祥昌说，作为京剧班社的"场面"，在 20 世纪 50 年代，剧团乐队形成了一套按伴奏传统剧目进行分工的固定模式，这也就是一直被称为京剧乐队文场"四大件"的分工原则。然而，这个分工原则只适合于一般剧团演出传统剧目，从乐队的人员配备、乐器分工以及伴奏技能的需求来说，它从根本上早已不能适应排演现代戏，更不用说排演"样板戏"了。从 20 世纪 50 年代和 60 年代所排演的新编历史剧《雁荡山》和后来排演的一些现代戏中，已开始显现出了京剧器乐的弹拨乐和管乐专业人才需要提高伴奏技能的问题。当时，孔祥昌就参与了《雁荡山》和一些现代戏的排演活动，对于这一点，他有着亲身感受。不过，让他感到遗憾的是，那时的京剧音乐界对此问题并未给予高度关注。

困境之二：在培养弹拨乐、管乐人才"一专多能"的过程中，过多强调或只体现了"多能"，普遍未能突出体现专业技能的"一专"，即高水平，这导致了弹拨乐和管乐人才的伴奏技能水平长期处在一般化的水平。不管是过去的班社"场面"，还是后来的剧团乐队，只强调三弦、月琴专业人员什么都得会、什么戏都要能应对，而并不要求技能有多高。

促使学校必须探索新的教学模式，突破原有的人才培养模式，主要还是由于当时所面临的严峻形势所致。孔祥昌回忆，自 1962 年开始，特别是 1964 年，京剧艺术面临的社会大环境是：当时的京剧不能再继续以演"帝王将相、才子佳人"为主。自 1964 年举行了全国京剧现代戏会演后，全国的京剧院团已开始排演大量现代戏。随之，在京津沪惠等主要的京剧院团也已陆续排演"样板戏"，从而大大推进了京剧特别是京剧音乐的革新与发展。在排演"样板戏"的过程中，充分暴露出当时京剧院团乐队中的传统弹拨乐和管乐明显不能适应或达不到音乐创新与发展的需求。

还有两件事，也让孔祥昌深刻意识到教学改革迫在眉睫。第一件事是，样板团在排演"样板戏"过程中，京剧三弦已从京剧乐队中被淘汰出局。其主要原因是京剧三弦伴奏技能不高、不能转调，音响效果与大乐队不协调。另外，由于三弦乐器本身构造的局限性，使得"三弦"音域达不到"样板戏"曲调旋律复杂多变的要求。总之，当时京剧乐队的三弦跟不上京剧音乐变革、发展的需求。因此，在排"样板戏"的乐队中，京剧乐队的文乐已从"四大件"变成了"三大件"。

第二件事是，当年样板团排演《红灯记》时，剧中"李铁梅"会演唱一段唢呐"娃娃调"——"仇恨入心要发芽"，然而，样板团的京剧乐队中那么多的弹拨乐、管乐人员，竟然没有人能吹奏这段唢呐"娃娃调"。最终，只能从某个乐团调来了民乐唢呐演奏家宋保才先生，才胜任伴奏了这段"娃娃调"。事实充分说明，在当时的京剧乐队中，唢呐伴奏技能亟须创新与提高。这两件事也明显地反映出京剧院团对于创新型弹拨乐和管乐伴奏人才的急需。

"我眼睁睁地看着三弦被淘汰了，又看到唢呐伴奏请的是乐团的演奏家"，这让孔祥昌很是焦心。教学改革势在必行。1974年至1984年，孔祥昌将大部分时间和精力放在了音乐教学改革上。在孔祥昌的大力推动之下，京剧音乐科大胆吸收借鉴了古今中外的音乐教学模式，采用因材施教、一专多能、教学与实践相结合、基础理论与专业技能并重、传统题材与现代题材并举等原则进行教学。

1974年起，音乐科首先进行了月琴专业的教学改革。当时正是以"样板戏"作为教材的时候，基本功训练、练习曲和剧目教学，大都是采用或改编现代戏、"样板戏"的乐曲、剧目选场、选段作为教材。有些乐曲和唱段，弹奏技术难度很大，当时就是结合教学中的实际问题来进行月琴的教学改革。

月琴的教学改革过程中，面临着转调问题、月琴的半音品问题、月琴双手伴奏技巧的速度问题、月琴扩大伴奏音域和使用三根弦的伴奏技巧问题。通过种种方式，音乐科突破了上述几个关键性的技术问题，月琴的伴奏大大突破了传统的技能范围，完全可以适应京剧音乐革新、发展的技能需求。改革后，中专音七四班月琴专业的学生在二年级上学期时，就已能弹奏《打虎上山》幕间曲和"穿林海跨雪原"的唱段，完全可以说明当时月琴教学改革所取得的成果。

到 1978 年，在音乐科的教学中已恢复了三弦、笛子、唢呐教学，孔祥昌和其他老师一边巩固月琴教学改革成果，一边开始

1958 年，孔祥昌给 1956 班学生讲授月琴课

进行三弦、笛子、唢呐教学改革。

1978 年，学校的招生简章中就明确提出，要招收具有一定民乐基础的初中学生，当时主要是招收笛子、唢呐专业的学生。最后录取了两名笛子专业、两名唢呐专业的考生，且均具有一定基础。这四名学生作为插班生编入了当时的中专音七四班进行学习。一方面，老师继续为他们安排民乐笛子或唢呐课程，以巩固民乐伴奏技能；另一方面，给他们安排京剧传统笛子或唢呐技能训练，并适当安排了三弦、堂鼓课，作为副课学习。对这四名学生经过近三年的教学实践，取得了预期的教学成果。他们既能吹昆曲，也能吹民乐曲，他们的笛子或唢呐伴奏技能有明显的提高与突破，分别掌握了较高难度的笛子或唢呐的伴奏技能。孔祥昌说，这是对有一定民乐基础的学生进行笛子、唢呐专业教学改革的一种尝试。1978 年，音乐科在中专音七八班，还采用多种方式进行了月琴、三弦、笛子、唢呐教学改革。通过改革，学校的人才培养实现了始终围绕"三并举"的教学方针，使得学生们对于传统戏、新编历史剧和现代戏的演出伴奏都能胜任。

2002 年 8 月，1956 班毕业 40 年师生聚会合影

改革过程中，学校音乐科还培养出了一大批优秀的京剧器乐伴奏人才，比如中专音七八班月琴专业的雷群安，如今已经成长为我国优秀的月琴演奏家。她具有非凡的音乐天赋，音乐素质条件非常出色，且基础扎实，相关的月琴教学改革训练内容她都能很快适应并掌握。传统曲牌中运用的一些效果非常别致的正反撮儿、点儿等技巧，她模仿得非常熟练。她在中专四年级时（也就是 1982 年），就能以她自己编排的京剧曲牌《夜深沉》、民乐乐曲《春到沂河》等参加全国民族器乐（北方片）会演。她毕业后留校，成为教学的中坚力量。音乐系中专音七八班唢呐专业的牛静，刚进校时也具有一定的民乐唢呐基础，对其采用的教学方式与四个插班生大致相同，毕业时，牛静的唢呐吹奏技能已经非常出色。还有七八班三弦专业的两名学生，此前什么器乐也没学过，音乐科对这两名学生在进行传统三弦、唢呐教学过程中，逐渐进行民乐三弦、民乐唢呐技能训练。到毕业时，他们不仅能吹弹一般民乐唢呐、三弦乐曲，而且能熟练地吹奏《红灯记》"仇恨入心要发芽"这种高难度唱

段的唢呐伴奏。这两名学生毕业后分别就职于中国京剧院、江苏省京剧院，成为剧团乐队的骨干力量。

通过艰辛探索，母校音乐教学改革取得了可喜的成果，也为京剧月琴、三弦、笛子和唢呐如何培养高级演奏人才探索出了一套行之有效的教学模式。

1980 年，音乐科首届大专班毕业合影留念

对于这些教学改革，孔祥昌总结道：既重视传统专业技能训练，又重视音乐基础理论教学；既重视京剧传统演奏技能训练，又大胆吸收、掌握民族乐器与西洋乐器的演奏技巧，从而丰富、扩大京剧音乐的表现力。"这 10 余年教学改革所取得的成果是广大教师辛勤耕耘和同学们付出艰辛努力所取得的。令人欣喜的是，这是我们在培养高水平伴奏人才方面的一种探索与实践，为我们积累了宝贵的教学改革经验。"孔祥昌感慨道。

1984 年，孔祥昌从教学岗位退居二线，担任中国戏曲学院副院长，并主管后勤。1995 年，孔祥昌正式离休。

中国戏曲学院建校 45 周年音乐科（系）部分历届毕业生合影

关注京剧乐师的传承关系　历时 10 余年辛勤编纂史料

　　京剧艺术是孔祥昌先生毕生所热爱和留恋的，他尽心竭力地呵护着老一辈艺术家托付的戏曲大旗，虽然如今年迈，但他唯愿将戏曲传承和改革的旗帜继续传递下去。离休后，他利用了 10 余年的时间和精力，一边学习电脑打字，一边将他多年搜集、整理的有关资料，编辑成了一部京剧乐师史料集，内容涉及在京剧形成时期有关京剧乐师的小传、京剧乐师的师承关系，还有在京剧形成过程中，自"四大徽班"至京剧鼎盛时期各京剧班社、京剧乐师与京剧表演艺术家的合作关系，以及各京剧班社的"场面"（伴奏乐队）乐师阵容情况等珍贵史料。

　　为何要花这么多时间做这件事情？孔祥昌说，进入中国戏曲学院后，曾先后受到当年在戏校音乐科任教的京剧音乐界名师和老前辈们的传授和指导，这些名师、专家有：松文明、方富元、白登云、刘宗生、阎宝泉、方瑞山、姚德林、马竹青、祁善华、于善民、关禹洪、霍文元、吴炳璋、迟景荣等。多年来，在他和这些老先生们的学习、交往过程中，他们经常和孔祥昌谈及有关他们的师父与师兄、师弟的学艺生涯、艺术造诣、从艺经历及他们之间相互的师承关系，以及与京剧表演艺术家们的合作关系等。对于这些逸闻、杂谈和往事，孔祥昌不仅受益匪浅，而且很感兴趣，便随手把这些资料记录保存了下来。

随着对京剧艺术史料的不断了解，他对京剧音乐界众多的老前辈、老乐师们更加崇敬。他深切地意识到，京剧音乐界的几代老前辈们对京剧艺术的形成、发展和京剧流派艺术的形成、成熟，以及推动大量经典剧目的流传，付出了辛勤的劳动和汗水，对京剧艺术的繁荣发展，尤其是在 20 世纪 20 年代、30 年代，他们为京剧进入鼎盛发展期更是作出了巨大的贡献。但是，在有关京剧艺术的史论书籍中，却很少看到有关专门介绍、论述这些京剧音乐演奏家、艺术家的专著，像《徐兰沅操琴生活》《杨宝忠京胡演奏经验谈》这类专著，更是凤毛麟角。

此外，京剧乐师的师承关系，就是京剧音乐界自古形成的一种"以师带徒"来培养人才的一种形式。而且，这种形式自京剧形成以来的 150 余年，始终是培养京剧乐师群体的主要途径，它对于研究京剧乐师队伍的形成、发展和壮大具有重要意义。

多年来，孔祥昌就想写一些有关评介、记述京剧音乐界前辈、名家、艺术家的乐师名录与小传，只是苦于没有时间与精力。自 1995 年离休以来，他终于能有时间投入自己长期向往的这项工作。他翻阅、整理了多年积累的材料与有关史料，并从《中国京剧史》《中国戏曲曲艺词典》《京剧谈往录》《京剧知识词典》，以及《清代伶官传》等书中查询相关资料、研读文章，更是受益匪浅。

10 余年间，为便于编写文稿，孔祥昌自学电脑，搜集、整理了从 19 世纪以来近百年众多京剧乐师的逸闻、往事史料。这些史料不仅记载了这些京剧音乐界的老前辈、名家、艺术家在中国京剧艺术发展史中闪烁出的光辉业绩，更重要的是，这些史料必将为现在和将来研究京剧音乐史提供有价值的参考。

音乐科师资名录

音乐科（系）自 20 世纪 60 年代，先后聘请了众多的京剧音乐界名师、名家前来戏校或学院进行讲学或授课。这些京剧音乐名师、名家有：徐兰沅（梅兰芳的琴师）、杨宝忠、李慕良（马连良和杨宝森的琴师）、白登云、王瑞芝、赓金群等。

1962 年，杨宝忠与 1956 班毕业生合影

20 世纪 80 年代聘请了黄天麟、韩恩华（李世芳的梅派琴师）、何顺信、张似云（张君秋的琴师）、迟天标、裴世长、唐在炘、沈玉才、耿鸣贤、耿鸣远、

马玉和等。

1982 年 8 月，白登云给学生说戏

20 世纪 80 年代初，黄天麟、韩恩华等录制资料后合影留念

音乐理论家及民族器乐、西洋器乐演奏家有：刘吉典、屠楚才、吴春礼

（戏曲研究院音乐室）、王君瑾（广播民族乐团琵琶演奏家）、刘森（笛子）、史耀东（扬琴）、赵春峰（唢呐）、杨秀明、邱大成（古筝，博士）、李中华（琵琶）、张益志（琵琶）、赵明山（唢呐）、陆云兴（唢呐）、尚世成（唢呐）、朱永宁（大提琴）、沙震中（黑管）、张震武（圆号）。

20 世纪 60 年代、80 年代，音乐科（系）教师队伍中，调入的京剧乐师和聘请的京剧音乐名家，他们大都亲历过京剧艺术进入鼎盛时期的辉煌盛况！他们有的曾与四大名旦、四大须生和众多京剧名家进行过艺术合作，为京剧流派艺术的形成和发展作出了重大贡献；有的曾在富连成、中华戏剧专科学校和荣春社、鸣春社等著名京剧科班担任教习（乐师）。他们的演奏技艺精湛，戏路宽泛，舞台经验丰富，与京剧表演艺术家合作密切、配合默契。在教学过程中，他们充分展现出爱岗敬业、无私奉献的崇高精神，使当年的历届在校学生受益匪浅，我们要向他们表示深切敬意和怀念！

音乐科（系）当年聘请的民族器乐、西洋器乐演奏家，也都是来自各艺术院团、院校的名师、名家，他们演奏技艺精湛，大多是具有丰富教学经验的讲师、教授！

孔祥昌虽然已经离开中国戏曲学院多年，但依然跟母校里的学生、教师保持着密切的联系，始终关心着中国戏曲艺术的发展，以及母校京剧人才的培养工作。在他看来，人才培养方面，严谨规范是纲，强化师资队伍、精选教材、凸显舞台实践，是形成教学模式与体系之关键。如何"学京剧"？附中与大学的教学任务如何明确？学校管理体制如何继续优化？如何持续完善京剧表演、京剧器乐伴奏的大学本科教学……这些都是他始终关心的问题。

中国传统的戏剧艺术博大精深，其魅力在于，一部又一部经典剧目被数代艺人不断传演，通过戏曲演绎故事、讲述历史等方式，将中华民族的价值观、社会心理、民风民俗等内容代代传承。艺术家们塑造出刚正不阿的包公、忠义仁厚的关羽、替父从军的花木兰、骁勇机智的孙悟空等人物形象，也有武松打虎、牛郎织女、草船借箭、杨家忠烈、西厢红娘等民间故事，还有扶危助困、剪恶除奸、扬善惩恶、效忠国家等不朽精神，包罗万象的京剧艺术用寓教于乐的形式，点滴滋养、成风化人。从秦汉百戏到宋元杂剧、明清传奇至昆曲、京剧及众多戏曲剧种的勃兴，戏曲艺术的一代代后辈人才继承了前辈艺术家们宝贵的艺术遗产，传承了他们的艺术精神，这些孜孜不倦的戏曲传承者正是戏剧艺术得以传承和发扬光大的关键。

国粹经典的传播与传承，是一项既崇高又艰巨的历史任务，也是一项大力弘扬传统文化、增强文化自信的重要举措。像孔祥昌这样的广大戏曲人正是通过自己的身体力行，让这一珍贵的中华文化瑰宝得以传续。"在新的时代背景下，希望有更多人关注京剧、重视京剧，也希望我们的京剧能够被更好地传承、发扬光大。"面对自己毕生钟爱的艺术，孔祥昌发出了最诚挚、最热切的呼唤。

　　周顺理，1928年9月出生在黑龙江省哈尔滨市巴彦县的小镇上，自小耳濡目染，习得二胡、竹笛等乐器，种下了艺术的种子。1945年9月，参军入伍。1946年，进入东北军政大学学习，毕业后进入东北军大文工团，成为一名文艺兵，参演了新中国第一部军事题材电影《回到自己队伍来》。1949年4月，加入中国共产党。1955年，负责组建防空军文工团，后又调入前锋文工团、中国煤矿文工团、空军政治部文工团、北空文工团等单位工作，历任文工团队长、副团长、导演、艺术室主任、政委、团长等职务。1980年，退伍转业北京电视台，负责组建全国第一家电视制片厂。周顺理一生作为编剧或导演参与了10余部舞台剧、8部电视剧、7部专题片和1部音乐风光片，其中歌剧《珍珠墙》获得优秀剧目奖，《矿长》获得飞天奖和乌金奖，拍摄的专题片曾被选送参加巴西国际电视节。

周顺理

党旗下成长　用艺术献礼祖国

原东北军大文工团班长、原北空文工团团长、北京市电视艺术中心（原北京电视制片厂）首任负责人……在岁月中辗转了 90 余年的周顺理有着许多不同的身份。2023 年 4 月，也是他入党 74 年之际，再忆过往的他，将 90 余载岁月凝练成两句话："我首先是一名共产党员，其次是一个文艺工作者。"

双鬓微霜，依旧斑驳不了文艺尖兵的本色。1928 年 9 月，周顺理出生在黑龙江省哈尔滨市巴彦县的一个小镇上，自小耳濡目染，习得二胡、竹笛等乐器，种下了艺术的种子。这"种子"在时代的土壤中生根发芽，让周顺理成长为党旗下的文艺工作者。

时光如雷，将周顺理的艺术人生劈成两半，一半兵戈铁马，一半艰苦创业。1945 年 9 月，周顺理以 17 岁韶华参军入伍，在团内两次荣立二等功。1946 年，由单位选送到东北军政大学学习。因具有艺术天赋，他被指导员挖掘，毕业后进入东北军大文工团，成为一名文艺兵，参演了新中国第一部军事题材电影《回到自己队伍来》。1949 年 4 月，加入中国共产党。1955 年，负责组建防空军文工团，后又调入前锋文工团、中国煤矿文工团、空军政治部文工团、北空文工团等单位工作，历任文工团队长、副团长、导演、艺术室主任、政委、团长等职务。1980年，退伍转业北京电视台，负责组建全国第一家电视制片厂。周顺理一生作为编剧或导演参与了10余部舞台剧、8部电视剧、7部专题片和1部风光片，其中歌剧《珍珠墙》获得优秀剧目奖，《矿长》获得电视剧飞天奖和乌金奖，其拍摄的专题片曾被选送参加巴西国际电视节。

绝望的红和希望的红　铺就艺术底色

周顺理出生在令国人窒息的旧中国，生长在最早沦陷的东三省。1931年9月18日，日本驻中国东北地区关东军突袭沈阳城，用武力占领东北，制造了震惊中外的"九一八事变"。"九一八事变"成为日本蓄意制造并发动侵华战争，企图用武力征服中国的开端。战火逐渐从沈阳蔓延至东北三省。黑暗，在除夕夜笼罩了哈尔滨。1932年2月5日，哈尔滨沦陷，至此东北三省全部沦陷，东北3000多万同胞饱受"亡国奴"之苦。这一年，周顺理刚刚4岁，正是记事的年龄。

"我亲眼看见日本兵是怎么枪杀中国人的，是怎么用刺刀刺杀普通老百姓，大街上到处都是血淋淋，有的人肠子都露在外面。我晚上吓得都不敢睡觉。"对于一个4岁的孩子，鲜血的红，是极具冲击性和影响力的。在这种鲜红的绝望氛围中，周顺理慢慢长大，为数不多的快乐时光，就是跟着邻居张叔叔去听大鼓书。"张叔叔会弹三弦，是大鼓书的伴奏，经常带我去，这可能是我最早种下的艺术种子。"周顺理说。

周顺理的中学老师李廷槐就是一名地下党员，他时常在日伪特工的严密监视下，为学生们讲述中国历史，传递马克思主义思想和无产阶级立场。受到这位老师的影响，周顺理的心中燃起了革命的火苗，这个火苗在老师被特工抓走后，变成了熊熊火焰。"我亲眼看着老师被带走了，他不卑不亢的背影，让我印象深刻。后来听说，他在狱中绝食而亡。"周顺理说。

周顺理说，东北长大的孩子，都容易产生参加革命的强烈愿望，那时他也想要找寻属于自己的革命道路。1945
年9月，17岁的周顺理参加由学生组成
的东北民主联军，并于当年11月进入了
干部训练班。"9月1日。我现在还清楚
记得参军的日子。"干部训练班结业后，
周顺理被分配到县政府，负责领导国道
村民运工作队，开展建立政权工作，参
加了攻打"石头河"的剿匪战斗。1946
年周顺理任龙泉区政府民政股长，负责
征粮、扩军工作。

1945年，周顺理由单位送至东北军分区
军政干部训练班学习

　　由于工作表现优异，1946年年初，
周顺理由单位选送到东北军政大学学习。
1945年10月，遵中共中央军委的命令，抗日军事政治大学总校的大部分及第
一、第三分校离开延安，来到吉林省通化，改建为东北军事政治大学，简称
"抗大"，隶属东北民主联军建制。抗战期间，东北军政大学培养和训练了
数十万军事、政治干部。它像一座"革命大熔炉"，让有志青年在这里得到
陶冶和锻炼，对夺取解放战争胜利起到了重要作用，在解放战争和社会主义
建设中作出了重要贡献。周顺理就是在这里得到锻炼的有志青年之一。而东
北军政大学也是周顺理艺术人生的真正起点，他在这里学习马克思主义理论，
树立了革命人生观，坚定了无产阶级立场。

　　"大学的时候，我因为会拉二胡、吹笛子，成了学校里的文艺活跃分子。"
这份艺术天赋也被学校指导员发现，他推荐周顺理到东北军大文工团参加文
化宣传活动。毕业后，周顺理直接留在了军大文工团。"就这样，我走上了
一条不一样的革命道路。"周顺理说。

　　在中国人民的解放战争中，有"文武"两条战线——文化战线和军事战
线。毛泽东在延安文艺座谈会中明确指出，要战胜敌人，首先要依靠手里拿

枪的军队。但是仅仅有这种军队是不够的，还要有文化的军队，这是团结自己、战胜敌人必不可少的一支军队，这就是"枪杆子""笔杆子"。分散在不同军区的文工团就是"笔杆子"的重要组成部分。"我们跟着部队上前线，一切文艺活动都是为了战斗。"

周顺理拿出了文工团文艺会演的老照片，厚厚的几本相册，泛黄的黑白照片已经模糊了一张张年轻的脸庞，但是周顺理还是能认出每一个人。如果要给自己的文艺生涯选定一个主色调，周顺理毫不犹豫地会选择"红色"。这是一种蓬勃的颜色，在绝望之中，迸发出无尽的希望。

为了解放而高歌起舞

1945 年 8 月，苏联红军进入东北，接管了原日本军队的武器装备和设施，中国共产党积极争取了苏联政府的支持，开始在东北地区逐步进行政治、经济、文化的活动，推动从抗日胜利向解放全东北迈进。这时候，东北地区已经是一个半封建、半殖民地社会，城市和村庄遭到了日本和国民党军队的严重破坏，经济凋零，民不聊生。1946 年 2 月，中国共产党发布《中国人民解放军宣言》，正式宣告对国民政府展开全面的反攻，号召东北人民起来，参加解放斗争。"在此后三年多的时间里，我们军大文工团创作了一批号召和鼓舞参与解放战争的剧目。"

东北军政大学文工团前身是延安抗日军政大学总校文工团。日本帝国主义无条件投降、中国的抗日战争取得胜利后，东北军政大学文工团于 1946 年 2 月以延安抗大总校文工团为基础组建。军大文工团的成员由红军、第二次革命战争时期的同志、抗日战争时期的干部和大批解放战争初期参加革命的干部所组成，其成员绝大部分都是在抗日军政大学和在东北军政大学学习过的学员，经严格选拔调入文工团的。"我们团的成员政治素质、思想觉悟，革命的坚定性，对理想的追求，对政治方向和党的文艺路线、方针的理解与贯彻执行都是坚定不移的。"周顺理说，团内的每一个人都是随时能为人民站出来的"斗士"，整个团始终坚持以文艺武器紧密配合东北解放战争的进程，要求每个人都是"一专多能"，积极开展创作和演出。

周顺理说，在东北军大文工团时的创作，都是集体创作，每一部作品都是"大家的智慧"。"有人说，集体创作写不出好东西来。我说呢，不对！我们的实践就是证明。"周顺理认为，集体创作可以发挥、集中每个创作者的智慧、才能和经验，集体讨论研究中，又可互相启发、取长补短，提高每个创作者的思想，扩展每个创作者的思路。经过多次集体讨论研究，会对作品的全貌有个雏形，而后对剧中的人物、情节、分幕、分场，甚至一些细节都会比较具体，这时候才由某个同志执笔去写。执笔写的过程中，执笔人如有问题，可以个别交换意见，也可以再次集体研究，以求得问题圆满解决。

"这样，虽然是比较大型的作品，也能在很短的时间里把戏写出来，并且质量上有保证。"周顺理强调，这类有质量的集体创作必须有个前提，集体创作者必须有共同的理想，政治方向一致，有共同的世界观和价值观。"谁也不为名、不为利，把创作视为一项责无旁贷的革命工作来做。如果没有思想上的统一、观念上的一致，'炒'不到一块儿去。"

在东北解放战争的三年多时间里，周顺理创作和参与演出的剧目在数量上虽然不多，但是在质量和分量上却意义重大，大型活报剧《旧恨新仇》、歌剧《为谁打天下》、歌剧《钢骨铁筋》（后改编成电影《钢铁战士》）和歌剧《天下无敌》等作品鼓舞了革命士气，紧密配合了文工团当时的宣传工作。

"我们那时候创作的每一部作品，都有一个重大革命主题思想。"周顺理说。东北军政大学总校继承和发扬了毛泽东主席为抗大制定的"坚定正确的政治方向，艰苦朴素的工作作风，灵活机动的战略战术"的校育方针和"团结、紧张、严肃、活泼"的校风。军大文工团的团员们在选调到文工团之前，是东北军大总校第一期，也是从抗大总校沿革下来的第九期的学员，受到了学校的革命教育和校风的熏陶，在学校学习了系统的革命基本理论。"为了让普通士兵和老百姓理解党的方针和革命理论，也为了服务学校军政教育，我们将其编进了节目里，让书面的理论和方针变得通俗易懂。"

《旧恨新仇》以"通化暴动"被粉碎的事实经过和情节，揭露了日本帝国主义、军国主义分子不甘心侵华战争失败，企图灭亡中国的野心不死，内含时刻警惕不做亡国奴的爱国主义主题思想。《为谁打天下》主要表现了人民军队的本质和宗旨。《钢骨铁筋》则是写作为共产党员、革命军人，首要的问题是在任何情况下，必须要有坚定的立场，威武不能屈，富贵不能淫，贫贱不能移，坚决保持革命者的操守和气节这一重大主题思想。《天下无敌》是在东北人民解放军即将进入大兵团作战时，原来游击战争时代的一套已不能适应新时期的需要的背景下创作的。东北军政大学开始对部队学员进行"一点两面""三三制""四组一队"等战术技术教育和训练，《天下无敌》是揭示和表现东北军重大军事转折时期的主题戏。

周顺理的创作不仅重内涵，更接地气。"当时部队战士以农民出身为主，绝大多数是文盲、半文盲，缺少阅读能力，唯有戏剧，特别是民族歌剧为他们所接受和喜爱，因此话剧和歌剧相结合的形式，成为我们这个团那一时期采用的主要艺术形式、思想载体。"周顺理介绍，《为谁打天下》《钢骨铁筋》《天下无敌》这三个戏都采用了群众喜闻乐见的民族歌剧形式，即不同于西洋歌剧形式的我国特有的"话剧加唱"的形式，这是融戏剧、文学音乐、舞蹈甚至美术于一炉的艺术形式，受到群众普遍欢迎。

例如，《钢骨铁筋》基本是话剧的结构形式，但在激情的地方，有情绪的延伸，有感情深度的揭示，就通过剧中人物或群体独唱、对唱或合唱，把心里的东西唱出来。"如果没有歌唱，那些情绪的延伸、内心情感的表达，就不容易了。又如，《天下无敌》一剧在表现战术技术、战斗场面时，如果没有歌唱、没有音乐，则将是很平淡、比较枯燥的了。"

这种继承、发扬了中华民族戏剧传统的新型歌剧，让相对学术和抽象的思想和理念，用更艺术的、更易于为群众接受的、具有愉悦作用的形式表现出来。"这种创作和表现形式，就算是放到现在也不过时，也值得思考与实践。"周顺理说。

唯一让周顺理感到遗憾的是，活报剧《旧恨新仇》当时为了赶时间，及时对部队、群众进行阶级教育、爱国主义教育，尽快演出，只好放弃了这种群众喜闻乐见的民族歌剧形式，而改用了相对简单的活报剧形式。"这种新型歌剧的创作、排练所需时间一般比较长，《旧恨新仇》就不太完美了，留了点小遗憾吧。"

这四部精彩的原创剧目陪伴了辽沈战役、平津战役等多场东北解放战斗。1948 年，文工团全体成员奔赴辽沈战役前线，负责战勤和宣传工作，一起迎接最后的胜利。周顺理也是在长春解放后，第一批进入长春的人。"战争打到最后，国民党的军队不行了，还是要抵抗，长春被围困了将近半年时间。"

1948 年 3 月，东北人民解放军收复吉林市、攻克四平后，长春成为一座孤城。但是，国民党军东北"剿匪"总司令部副总司令兼第 1 兵团司令官郑洞国指挥新编第 7 军、第 60 军及地方保安部队共约 10 万人依旧死守长春，坚决执行蒋介石的命令，意图牵制东北人民解放军主力，使其不能南下作战。人民解放军东北军区为了解除辽沈作战的后方之忧，决定在 1948 年 5 月下旬夺取长春，但是进展并没有想象得顺利。最终，东北军区决定对长春采取"久困长围"的方针。6 月下旬，党政军民联合围城斗争委员会成立，开始对长春国民党军紧缩包围，控制要点，封锁机场，打击出城骚扰、抢粮和企图突围的守军。同时，在政治上展开宣传攻势，瓦解守军；在经济上加紧封锁，阻止粮草入城。随着辽沈战役整体部署的调整，部分兵力增援至长春，最终参与"围城"方针的官兵多达 16 万人，连营数百里，形成严密的围困和封锁线。长春守军饥饿动摇，军心涣散，厌战情绪和逃亡、投降现象与日俱增，终于在 10 月底彻底投降。此时，长春城已经被围困了 5 个月。"受苦的都是老百姓，蒋介石根本不考虑老百姓的死活。"刚刚进入长春时，周顺理震惊了。

10 月的长春，冬意已显，肃杀的冷风吹过街道，让凋敝之中多了几分苍凉。"长春的老百姓跑了三分之一，死了三分之一，剩下的三分之一早已经皮包骨头，奄奄一息了。"周顺理这样形容解放后的长春城。进城后，文工团作为后勤人员，一边做好部队服务工作的同时，也承担了安抚老百姓的任务。他们也把歌声和舞蹈送到了困厄之中的长春市民身边，用音乐镇痛，用舞蹈告诉所有人，充满希望的日子，马上就到来了。在此期间，国民党60军起义啦！后来更名为解放军50军。

为了积极响应毛主席"文艺为工农兵服务"的号召，1946年到1948年期间，周顺理与东北军政文工团的战友们一起在创作和演出原创剧目的同时，还排练、演出了《白毛女》《血泪仇》《周子山》《反"翻把"斗争》《杨勇立功》《打到蒋管区去》等名剧。三年里，文工团演出百余场，有力地配合了学校各个时期、各个阶段的教学任务以及为部队与群众的演出任务，每一场演出均受到热烈欢迎，引起强烈反响，得到学校领导、干部、学员的普遍好评。这期间，文工团集体荣立了两次二等功。"此后，我们还参加了驻军地区的土地改革运动，为土改工作作出了贡献，并从中受到了深刻的再教育。"周顺理说，"现在我都怀念那个时代的革命情感，工作干劲大，名利私心少，事业心较强，艺术上互相切磋探讨，一门心思钻研业务。"

周顺理感慨，最纯粹的年代，已经一去不复返了。

组建防空军文工团

中华人民共和国成立后，周顺理被调往江西陆军第23步兵学校（后改建为防空学校）文工团任副团长。1953年夏天，周顺理又从江西南昌防空学校奉调进京，任防空部队政治部文化部文艺助理员，负责文化部文艺组工作。"当时，文化部人员不到10人，还没有任命部长，张磊任副部长。我们的主要工作任务是深入部队，调查了解情况，组织业余文艺创作，帮助基层连队开展文化活动。"

　　防空部队驻地比较分散，生活艰苦。广大干部战士常年驻守在边防线上、深山老林、高山之巅、海岛之上。许多部队的业余文化活动单调乏味，难以开展，有的连队甚至连广播也听不到。"不久，张磊副部长下部队任职，从总政治部文化部调来的毕革飞任防空部队政治部文化部部长。他到任后，特别强调机关要面向连队、深入基层。"周顺理此时 20 多岁，还没有结婚，下部队无牵无挂，就开始了基层"漂泊"的日子。

1953 年，周顺理调入防空部队

　　1954 年，周顺理几次去东北地区，到过长白山哨所、高山上的雷达连，去过守卫钢都鞍山的高炮部队。周顺理发现，高炮师业余文化活动开展得比较好，各个连队每周都有不同形式的文化活动，如开晚会、举行歌咏比赛、讲故事等。于是，周顺理和该师的文化科干事王世阁一起总结了他们开展业余文化活动的经验，刊登在《防空杂志》上。

　　防空部队各个兵种的文化工作发展很不平衡，高炮部队开展得比较好，探照灯部队和对空监视部队由于阵地分散，开展起来比较困难的问题也得到了重视。"下部队时，干部、战士常常向我提出这样一个问题：其他军兵种都有专业文工团，我们防空部队为什么没有？"周顺理渐渐意识到防空战士们对于文化生活的渴求，心中隐隐意识到防空部队拥有一个文工团的必要性。

　　1955 年初的某一天，防空部队政治部文化部部长毕革飞把周顺理叫到办公室，向他传达了政治部领导的决定。"要我和刚从总政治部文化部调来的高力泽共同负责组建防空军政治部文工团的工作。"组织的决定刚好应了周顺理的心思。恰好这时，陆军的第 9 兵团奉命合并到防空部队。刚从朝鲜战场回国的 9 兵团政治部文工队，也同时合并给防空部队。因此，防空部队党委决定以 9 兵团文工队为基础，组建防空军文工团。

春暖花开，万物恢复生机。防空军文工团在美好的春天紧锣密鼓地筹备起来。1955 年 9 月，中国人民解放军防空军政治部文工团正式成立，是在原来的 9 兵团文工队基础上，又合并了北京军区防空政治部文工队部分人员、原水利部第二工程局文工团和八一电影制片厂撤销的管弦乐队组建而成的，下辖歌舞队、话剧队、创作组，隶属于防空军政治部。"那时候组建还是很波折的。"周顺理回忆。

原来的 9 兵团文工队只有 60 多人，防空部队党委决定从北京军区防空部队文工队抽调 10 余名业务骨干，又接收八一电影制片厂撤销的管弦乐队的 30 余人和公安第 2 师撤销的文工队所剩下的 10 余人。合并后，经过挑选、整编，整个文工团仍然不到 100 人。因此，又决定接收驻天津的原水利部第二工程局文工团的几乎全部人员。"政治部龙道权主任、吴建初副主任决定，让我和高力泽一起去天津将这个文工团的大部分人员接到北京，与上述几个单位来的同志合编，最后全团 150 多人。"组建完成后，周顺理被任命为歌舞队队长。

防空军文工团歌舞队是人员最多的一个部门，多达 110 人，占据了文工团人员的七成江山，又分成了歌队、舞蹈、乐队三个小分队。"成团了，也有一些问题需要解决。我们在军种文工团中成立最晚，没有家底，物质条件也相当差。"

防空军文工团演出用的服装和道具都是原 9 兵团文工队带来的，有的改用，有的直接穿用。演出用的乐器是八一电影制片厂的乐队带过来的。文工团员的居住条件就更差了，建团时，全团住在北京广安门外的法源寺里，一间平房要住十几个人。吃饭没有餐厅，所有成员集中在十八罗汉堂里，或站、或蹲，围着一大盆饭、菜，欢快地吃着。"那时更不可能有什么练功房、排练厅了，大家就在寺庙的佛像下练功、排节目。舞蹈队用粗木杆子搭成'把杆'，练舞蹈基本功。没有地板、地毯，就在土地上练习翻筋斗。全庙只有一个自来水管，连洗衣服用水都要排队。"

周顺理说，就算是在这么艰苦的条件下，文工团的同志们齐心协力克服困难，不到 1 个月的时间，就整理、排练出一台歌舞、一台话剧节目。话剧队整理并排练了原水利部第二工程局文工团演过的话剧《海滨激战》；歌舞队整理排练了几个单位带来的优秀保留节目，又补充了一些新创作的节目。"内容大都是反映部队现实生活的，具有民族风格，为干部战士喜闻乐见，有合唱、男女声小合唱、独唱、表演唱、舞蹈、相声、快板、山东快书等，都是短小精悍的节目。"

文化部部长毕革飞曾经多次来文工团动员、讲评、审查节目，对文工团同志吃苦耐劳、刻苦排练的精神非常赞赏，并当场即兴作诗、朗诵，这也给文工团更多前行的动力。

不久后，防空军文工团就分两路下部队为广大指战员演出。1955 年深秋，周顺理和团长高力泽带领歌舞队到南京军区防空军的所属部队演出。当时，全军正进行授衔的工作。在南京、上海等地，部队举行庆祝授衔大会，文工团歌舞队前来演出节目表示祝贺。"文工团演节目都是就地创作，就地排练，演出来的都是部队官兵能共鸣的节目。这也是文工团受大家喜欢的原因之一。"

文工团每到一地，曲艺演员总是要先走一步，提前到部队采访好人好事，临时就地编出节目，随即在晚会上演出。这些节目讲述的都是该部队的新人新事，唱的是该部队的先进人物，形式短小活泼，演出效果比较好。在为驻上海市的防空军机关和部队演出期间，正值上海市工商界公私合营进入高潮。按照上海市政府的要求，周顺理带领歌舞队在上海大舞台与地方文艺团体联合演出，以表示庆祝。歌舞队演出的节目很受欢迎。"抒情男高音歌唱家王宝璋演唱了中外歌曲，观众热烈鼓掌，返场了三次。上海著名歌唱家周小燕握着王宝璋的手夸奖道，唱得好！"

下部队演出后，歌舞队又马不停蹄地到了河北昌黎高射炮兵实弹射击的靶场，慰问打靶部队。1956 年，歌舞队又去广州军区防空军部队慰问演出，几乎走遍了广东、湖南、湖北 3 个省，到过许多边远分散连队。为了这次演出，舞队又有所更新，创作排练了新歌、新舞。"为了配合部队的战备、训练，歌颂先进，表扬好人好事，歌舞队的同志也先到部队搜集素材，进行创作，然后利用表演唱等形式，把连队的好人好事宣传出来，非常受欢迎。"歌舞队接地气的精彩演出又一次受到当地部队的好评，连队干部反馈："文工团员一来，就把我们连队的好人好事了解得清清楚楚，说的、演的都是连里发生的事，非常亲切。文工团演的节目，起到了半个指导员的作用。"

回到北京，歌舞队还不断地收到战士们的来信，有的表示感谢，有的要求再去演出。探照灯部队的一名战士在信中写道："王宝璋同志唱的《夜歌》，使我激动不已。我和我的战友们第一次听到反映探照灯部队的歌曲，都感到十分亲切，唱出了我们的心声。请将歌片寄来一份。谢谢！"

"我们当即给这位战士写了回信，并寄去了歌片。"周顺理说。《夜歌》由周顺理作词作曲，之所以能写到战士们的心坎儿里，是因为真实体验。"我一直认为，没有生活，没有亲身体验，就没有艺术创作。所以我的作品，都有生活体验在里面。"

周顺理曾经在探照灯部队待过，与战士们同吃同住。探照灯是利用强光束来照亮飞机、空降兵等空中目标，为歼击机、高射炮等防空武器创造有利条件的军用光学装备。作为配合夜间作战始于第一次世界大战末，广泛使用于第二次世界大战。除配合歼击机、高射炮用于夜间作战外，还可配合陆军在夜间进行进攻战、防御战。在解放军历史上，探照灯部队作为防空军和空军的一个兵种，配合空军歼击航空兵、高射炮兵打击入侵和来袭敌机，立下了不朽功勋。"我还记得那时候我们住的是一个牛棚，下面养着牛，二层住着人，每天在牛粪的味道里入睡。"周顺理调侃道，"住久了得熏出鼻炎来呢。"

防空文工团在京期间，除整理创作、排练新节目外，更重要的是抓基本功训练，提高业务水平。这期间，文工团也担负一些外事任务，如接待苏联军队"红旗歌舞团"来华访问演出、接待匈牙利歌舞团来京演出等。

为了让歌舞节目更加丰富多彩，1956年春节之前，歌舞队组成了一个民间采风小组，由周顺理带队到山东省济南市，观看了山东省首届农民文艺会演。会演结束后，采风小组一行 5 人，同总政治部歌舞训练班 4 位同志，合编成一个采风小组，于春节期间去山东省惠民县，同农民一起过春节，直接参加农民的民间花会活动，搜集民间音乐、民间舞蹈素材。

"仅仅几天时间，收获不小。那几天天寒地冻、大雪纷飞。那里交通不便，路上我们时而坐牛车，时而步行。采风小组的同志团结一致，克服了困难，较好地完成了采风任务。"周顺理一行回京后，很快就整理、排练出了山东民间舞蹈《鼓子秧歌》《庵堂认母》等，丰富了歌舞晚会的演出节目单。

1957 年 5 月，遵照中央军委决定，防空军与空军合并，为支援福建前线部队，防空军政治部文工团奉命全团调往福州，同陆军第 36 军和 28 军文工团合并组成福州军区政治部文工团，也就是后来的"前锋文工团"。至此，防空军文工团完成了历史使命。"我们全团同志仅用 7 天时间，便一切准备就绪，启程奔赴福建前线。"

从 1946 年到 1980 年，周顺理在文工团里待了 30 多年，从东北军大文工团开始，听从党的指挥，组建了防空军文工团，又辗转到前锋文工团、中国煤矿文工团、空军政治部文工团、北空文工团等多个单位，历任文工团队长、副团长、导演、艺术室主任、政委、团长等职务。

演员的自我修养

东北战场战火未熄的时候，周顺理参加了东北电影制片厂的新中国第一部

1964 年，周顺理任空政文工团歌剧团团职导演（少校军衔）

军事题材电影《回到自己队伍来》的拍摄。这段演艺经历虽然短暂，也为他后来成为一名导演，甚至引领首都电视事业发展奠定了基础。

东北电影制片厂就是如今的长春电影制片厂，是在 1937 年伪满时期日本"株式会社满洲映画协会"基础上建立。它是新中国第一家电影制片厂，堪称新中国电影的摇篮，其拍摄的《五朵金花》《上甘岭》《白毛女》《董存瑞》《人到中年》等一大批优秀作品影响了几代人的成长。"东影的成分比较复杂，当时东北军政大学还专门为东影办了一期'旧满映人员培训班'，确保东影的无产阶级立场。"

从 1947 年开始，东影就开始生产新闻纪录片。在木偶片和科教片试制之际，着手筹划拍摄故事片。在东影里，真正从事过电影的艺术干部没有几个人，创作人员的主力都来自部队剧社和文工团，他们从头学起，边学边干。1948 年，辽沈战役结束后，东北电影制片厂计划拍摄一部黑白电影，但是根本找不到演员。东北军大文工团的团员接受组织安排，前往黑龙江省兴山市，支援电影拍摄。这是文工团团员们第一次登上大银幕，但是有着三年舞台演出实践与锻炼的团员们一点也不怯场。

军大文工团到达兴山后进行了一系列的准备工作，导演成荫把扮演主要角色的演员林克、武兆堤、苏里、王冰、曹瑞、李维新确定了下来，也给其他群演也分配了角色。周顺理主要担任群众演员的班长，负责管理群众演员和演员调配工作，相当于现在的导演助理工作。试镜后，电影开始投入拍摄。内景在厂内摄影棚拍摄，部队行军、战斗等大的外景场面在齐齐哈尔拍摄，总计参演人数有数百人。

《回到自己队伍来》是我国第一部军事题材片，工农兵首次登上银幕，讲述的是解放战争时期，蒋军士兵吴大刚的家被蒋军抢掠，吴大刚的父亲也遭到蒋军毒打。解放军围攻吴城时，指导员对吴大刚的父亲进行宣传教育，使吴父深受感动，于是他前往城里说服儿子，并和儿子一道，鼓动其他被迫当兵的蒋军士兵投降。在战斗中，吴大刚和别的蒋军士兵联合起来，抓起了经常欺压他们的蒋军连长，向解放军投降。

20 岁的周顺理在片中扮演了一个具有革命觉悟的农家老翁，对剧情有着关键推动作用。"那时候化妆水平也不高，要想有岁月感，就得全靠演。"周顺理在这一次演出后，得了一个外号叫"周老头儿"。

1948 年，周顺理（右）在第一次拍摄电影《回到自己队伍来》中饰演一位农家老翁

　　周顺理究竟演得有多像？他讲述了片场发生的一个小故事。有一天，夜戏拍完已经晚上 11 点多钟，周顺理饥肠辘辘，询问剧组是否还有吃的。但是因为太晚，负责餐饮的同事也不在现场，周顺理无奈只能在附近转转，看看能否找到尚在营业的店。恰好，一家面馆因为第一次见到电影摄制组，一直开着门，跟着看到了晚上。周顺理立马跑了过去，想要吃一碗热汤面。"我入戏太深，穿着戏服，就跑到了面馆，跟老板说，来一碗面。"周顺理却被老板嫌弃地赶了出来。无论周顺理如何央求，老板就是不让他进面馆。最后，剧组的制片主任路过，才解决了尴尬的情况。原来，面馆的老板误以为周顺理是附近流浪的老农民，担心他没有钱付账，所以才拒绝他的。

　　"这个小插曲告诉我们什么，演员就得演什么像什么。不像不行。"周顺理说。周顺理并没有专门学过表演，对于他而言，生活就是他的表演老师。"我没有学过表演，但是我和农民一起下过地，和工人一起采过矿，还和士兵一起睡过同一张破床。"直到今天，周顺理也一直认为，真正的演员，融入剧情以后，不需要"演"，而是"成为"。"要成为角色，就需要大量的生活经验，好演员要先懂体验生活。"

　　1949 年 6 月 25 日，影片拍摄全部结束。周顺理参与了筹备、拍摄以及后期制作的全过程。1949 年 10 月，新中国成立以后，电影启动了全国公演，受到全国人民的喜爱和认可，后来被列为爱国主义教育故事影片。该片导演成荫和东影厂党总支书记兼艺术处处长陈波儿曾经评价："演员第一次上银幕就能获得这样的成绩，演得很到位，拍摄的这部作品可以说是在相当水准以上的。"50 多年后，著名导演冯小刚在筹拍《集结号》时，还观摩参考了此片。

影片的成功也让文工团的不少团员走上了电影、电视岗位，他们中有后来成为著名导演、作曲家、演员的武兆堤、苏里、王冰、菖炎、巩志伟、林克和杨静等，《英雄儿女》《平原游击队》《地下尖兵》《刘三姐》《阿诗玛》等都已成为我国电影宝库中的经典作品。而周顺理则在电视领域精耕细作，为北京打开了电视事业的新篇章。

筹建中国首家电视制片厂

1980 年初，周顺理偶然间得到了一个开辟全新事业的机会。"一个朋友告诉我，北京组建了电视台，现在正在四处招揽人才。我有演员、导演、制作等各种经验，朋友推荐我去试试。"此时，文工团年轻化改革以后，52 岁的周顺理也不能再继续担任文工团团长职务，但是身体内满满的正能量告诉他，还将继续为祖国文艺事业做点什么。

终于有一天，周顺理决定去北京电视台询问一番。结果到了一拍即合，北京电视台领导当即热情邀请他的加入，于是，周顺理决定转业。"起初，是以借调的名义，到了北京电视台支持工作，工作一年多以后，正式加入电视台。"20 世纪 80 年代是电视剧发展史上的第一个"爆款期"，也是我国电视剧创作的启蒙期，我国电视剧工作者都是处于"摸着石头过河"的探索阶段。当时，周顺理在电视台担任电视剧组的组长，他领导组员拍摄制作了《青春的浪花》等七部电视剧，深受大众的认可和喜爱。这一时期的电视剧作为新鲜事物，不仅让观众开阔了视野，同时丰富了百姓的文艺生活，提升了精神文化获得感。

1981年的全国电视工作会议，北京市广电部门的领导雄心壮志，表示首都应该走在前列，决定筹建北京电视制片厂。曾经在文工团执导过十余部舞台剧，又全程参加了新中国第一部军事题材电影的拍摄，周顺理没有悬念地挑起了大梁，成为北京电视制片厂的第一任厂长。电视剧组的十来个人，一架破旧的摄像机，在西八里庄租了数间平房，1982年9月17日，中国第一家电视剧专业制作单位——北京电视制片厂（后更名为北京电视剧艺术中心）成立了。

"台里一共给了我50万元的启动资金，50个人的编制，说，去建吧。"周顺理记得，等租完厂房，买一些基础的办公用品和设备，启动资金就用得七七八八了。"那时候摄像的设备可贵了，但这是电视吃饭的家伙，不能省。"周顺理说，那时候摆在面前的就有"四座大山"——没有钱、没有人、环境差、设备缺。

"刚刚成立的电视制片厂有多穷？有一个小故事。"周顺理说。北京电视制片厂位于当时的北京郊区，周边都是荒野树林，没有人家，也不通公交车。每次去北京电视局开会，周顺理就得依靠厂里那辆看着马上要报废的吉普车。吉普车开在路上，总是走走停停，因此周顺理开会总会迟到，有一次甚至人到了，会议已经开完了。"我都会提前出发，但是没办法，同事调侃我，我是哭笑不得。"

一家电视制片厂

1982年，北京电视制片厂成立大会，周顺理作为首任负责人讲话

的生存基础是电视剧，有好剧，制片厂才能在市场上良性循环起来。"拍电视剧你得有钱，没钱没人，怎么拍？"周顺理决定自己上手拍摄。他根据自己曾经的矿场经历，与朋友一同撰写了《矿长》的剧本，并把当年煤矿文工团的老部下高宗正、王天明拉来当制片主任，为自己"找钱"。三个人头脑风暴了一番，决定去找煤矿部寻求帮助。"这个时候国内还没专门拍矿工的戏，我们是第一家啊，有优势。"

鼓足勇气，周顺理和老部下一起去给当时的煤矿部部长高扬文送去了剧本，高部长在看完剧本后召见了他们。见到高部长后，周顺理从党的十一届三中全会精神讲起，讲述拍摄《矿长》的重大意义，又讲述了其对于煤矿事业发展的重大价值，还说了对于丰富煤矿工人文化生活的重要作用。全程下来，周顺理都没敢提"缺钱"的事情。但是这一番讲述，打动了当时的煤矿部部长。"他立马拍板赞同，还询问有什么困难，要不要帮忙，我一看机会来了，立马说，就是缺钱啊。"

"缺多少？"

周顺理一看，有戏，与老部下对视了一眼，但是也没敢多要。"一万元吧，一万元就能拍。"

"行，你打报告，我批。"

这是周顺理筹建电视制片厂以来得到的第一笔"投资"。周顺理的信心立马高涨起来。

《矿长》的拍摄出奇的顺利。实景拍摄中，得到了许多矿区的支持，一部分演员也是从群众中来。周顺理在《矿长》剧组成立了党支部，经常进行思想和业务交流。他作为导演，也完全没有特殊待遇，以身作则，沉淀基层，和演员、剧务们一起讨论，虚心接受大家的意见。《矿长》播出后，受到了大众的热烈欢迎，当时的煤矿部部长高扬文还特意写了两篇文章赞赏它、推荐它，他在文章中写道："我们欢迎《矿长》是因为它正确地反映了中国煤矿、煤矿工人、干部的形象，特别正确地反映了中国煤矿正在发生的大变化。"

1983 年，《矿长》荣获飞天奖

　　在《矿长》带来的影响和推动下，高部长还亲笔批了 20 万元成立文艺基金会，设立全国煤矿文学"乌金奖"，用于奖励反映煤矿生活的作品，基金会至今已奖励几十部文艺作品。《矿长》除了荣获首届全国煤矿文学乌金奖（全国煤矿文学乌金奖 1984 年创办，举办了 6 届）之外，还荣获了第三届中国电视剧飞天奖（中国电视剧飞天奖创办于 1980 年，至今举办了 33 届）。

　　在拍戏之余，周顺理也没有耽误北京电视制片厂的全局工作。从 1982 年到 1984 年，北京电视制片厂拍摄了一些当年很有影响的短剧，如《大能人》《空中小姐》等。制片厂还出品了一些让观众印象深刻的译制片《诽谤》《女奴》《卞卡》等红极一时。周顺理则一边主持全厂业务，一边坚守在创作一线。除了《矿长》，他还导演了《青春的浪花》并参与剧本改编，如《静静的黄昏》《夜光螺》《热泉》等作品。此外，周顺理还支援兄弟电视台，受邀导演了《赫哲人的婚礼》（获骏马奖）以及《溪水清清》《泪雨花红》等作品。其中，电视剧《热泉》的主要内容是歌颂"雷锋式的好干部"朱伯儒的先进事迹，它以质朴真切的艺术手法、真实感人的情节细节，展现出这位共产党员热爱人民、服务人民、情深义重、无私无畏的崇高情怀，揭示出党和人民的鱼水情深和血肉联系，弘扬了伟大的"雷锋精神"。

《赫哲人的婚礼》拍摄中，导演周顺理为演员说戏

《热泉》拍摄现场，周顺理给演员王馥荔、冯恩鹤说戏

《热泉》曾先后五次在中央电视台播放，并获得北京市庆祝中华人民共和国成立三十五周年文艺作品征集评选三等奖和北京电视艺术中心优秀剧目奖。在北京电视制片厂换届大会上，局党组还让周顺理做了《热泉》创作经验的相关介绍。"我始终坚持正确的政治方向，坚决贯彻党的文艺为人民服务的方针政策，坚定无产阶级立场进行文艺术创作，弘扬主旋律，传播正能量，发出好声音。虽然《热泉》不能成为样板，但它对制片厂日后的创作起到了引导作用。我认为这部戏在今天播出，仍然具有一定的社会意义！"周顺理说。

除电视剧外，周顺理还导演了首部音乐风光片《燕京抒怀》（上下集）及"北京"系列专题片《京剧之乡》《京剧之家》《龙潭庙会》《仙洞奇观》《音乐学府》《音乐摇篮》《意气养生》《荡舟昆明湖》等，其中《京剧之乡》及《龙潭庙会》被选送参加巴西国际电视节。"我所有的作品都有一个共同的特点，党旗永远是我的主题底色。"周顺理说。

1984 年，北京电视制片厂迎来了发展转折点。制片厂决定拍摄自己的首部长篇电视剧——根据老舍名著改变的《四世同堂》。这是为北京电视剧创作带来极大声誉的第一部作品，也是内地电视真正意义可以和港台剧争夺市场的第一部电视剧。周顺理担任电视剧的监制。

《四世同堂》拍摄的启动资金需求庞大，因此需要一家合拍的公司，才能圆满完成拍摄。此时，一家日本的电视制作公司找到了制片厂，称有诚意合作，并为拍摄提供充足的资金。"可是他们提了一个条件，就是必须要改剧本。"周顺理认真了解后才明白，原来该公司想要把原著中关于日方的描述进行删减或者美化。知道这个目的后，周顺理果断拒绝了这家公司。"老舍是大艺术家，家喻户晓，把他的作品拍成电视剧，一分一毫都不能更改，必须尊重原著。"周顺理说。

之后，周顺理还担任了《少奇同志在东北》等多部电视剧的监制工作。以《四世同堂》为契机，北京电视制片厂也进入了辉煌时代。1985 年到 1987 年间，北京电视制片厂以《四世同堂》《凯旋在子夜》《便衣警察》等优秀剧目，

创造了中国电视剧飞天奖最佳电视剧三连冠的纪录，国内至今无人超越。《四
世同堂》片首曲街道巷尾传唱，《渴望》播出时的万人空巷，《编辑部的故事》
至今被奉为经典。后来，北京电视制片厂还拍摄了第一部以自身资产为抵押、
全额贷款、全部在境外拍摄的连续剧——《北京人在纽约》。这部电视剧播出时，
刚好有了收视率调查，据统计，该剧以北京地区 57%、上海地区 70% 的收视
率成为今后中国电视剧收视率的"天花板"。这个从几间小平房里走出了简
单的小集体，此后引领了中国电视剧 20 余年的发展，为中国电视剧艺术带来
一个又一个高潮。

电视连续剧《四世同堂》筹备小组合影

"北京电视制片厂还出了有名的'五小'，李晓明、鲁晓威、郑晓龙、冯小刚、
尤小刚。"周顺理说，"这五个人里一些人，现在也是电视事业的领航人。"
正如周顺理所说，如今一提"冯导"的名号，无人不晓。而郑晓龙自从 1982
年大学毕业后进入制片厂工作，至今已经成为北京电视艺术中心主任，同时
也是知名导演、编剧。

退而不休　余热生辉

1990 年，周顺理从北京电视制片厂离休。62 岁的老红色艺术家，还是不想"休息"。"我身体还挺好的，就想着多做一点，是一点。"周顺理说。2000 年 5 月，北京市文学艺术界联合会为表彰周顺理 50 年来为繁荣祖国的文学艺术事业作出的积极贡献，特为他颁发了荣誉奖牌。

1991 年，为了提高文化事业发展质量，加强舆论监督工作，北京市开始组建新闻阅评组。周顺理被北京市

2000 年 5 月，北京市文学艺术界联合会成立五十周年为周顺理颁发荣誉奖牌

委宣传部聘任到新闻阅评组工作，担任有线电视组组长，继续发挥余热。参与新闻阅评工作期间，周顺理坚持每天一篇阅评建议，向组织提交了多篇切实可行的电视事业发展意见，并成功阻止了电视领域负面舆情的发生。直到 2003 年，周顺理才从新闻阅评工作中退出。

这时候，已经 75 岁的周顺理还是没有闲下来。他先后担任市电视艺术家协会理事、广播电视学会理事、中国人口文化促进会理事、中国世界电影协会理事，并积极参加一些社会活动，分享多年的电视事业从业心得。书法家梁居高先生在送给周顺理的书法作品中，这样评价他："行动敏捷似青年，处事颇为老辈风。家事无不亲动手，室内常闻笑语声。"如今已 95 岁高龄的周顺理，用他的实际行动生动诠释了"退而不休，乐观向上"的离休干部本色。

"我先是一名中共党员，其次是一个文艺工作者。既然是共产党员，能为祖国的事业，多出一份力，就多出一分。"周顺理朴素的告白，凝聚了一个时代的精神。

科技兴国

　　陈继松，1939 年出生于广东潮阳， 1961 年考入北京石油科学院附属北京石油高等科技

专科学校（现大庆石油学院前身）。1962 年因学校搬迁大庆， 转学进入北京石油学院，就

读地质系地球物理勘探专业。1965 年，陈继松毕业分配到新疆石油管理局地质调查处工作，

从事地震队野外施工方法研究、资料解释等工作，曾在组织和实施塔克拉玛干沙漠第一条地

震大剖面的攻坚战中立功受奖。1975 年参加华北石油会战统调到石油部位于天津塘沽的海洋

石油勘探局地质调查处，1982 年成立中国海洋石油公司，地调处归属到中海油渤海石油公司，

曾任职渤海石油公司研究院项目队长、责任工程师等。1999 年 12 月在渤海石油公司研究院

退休。退休后曾被渤海石油研究院、青海石油地质调查处、上海安中石油化工有限公司等公

司返聘，发挥余热十余年。

陈继松

我为祖国献石油　无怨也无悔

20世纪60年代,《我为祖国献石油》这首歌耳熟能详。"锦绣河山美如画,祖国建设跨骏马。我当个石油工人多荣耀,头戴铝盔走天涯,头顶天山鹅毛雪,面对戈壁大风沙,嘉陵江边迎朝阳,昆仑山下送晚霞。"陈继松的一生,与中国的石油发展紧密相连。他的经历也正如歌词一样,常年在零下30摄氏度左右的沙漠、戈壁滩里勘探石油,多次遭遇生命危险。可是,凭借对祖国的赤胆忠诚之心及对专业的热爱,陈继松一直深耕石油领域,取得了不少成就。

1939年,陈继松在广东潮阳一个官宦大户人家出生。由于祖上有人做官,家境殷实,幼年时,他曾跟着父母过了大概3年无忧无虑的生活。这是他一生中为数不多的甜蜜岁月。可是,因为当时的历史背景和家庭变故,家道中落,他成了一个有家不能回的"孤儿"。吃饭、读书,是他儿童时期最大的难题。每当遇到因经济困难而辍学或因家庭成分不好而被劝退学等事时,他又总能因为天赋过人、成绩好而重回校园。"吃不饱饭、无法一心读书",这是陈继松童年时的真实写照。凭借改变命运的决心,1965年,陈继松终于拿到了北京石油学院地质系地球物理勘测专业的毕业文凭。

在当时,石油是国家迫切需要发展的一个行业,但又充满着危险和挑战。

1949 年前，我国石油工业的基础十分薄弱，仅有几个小规模油田，国内消费的石油基本上依靠进口。20 世纪 60 年代初，我国面临着来自国内外的严重困难和巨大压力。经过大庆、华北等石油会战，到 1965 年底，中国原油产量实现了国内消费原油和石油产品的全部自给，实现了中国石油工业发展史上的一次飞跃。

可以说，这项成就的背后有无数个像陈继松这样平凡的人的辛勤付出。1965 年，陈继松大学毕业，分配到新疆工作。他认为，新疆地域广阔，大有可为。在新疆，他不怕苦不怕累，参与了横穿塔克拉玛干沙漠第一条地震大剖面等重要任务，为后续的石油开发作出了相应贡献。

即使退休了，陈继松也不愿停止工作，他有太多的技术想法想得以实践。但是，由于常年的户外工作，陈继松的身体越来越差，有非常严重的风湿疾病。2018 年，他生了一场大病，严重到无法走路，他这才愿意回归生活，享受一日三餐、无事挂心头的闲适生活。

在一个午后，陈继松、章倩夫妇在燕达金色年华健康养护中心的家里接受了采访。由于陈继松 2022 年年底感染新冠肺炎病毒，身体还未完全痊愈。他躺在沙发上，不时咳嗽，只能慢慢地讲述过往的故事。讲得累了，章倩便进行补充。为了让丈夫身体更舒服一点，章倩不时地倒上热水。

以下就是陈继松的故事，真实且感人。

有家难回　受尽苦难只为读书

陈继松在他四五岁时，家道中落，他自此过上颠沛流离的生活。"要说我童年的故事，真是一天也说不完。"提起儿时的事，陈继松靠在沙发背上，叹了口气，开始了讲述。

虽已年过八旬，陈继松还依稀保留着一些幼年的回忆，这是他一生中为数不多的甜蜜岁月。"我们家在清朝时，有人做官，是书香门第。我记得小时候住在一个古色古香、十分气派的大房子里，不仅有楼房，还有小花园。我最爱坐在大厅门槛，看花园里的假山和花草，观察周围哪里的花又开了。"陈继松笑着说，他时常看着爷爷、奶奶、爸爸、妈妈在他身边走来走去，等着大家叫他吃饭。这段时光，他被满满的亲情所包裹，吃得饱、穿得好，快乐似乎很简单。

可是，在20世纪40年代，受当时的历史事件、家庭等影响，这个大家族很快就分崩离析了。

据相关记载，1939年6月21日凌晨，日军出动飞机44架次，对当时的中国东南沿海重要通商港口城市汕头地区进行大规模轰炸。随后，日本海陆部队从海上大举进攻汕头。是日，汕头沦陷。自2002年起，《汕头经济特区人民防空管理办法》将每年的6月21日，即1939年的"汕头沦陷日"设定为汕头市防空警报试鸣日。此外，广东多地被日寇侵占。

"加上当时突发鼠疫等传染病，我的祖爷爷等人去世，家道中落。我们家的管家带坏了二叔，让他不务正业，败了一部分家产，管家卷走了一部分家产。"陈继松说。不幸的是，在日本侵占广东期间，陈继松的二叔被日本人活活打死了。由于二叔无后，按照当地相关风俗，陈继松过继给二婶养育。接下来的种种变化，远远超过一个小孩的承受能力。

跟着二婶生活，是陈继松不幸童年的开始。由于正值发育期，他吃得更多了，求知欲望也更强了，对周围的事物更加充满好奇。有一次，日本人在县城播放电影，年幼的陈继松对播放电影的机器感到十分新奇，他凑到这些机器前，好奇地摸了摸发动机，没想到胳膊被卷进了进去。他的一声尖叫引起了一阵骚动，大家停止了观看电影，赶紧凑过去，送他去医院救治。经过医生诊断，他的右侧手臂粉碎性骨折。医生给他进行了捏骨、接骨等治疗，开了中药和药酒。"那段时间药酒喝多了，我现在闻到酒味就想吐。"不只身体饱受疼痛，陈继松又不得不面对另一件事：由于陈继松受伤，手臂还可能会残疾，二婶觉得愧对陈家人，如养子再残疾，老了又会没有依靠，悄悄地离家出走了。"按照习俗，我已过继给二房，已是二房的香火，也不能再返回生父母家里，养父母都离我而去，我从此成了孤儿。"陈继松感叹。

当时尚在幼年的陈继松只能回家找爷爷。大家庭解散后，生父母搬迁到汕头谋生，奶奶投奔了在马来西亚经商的姑父母，虽然生父是汕头化工厂的工人，养父生前是教师，但陈继松的家庭成分还是被定为"旧官吏"，陈家的大宅子和珍贵物件都被没收了，爷爷一家人自身难保。后来，在勉强读完小学后，因出身不好等原因，陈继松无法上初中，在外流浪了一个月。"没有吃的，也没有住的，小小的我也不知道如何生存下去。"当时，爷爷认为陈继松可以自己出去谋生了，给他选了一条出路。"爷爷给了我一点本钱，要我去乡下进猪肉，挑到县城里卖。我进价4角一斤，卖4角4一斤。"就这样，陈继松天不亮就去乡下进20斤猪肉，挑到县城里卖了后能纯赚8角钱。本来身体就瘦弱，这么一趟一趟地奔波，身体根本扛不住。可是，小小的他，为了活命，别无选择。

人在苦难里，精力都用在如何承受苦难上，根本来不及反抗。就这样熬过一段时间后，陈继松的生活迎来了一丝转机。"学校告诉我初中录取错了人，要补充一名学生，我很幸运以入学考试第一名的成绩获得了入学资格。"正当陈继松开心地告诉爷爷，爷爷却沉下了脸，对他说："家里需要劳动力，你要养家。"陈继松好似被冷水浇灭的火焰，冒出一团白雾后便灰飞烟灭了。可是，陈继松并不死心，经过种种争取，爷爷终于松口了，允许他去读书。可是他名义上虽在读书，还要在爷爷家干一些提水打水等杂活，伺候爷爷的生活起居。

在初中时，陈继松已显现出过人的学习天赋。因为经常考第一名，陈继松被选为班长，经常要带领全班同学参加学校组织的争优活动。"有一次活动，我们班争得了第一名，奖品是一面大镜子，我扛到班里，那时觉得很光荣、很骄傲！"说起这段往事，陈继松终于笑了起来。当时，年幼的他开始相信，只有读书才能摆脱家庭困境，才有出路。

　　读初中时，由于三叔在香港打工，每个月给爷爷家里寄 150 元港币养家，学校并不认为陈继松是困难家庭，也不提供助学金。"爷爷始终不支持我读书，他总对我说，要走一条劳动人民的道路。"陈继松说。

　　中考后，陈继松不敢填任何高中志愿，他填了 8 个中专志愿，"因为读中专不用交学费"。可是，因为中考成绩第一，他被录取到高中。陈继松并未因此开心，他担心高中要交学费而读不了书，赶紧找到老师。为了留住人才，学校校长陈庭宜、教导主任郑定容找到陈继松的爷爷，反复劝说家人同意他上高中。最后，学校给出了助学金，陈继松才被允许上高中。

　　高考时，陈继松的第一志愿是韩山师范大学。理由和中考一样，读书可以不用交学费，吃饭也免费。可是，正当在学校过了相对轻松的两个月后，学校老师来找陈继松谈话了："经过教育局政治审查，你的家庭成分不合格，不能当老师。"陈继松气愤地问老师，为何不提前了解清楚，得到的回复是原来没有这个政策，但如今这届学生是为县里和公社一级培养干部，陈继松的家庭成分显然不符合要求。陈继松："老师劝说我，我要是同意退学，明年还可以参加高考。如果不自动退学，学校就要勒令退学，明年就不可以参加高考了。"老师的话是那么斩钉截铁，切断了陈继松最后的幻想。他只好选择退学。回到家后，爷爷说他已长大了，可以自谋生路，不要回家了。"我当时很生气，但是也不敢恨爷爷。"陈继松只好外出寻求出路。

　　退了学的陈继松就像泄了气的皮球。他觉得自己仿佛被这个世界抛弃了。没有亲人的爱，也无法通过自身努力改变命运。这时，老同学庄奋程找到陈继松，热心地提出可以帮陈继松谋个差事。庄奋程后来给陈继松找到了一个民办小学教员的工作，每个月工资 15 元。这下，生活总算有着落了。他虽不甘心，但迫于生活压力，只能先干好本职工作。

　　两个月后，陈继松在报纸上看到一个令他振奋的消息，中央几所大学要举行春季补充高考。他马上找到老同学，打听自己的家庭背景能不能参加高考。他是多么渴望能重回大学校园，尽情徜徉在知识的海洋里。同学连忙安抚他，让他别着急，看能不能设法从农会给他开一封介绍信，推荐他报考大学。

有了农会的介绍信，陈继松有了信心，他赶紧报名参加考试。出乎意料的是，他考上了。这位老同学就是陈继松生命中的贵人，让他原本准备妥协的人生有了新的转机。

1960年初，陈继松到北京高等石油科技专科学校报到。1962年，因学校搬迁大庆，陈继松转学进入北京石油学院，就读地质系地球物理勘探专业。在当时，石油勘探是一项比较艰苦的工作，家庭条件好的学生不会报考这门专业。但对陈继松而言，他觉得这个专业很好，他本来就是个又穷又苦的孩子，能读上书、吃饱饭是他最大的梦想。

1960年春，我国石油战线传来喜讯——发现大庆油田，一场规模空前的石油大会战随即在大庆展开。王进喜率领1205钻井队艰苦创业，打出了大庆油田石油大会战第一口油井，并创造了年进尺10万米的世界钻井纪录，展现了大庆石油工人的气概，为我国石油工业的发展作出了重要贡献，成为中国工业战线的一面旗帜。他留下的"铁人精神""大庆精神"，成为我国社会主义建设事业的宝贵财富。

在这种精神的感染下，陈继松学习的动力更足了。从小地方到达北京，陈继松的眼睛都不够看，"这里的风土人情都不一样"。因为上大学有助学金，陈继松的生活终于不成问题了。五六岁后的十几年里，陈继松都生活在一种压抑的情绪里，如今终于能得以释放，全身心地投入紧张且开心的学习中。

在学习上，陈继松一点也不"将就"。他听课时非常有专注力，有时候老师讲得好，他能听得入迷。在课堂上，他通过老师的讲解，渐渐培养了思考能力，经常在课堂上问倒老师。有一次，物理老师讲能量守恒定律，陈继松提问：子弹在射出和爆炸瞬间的能量有变化，是能量守恒吗？老师鼓励了陈继松的提问，答："你问得好，我思考思考后再回复你。"

大学的时光过得飞快。1965年陈继松毕业，志愿去新疆石油管理局地质调查处工作。"我选择到祖国需要的地方工作，这里地广人稀、大有作为。"

陈继松认为，只要能有机会学习，从事一项自己喜爱的工作，就是上天对他最好的眷顾了。

毕业志愿去祖国最需要人的地方工作

初到新疆，陈继松并未因险峻的自然环境而退缩。

当时，他所在的部门接受了横穿塔克拉玛干沙漠第一条地震大剖面的光荣任务，由副处长原晓东亲自组织冬季施工。据了解，1965 年，为加快南疆经济发展，在新疆维吾尔自治区人民政府要求下，石油工业部决定新疆所有的石油勘探力量全部转移到塔里木盆地。1965—1966 年，新疆地质调查处集中了 27 个地质勘探队，沿盆地边缘若羌—库尔勒—轮台—库车—沙雅—阿克苏—巴楚一带进行油气勘探，并从盆地北部由阿克苏沿着和田河直到盆地南缘的和田市，首先完成了横穿塔克拉玛干沙漠的地震勘探，获得了长达 600 公里的第一条沙漠大剖面，为剖析盆地结构奠定了资料基础。

在当时的生活设施和生产装备条件下，新疆这个高寒地区被称为是"人类不可征服之禁地""死亡之海"。塔克拉玛干沙漠长年黄沙堆积，狂风呼啸，温度变化大，全年降雨少，一座座金字塔形的沙丘屹立在沙漠中。受大风的影响，沙丘会时常移动，大风能把黄沙卷起有如巨浪翻滚。狂风过后，沙丘形成复杂多样的类型。陈继松和同事要做的是，在鱼鳞状、垄状、蜂窝状等沙丘密布的大沙漠腹地克服种种困难，在渺无人烟的荒漠中寻找石油，其艰苦程度是一般人难以想象的。

说起那段工作经历，陈继松从沙发上坐起来，忍住咳嗽，讲起了这段艰辛且激情飞扬的青春往事。

"为了了解地下构造，我们需要在沙漠上打井，放炮引起震动后，通过仪器对地震波进行分析，再来分析地下是否有石油。"陈继松说，他们当时沿着塔里木河进行勘测，每当雨水冲刷过，河床就会裸露在水面上，他们需要沿着河床做工作。"河床长 600 多公里，我们一天要走 20 公里，针对地形，选点放炮，一天最多可放 80 炮，正常一天是 20 炮。"在冬季，沙漠温度可达零下 30 摄氏度，每放一炮，陈继松就要来回跑，进行观察。他顾不了寒冷和疲惫，经常一工作就是十几个小时。

那会，陈继松年轻气盛，工作认真，没有半点大学生的架子，深受领导和群众的喜爱，在组织"日放 80 炮的高产卫星"中立下了大功，被评为"局级先进生产者"。

在大自然面前，人类是弱小的，陈继松的好几位同事先后丧生在沙漠里，他也面对了数次困境，死里逃生。

刚工作时，陈继松就听闻了杨拯陆的故事，他深受感动，决心要当和杨拯陆一样优秀的石油勘探工作者。杨拯陆是著名爱国将领杨虎城将军的女儿，毕业于西北大学石油地质系，大学毕业后自愿到新疆石油地质调查处工作。1958 年 9 月 25 日，杨拯陆在新疆三塘湖盆地率队进行石油地质考察。那天上午，杨拯陆带着队员张广智出发时还秋阳高照，晴空万里。到了下午，她与队员准备收拾工具返回驻地时，天气突变，狂风夹着暴雨突然朝他们袭来，不一会，雨变成了雪，气温骤降至零下 20 多摄氏度。他们穿着单薄的衣服在冰天雪地里，与狂风搏斗着，艰难地向驻地前进。第二天，同事们终于找到了两人的遗体，发现杨拯陆俯卧在一道冰封雪盖的斜坡上，两臂前伸，十指深深地插在泥土里。在她的怀里，揣着一张新绘的地质图，上面有她新涂上去的识别地质情况的颜色。杨拯陆为了新中国的石油事业，献出了自己 22 岁的年轻生命。

陈继松回忆，有一次，同事们骑着骆驼外出工作。最终，队员回来了，队长却不见了。同事们兵分几路寻找队长，最后在一处水坑边发现了队长的遗体。从中可见，队长在死前对生命的坚持，令人揪心。

有一次，陈继松和同事们去罗布泊旁测量地形，测量队队长叫他沿车印找队里的嘎斯 –63 车返回，反复叮嘱他，要跟着车印走，不要走丢了。可是，陈继松走了一段路后就找不到车印了。他根据仅有的记忆和方位感，找了好久也找不到车印。"我不敢停下，害怕在沙漠里丧命，东奔西走，也不知跑了多少地方，一直找不到车印。"凭借要活下去的信念，陈继松从当天下午两点一直没吃没喝地找到第二天半夜。突然，他掉到一个坑里面，发现周围有车印，他分析，附近应该有人。他守着这条生命线，往前走走，发现不对，又往后走走，看有没有什么线索。正当他筋疲力尽之时，一束光射过来，他用手挡了挡眼睛，仔细一看，是汽车灯光！他赶紧朝汽车奔跑过去，原来，勘探队所有的汽车都开着灯在沙漠中寻找他。所幸，这次有惊无险捡回了一条命。

这些困难并没有吓住陈继松。"那么苦的日子都过来了，这点困难还不能克服吗？"不论是什么样的户外工作，陈继松都积极参与，生怕错过学习机会。陈继松回忆，有一次，他和同事们外出查看地震剖面。正当结束勘测时，山洪暴发，他和同事们赶紧爬到土包上，可是水越涨越高，他和同事们手牵手往高处走。这时，有人不注意踩到了石头滑倒了，所有人都被绊倒了，顺着山洪冲下去了。"人在危急关头力量大，司机把一个女同志甩到岸上自己却被山洪冲走不幸牺牲了。"

亲眼看到身边同事殉职，如果说不害怕是假的。可是，陈继松没有退缩。在日复一日的工作中，他发现自己逐渐爱上了这份工作。在这个艰苦而又危险的野外地质勘探工作的世界里，多数人都过着平凡的生活，但也得为他从事的事业而奋斗。一个普通而平凡的人时时都会感到被生活的波涛和巨浪所淹没，但只要不甘心就此沉没，就有可能逆流而上。陈继松就是如此，他的生活就是工作，即使前方乌云密布，他也要义无反顾迎难而上。

好在，陈继松和同事们的付出有了收获。他们的工作为日后塔中油田的开采奠定了基础。20世纪90年代，塔中油田在塔克拉玛干大沙漠中建起，醒目的钻塔、10多个集输站和一座被茂密植被包围的四层楼赫然矗立。这让人惊叹，在生态环境恶劣的沙漠中，居然有人类长期居住，并建造了如此庞大的工程。2010年，塔中油田累计生产原油2000万吨、天然气40亿立方米，创造产值已逾 400 亿元，在同类油田中处于领先水平。

著名诗人陈运和路过此处，写诗《沙漠公路》赞颂人战沙漠的壮观。夜静悄悄地，塔中油田作业区的点点灯火给沉寂的"死亡之海"——塔克拉玛干带来了无限生机，诉说着"只有荒凉的沙漠，没有荒凉的人生"。

1966 年春，陈继松被召回乌鲁木齐市，编入新组建的 279 队，任解释队长。陈继松不会就工作而工作，而是喜欢瞄准工作的痛点，不停地想办法去解决。他参加了工作以来的第一件大事：摒弃 20 世纪 50 年代苏联生产 51 型光电接收站配用的钢丝 27 道 58 股粗辫子单向接头大线，设计和编制了 27 道 30 股小辫子双向接头轻型大线，简称"两头通"。经试用，"两头通"重量只是原来的三分之一，野外搬动排列工作量减半，大大减轻了工人的劳动强度，提升了施工效率，效果性能良好。由此，陈继松成为 279 队的模范人物。"我的这项设计的思路和接线方法与后来从国外引进的多次覆盖电缆完全一致。"陈继松为此倍感骄傲。

1966 年年底，陈继松被编入 278 队，任解释组长，全面负责小队的技术工作，出工塔里木西南斜坡、叶城—沙车地区。在此期间，陈继松采用大面积土坑组合炮攻克砾石关，发现了克拉玛依（叶城县北）大构造。与此同时，他还提出了山前凹陷陡构造地区的施工方法，不使用传统的沿侧线方向大基距多跨道组合的检波方法，并坚持使用垂直线方向不跨道的长方形大面积组合检波（宽线地震）。这样一来，致使布设排列的工作复杂化，但该施工方法耗时及劳动强度都成倍增长，工作效率会大幅下降。"但我认为在当时的技术装备条件下，这是可能完成地质任务的唯一可行的方法。"

但是，事与愿违。1966 年，受相关历史背景影响，陈继松的这项施工方法被驳回。于是，工作还来不及推行，陈继松就被调离 278 队，被调往乌鲁木齐郊区的一个叫地窝铺的小村庄。

这一待，就是三年整。在这段艰苦的岁月里，陈继松不由得回忆起童年。好似，幸运的事情从来与他无关，他必须要反复经历磨难，才能获得生存的基本权利。那么苦的日子都过来了，现在的日子也能坚持下去。他不敢放弃自己，有空就琢磨工作上的事情。"直到 1979 年，我到北京饭店听国外专家联合考察中国四大盆地的总结报告会，有一位华裔美国专家在报告中提到有关新疆昆仑山前凹陷的野外施工方法所存在的严重问题，和我当年提出的施工方法是一致的，是完全可行的。"顿时，陈继松满眼泪花，感慨万千。很快，陈继松努力让自己平静下来。这恰好说明了他专业的知识能力和超前的预判能力。不论社会环境如何变化，他的工作业务能力一直在提升。

1972 年，陈继松终于恢复了工作权利，被编入 2125 队，被免去解释组长的职务，担任一般解释员，出工克拉玛依白碱滩—乌尔禾一带。当时，该队已装备西仪厂装配的模拟磁带地震接收站，并开始实验多次覆盖技术，但还没有计算机和速度谱。在这种条件下，如何精准合理地确定动校正曲线是当时多次覆盖水平叠加技术中的一大难点，多次覆盖是 20 世纪 70 年代才从国外引进的新技术。"有关多次覆盖的方法和原理，我是从江汉油田编写的一本小册子上弄明白的，除此之外别无任何参考资料，为此，我费尽心思终于发明了一个快速求取叠加速度的图板，即根据监视记录上同一反射同相轴的任意两个旅行时间值用图板法快速求得叠加速度值，我的这个小发明曾被当时新疆石油管理局总工程师陈佩章同志称为'小天才'，并登载在当时石油部发行的《情况交流》上，这是我有关速度研究公开发表的第一篇文章。"说到专业上的事情，尤其是他人对自己专业知识的夸赞，陈继松显得非常骄傲。

1974 年，陈继松调入 276 队，恢复了解释组长的职务，出工塔里木南部克里阳—玉力群一带，组织完成了一条 8 公里长的 6 次覆盖地震剖面，这是新疆石油管理局的第一条陆地多次覆盖剖面。为了这个项目，陈继松付出了太多的血水与汗水。长期身处恶劣自然环境，克服生存问题就是一大难事。陈继松不仅要带领同事们去了解自然，还要从自然中发现"宝贝"，有时候，这真的靠信念才能支撑下来。

在新疆，陈继松还有一个重要收获，那就是经人介绍，认识了人生的另一半——章倩，组成了自己的小家。无家多年，陈继松一直渴望能有人理解自己、支持自己。章倩也确实为他一一做到了。丈夫有成绩时，章倩打心底里为他开心；丈夫工作有委屈了，章倩比谁都着急。"他从不给我讲工作有多辛苦，直到我调到天津塘沽后，为他整理资料，才知道他当年在干什么，又经历了多少风险。"说这句话时，章倩的每个字里都充满着对丈夫的心疼。作为野外勘探队员的家属，她经常独守空房，还要为丈夫的工作担惊受怕。1976年唐山大地震期间，陈继松随海洋石油勘探船在渤海湾海上作业，当年章倩还没有随调天津塘沽，看到报纸上报道的唐山大地震波及京津地区的消息，又听闻大地震造成了渤海湾海啸的传闻。"当时电报拍不出去，长途电话也打不通，我急得茶饭不思，还好经多方联系得知陈继松所在的作业区不在地震中心，一场虚惊！"章倩说道。

深入理论研究　做出大量成果

1975年，陈继松调到石油部海洋石油勘探局地质调查处工作。在新疆的10年工作经验，成了他宝贵的人生财富。他见识过自然的鬼斧神工，揭开过自然的神奇面纱。虽离开了沙漠，他的工作重心从沙漠转到了海洋，从实践转向了理论研究。他前后发表了十多篇论文和编写培训教材，逐渐在行业内小有名气。

石油工业作为一种传统产业，一经触及海洋，就立刻显现出其无比丰富的想象空间。中国海域辽阔，这为中国的海洋石油工业提供了广阔的发展平台。中国石油工作者在无垠的大海上历经创业的艰辛。直到改革开放后，中国海洋石油工业的大幕徐徐拉开。海洋石油是一个高风险、高投入、高科技的"三高"产业。没有先进的装备，也没有先进的技术，第一次踏进大海的中国石油人最富有的资产是"石油工人一声吼，地球也要抖三抖"的大无畏英雄气概。

陈继松就是如此。刚探索出陆地石油的勘探方式，就要深入海洋石油的研究中。由于海洋勘探成本更高，他必须要在技术专业上下苦功夫，确保研究万无一失。

1975—1980 年，陈继松主要从事地震资料解释和地震方法研究等工作。他负责执写《石臼坨地区地震资料解释成果报告》，石臼坨是滦河冲击形成的海岛，现名菩提岛，位于乐亭县西南渤海中，现在全岛面积 5.1 平方公里，是华北第一大岛，北部多草滩、草地、灌木，为荒岛景观，因人迹罕至，登岛体验有洪荒、孤野之感。陈继松的研究为了解石臼坨地区复杂的地理环境提供了参考价值。

其间，陈继松还在武汉大学数字处理培训班担任"地震勘探基础"课教员、单位新职工、处领导和管理干部的专业技术知识培训教员，编写了《地震勘探基础》教材。此外，陈继松还担任单位复转军人进场培训教员，负责对新参加工作的新同志进行技术培训，并经常为处领导和机关管理干部举办石油勘探专业技术知识讲座。在这些教学过程中，他结合新疆野外工作经验，大量查阅国内外相关资料，讲课深入浅出，受到了同事和学员的欢迎和好评，

1979 年，石油部勘探外事集训班全体合影（第四排左四为陈继松）

这也进一步激励了他做好理论和实践的结合。

他曾被华东石油学院、西南石油学院聘为学生校外辅导老师；被同济大学地质系聘为研究生校外辅导老师。

1978年12月18日至22日，中共十一届三中全会在北京举行。会议作出把工作重点转移到社会主义现代化建设上来和实行改革开放的决策；重新确立了马克思主义的思想路线、政治路线和组织路线，我国进入了社会主义现代化建设的新时期。

在改革开放的背景下，陈继松的工作有了更大的发展空间。1979年年底，他参加了石油部外事工作集训班，结业考试成绩优良，这为他后续出国工作、学习国外先进技术打下了很好的基础。

1983年，陈继松以中方专家身份赴日本参加"砂岩成因"共同研究。

1984年，陈继松以中方专家身份赴美国验收"绥中36-1储量"研究成果。

1984年初，赴日本石油株式会社参与"油藏描述合作项目"日方举行早餐接待会（右三为陈继松）

1985 年，陈继松以中方首席专家身份为日中会社补充解释渤南地区地震资料，完成中日合同区的地震地层学研究，为渤南探区的钻探目标选择奠定了基础，出色完成了对外合作研究任务，受到日方好评。

1998 年，陈继松以中方专家身份赴美国参加渤海湾 02/31 和 06/17 合同区联合研究。

每次出国，陈继松从未关注过国外的风土人情，仅有的外出是为孩子们买礼物。他将所有的精力放在工作上，仔细对比国内外的技术差距。有一次，陈继松在美国科罗拉多矿业大学，见到了关于唐山大地震的一整套研究资料，但老外不愿告诉中国人。"我们当时不容易啊，国外已经是以单位在研究技术难点，而我们是有限的个人在进行研究，力量太单薄了。"陈继松感叹，"我们和国外的技术差距太大了，很多国家已经用计算机绘图了，而我们还在用手工画。"在这个冲击下，陈继松自学编程，快速掌握了计算机绘图技巧，这为他日后的工作又打开了一个新方向。

1979 年，陈继松获得渤海石油公司工程师职称；1987 年获得首批高级工程师职称。刻苦工作、从不懈怠，这是陈继松的工作态度，也让他收获了诸多荣誉。

1982 年，陈继松因"地震速度参数的研究应用"获石油工业部二级优秀综合报告奖。

1987 年，陈继松在渤海发现绥中 36-1 油田中荣立三等功。

陈继松曾获中海油总公司科技进步等奖项 6 次，获渤海石油公司科技进步等奖项 7 次。工作以来多次获得处、局、公司先进个人荣誉称号。

1987—1990 年，陈继松主要参与绥中 36-1 油田勘探与开发项目，在提高地震资料分辨率和利用地震资料与钻井资料相结合进行储集层研究方面迈出了十分关键的第一步。绥中 36-1 油田地处北纬 40 度的冰区，又是稠油油田。中国海油自主攻克海上稠油开发技术，具备了自主开发海上大型整装油田和稠油油田的能力，成为我国自营勘探开发的第一个海上现代化油田，在中国海洋石油工业发展史上具有里程碑意义。

1991—1992 年，陈继松主要从事锦州 9-3 和锦州 9-2 油田的地震资料处理和钻前研究的地震资料解释工作。从 1992 年开始，由于辽东构造带的屡次失利，陈继松主动要求开展辽东复杂构造带地震地质整体综合研究工作，从根本改善地震资料质量入手，建立联井基干网络，初步弄清楚辽东带的地层发育情况，首次提出沙三段末期的 T5 构造层与上覆地层存在一个区域性高角度不整合，先后论证了多个优秀的钻探目标及其构造成图。依据这些工作成果，陈继松撰写了《复杂地区的地震地质研究》《辽东复杂构造带比辽西低凸起更壮观》两篇论文。

在单位里，陈继松夜以继日地工作，被同事们取了一个"拼命三郎"的外号。"我挺喜欢别人叫我拼命三郎的，这是在夸我呢。"陈继松笑着说。这时，夫人章倩接过了话，"他工作起来真是不要命，一天十几个小时都在工作，周日加班是常事，只知道埋头苦干，休息日周围没有人叫他下班了，工作更没有点了，也不晓得要吃饭。到办公室抓他回来吃饭，往往是我与孩子周日的一项任务，有时真是气得没办法。"章倩说，有一次孩子拉肚子拉到虚脱，塘沽医院儿科建议带孩子转诊去天津儿童医院看看，我与陈继松商量什么时候有时间，一起带孩子去一趟天津，可是根本等不到丈夫有空的时候。

有一段时间，陈继松忙于一项工作，单位通往家属区的后门晚上 10 点关门，他总是忙到凌晨才回家。单位后门关了，他就直接翻墙回家。"我从来没感觉到已连续工作了有多久，只要下了功夫，终能有成果，一看到野外采集的地震资料就忘我了，我能从中享受到乐趣。"陈继松笑着说。

章倩对丈夫的工作一直是全力支持，不期待他能为家庭做些什么，但有时，陈继松的一些做法确实会令她伤心。章倩回忆，有一天下着雨，已是凌晨两点多，她也不见丈夫回来，担心极了，她决定去单位看看并给他送伞。通往家属区的门早关了，她只能绕路走单位正门。没找到丈夫，她只好回家了，可是一进门，发现丈夫已经到家了。原来，丈夫从单位翻墙回的家。"我的火一下就起来了，积攒许久的委屈倾泻而出，而他只是听着，不说话。"
章倩停了停后又说，"我虽然埋怨他吧，但每次冷静下来后，又更加理解他，
他是真的爱这份工作。"

为人耿直工作失意　夫妻相互陪伴走过低谷

1995 年，陈继松担任渤南滚动勘探开发项目队队长，组织完成 BZ28-1
油田的储量复核，成功地钻探了争议多年的渤中 26-2 构造，终于发现了
BZ26-2 油气田。

据了解，渤南油田作为国内最早投入开发的低渗透大油田，没有成熟的
经验可供借鉴，技术人员不断探索和实践低渗透油田开发新理论、新方法和
新技术，创造并总结了低渗透油田"小井距整体压裂高效注水开发"等一系
列开发管理的经验，摸索出一套勘探开发深层、低渗透油田的技术和方法，
成为全国低渗透油田的一面红旗。

对陈继松而言，这是他工作多年来的一项重要成果，可背后隐藏了一段
伤心往事，这直接让他的工作陷入了低谷。当年，公司一位领导召开会议，
要打渤海的一口井，有多位地质专家进行论证，认为相关地方有油田，但最
终打井没成功。陈继松由于当时职位低，没有参加这个会议，不知道这个信息。
但他在工作中无意看到了一些资料，资料显示，在打井混浆区域发现了一升
半的原油。他进行专业分析认为，结合渤海的挤压型构造等地质原因，这块
地方不是没有油，而是没打对地方，建议在附近四公里再次钻探。当时有人
说，最初没打出油，周边怎么有油。但陈继松坚持认为，地下情况千变万化，
不能用以往的经验对待这个问题。最终，正好有一位总地质师来开会，听了
陈继松的报告后，让他整理资料，找时间到总公司汇报，支持打井。

后来，正如陈继松分析的那样，发现了 BZ26-2 油气田！可是，没高兴
太久，陈继松就被调离了技术岗位。他后来才知道原来此前开过一次那样的

会议，所定井位打井失败，自己的行为相当于得罪了领导。自此，陈继松的工作开始走向下坡路。"他人际关系确实低能，得罪人都不知道，只要觉得技术没问题，他就要坚持。"章倩这么评论丈夫。陈继松停了笑了笑说："这口井打出来就行，我自己认可自己就行。"确实，没有这种心态，陈继松很难从中走出来。

"我一直记得一位领导对他的评价，说他是改变渤海勘探方向的人。这句话虽然没有在官方正式场合肯定，但对我们来说，足够了。"在这件事上，有了夫人章倩的安抚，陈继松更为豁达。章倩笑着说，丈夫做人太耿直了，她能做的，就是支持自己的丈夫。"他就是精神胜利者，只求自己在专业的道路上一路前行，有人抢他的成就也无所谓，虽然偶尔有些小情绪，但很快就过去了。"

章倩笑着说了一件往事。在陈继松担任物探研究队方法室主任期间，每次室里分奖金，作为室主任、技术骨干的他，每次都给自己分三等奖，陈继松自己对奖金分多分少无所谓，但不是每个人都是那么想的，每当有人抱怨奖金分得太少不合理时，他笑着对大家说："你们看我才拿三等奖，你们不服气和我比。"这弄得大家没话说了。要论技术方法，谁都比不上他，但是论干行政管理工作，他不行。担任室主任对他来说是个负担，婆婆妈妈的事占据了他不少时间，他主动辞去了室主任的职务，全身心投入科研工作，与他深爱的技术打交道，没有再走上管理岗位。但夫妻俩都认为，这是教不会的事情，坚持做自己就行。

陈继松对自己有明确的认识，他承认自己耿直的为人方式，也接受因这种性格而失去的一些本属于他的成就。

他曾在一份述职报告中这么写道：

本人极力提倡科研工作面向勘探实践中最急需解决的实际问题，不论什么专题都必须把技术效果和经济效益放在第一位，对科技人员的工作分配应该扬长避短、人尽其才，反对任人唯亲和强人所难的做法。技术考核应实事求是、明辨是非、论功行赏，科研与科技管理的各个环节应力求形式与实效的统一。1984 年以来，由于本人所持见解与个别主管领导不一致，工作缺乏支持，只能自己找工作干，难免带有盲目性，也难以与勘探实践紧密结合。但对技术工作的追求，本人尚能做到自强不息。近年来在计算机的应用方面也付出了一定的努力，期待将来能有所成就。

德国哲学家康德曾说过："世界上有两件东西能震撼人们的心灵：一件是我们心中崇高的道德标准；另一件是我们头顶上灿烂的星空。"于陈继松而言，他是理想主义者，对自己和他人都有很高的专业要求，即使失去了一些东西，他的头顶有独属于他的灿烂星空。

被单位"雪藏"后，陈继松靠着自己的长处获得了很多外围的研究机会，经常有科研单位或企业请他培训或参与项目。"工作久了，我有了一套自己的经验，结合勘探的基本原理和模式，能分析出哪里的地质构造有石油储存成因的可能。"陈继松详细地介绍，他到达一个地方进行勘探前，会查阅很

1994 年，陈继松在海油技术交流会上的工作照

多资料，再去现场进行调研。"在现场地上放炮后，会有地下的反射波，这能分析地下情况。"接着，陈继松会分析周边情况，比如地质成因等。"每个人的工作方式不一样，见解不一样，我往往会建议哪个地方可以试一试，但是由于海上打井成本高，具体要不要操作，还要看公司怎么决定。"实践证明，陈继松每次的分析准确率很高，可以说是寻找石油的专家级人物，这让他收获了业界好评，他的十余篇专业技术论文，曾在石油地质物理勘探等技术报刊与相关杂志发表，其中一篇《斜井地震记录与应用》曾被俄罗斯国家地质总局地质学报刊登及应用。

在陈继松的一份专业技术带头人推荐材料上，有这么一段话，对他的专业能力进行了很好的总结：

> 在平凡的技术工作岗位上，陈继松致力攻克地质石油的高难技术，取得了显著的成效。他专业基础知识扎实，具备承担大型研究课题和解决复杂问题的能力，对发展和开拓物探资料在各类地质课题中的有效应用以及地震资料在地震地质研究中的正确使用方面，从事了大量的生产实践和理论探索，并取得了较为丰硕的成果。

对孩子无限宠爱 退休后仍拼命工作

1985 年，章倩终于等来一个圆大学梦的机会，她通过成人高考，被深圳大学经济系企业管理专业录取。收到这个消息后，除了开心，她更多的是担忧，家里分别还有 8 岁、4 岁的两个孩子需要照顾，而丈夫从来没有照顾过孩子的生活起居，自己外出求学，不知怎么安顿两个孩子。但陈继松听到这个好消息后，非常支持夫人实现心中埋藏已久的愿望，当时的深圳是中国改革开放的前沿样板，多少人梦寐以求去深圳上大学。但那时，章倩身边的亲朋好友都不太支持。"有人说，你都这么大年纪了，还上什么大学，还不如安心在家相夫教子。"章倩将这些话放在了脑后。夫妻在一起，并不是要一同陷于生活的茶米油盐酱醋茶里，一个人的奋斗也会带动另一个人的斗志。于是，在丈夫的鼓励下，章倩狠了狠心，独自前往深圳读书。

离开之前，章倩特意找了丈夫单位的领导，希望不要额外给陈继松增加工作任务，让丈夫能有空带带孩子。但对"拼命三郎"陈继松而言，专心带孩子是不可能的。当时小儿子还在上幼儿园，他经常是第一个把孩子送到幼儿园，最后一个接回家。渤海石油研究院离家很远，上下班单位有班车通行，陈继松下班赶不上班车是常事，幼儿园的老师要下班了，只好把孩子交给门卫。往往是等他坐公交赶到幼儿园接孩子，天已经黑了，他对孩子充满了愧疚。

虽然在生活上，陈继松对孩子们照顾得很马虎，但他对孩子们付出了最大的爱。章倩笑着说："孩子们小时候更喜欢和爸爸玩！邻居说只要听到孩子哭，就知道是我回家了，我不在家时，他们能玩疯了。"章倩回忆，儿子小时候很调皮，有床不睡，非要睡大衣柜，陈继松就把衣柜里的衣服拿出来，任由孩子睡在衣柜里。孩子说想玩米，陈继松就把米倒在澡盆里让他们玩米。章倩开玩笑说："我经常吃他的醋，我照顾孩子的时间最多，他们反而更喜欢爸爸。"

"也许是他小时候过得太苦了，缺少家庭的关怀，所以有了孩子后，想给孩子所有的爱。"章倩理解丈夫对孩子宠溺的行为。陈继松也同意这个观点。他在小时候得不到的爱，他想加倍地给孩子们。就此，夫妻二人在家里扮演了慈父严母的角色。在二人的精心培育下，两个孩子也有了不错的发展，女儿在外企工作，儿子继承了父亲的事业，现在是中海油某专业技术公司的一名工程师。

退休后，陈继松依旧闲不下来。"除了地质研究，我没有别的兴趣，不喜欢玩。"因为这个理由，陈继松开始说退休后要再干10年工作，没想到最终干了15年还退不下来，选择不工作还是因为身体不好的缘故。

因为年轻时常年在恶劣的户外环境下工作，陈继松的身体一直不太好，一直有风湿的病根。2018年，陈继松生了一次大病，身体更差了，他这才停止了工作。"当时，他都无法走路了，我陪他看了很多医院，但都查不出原因。有一次，我们在北京301医院看完病回家，我一手扶着他，一手提着东西，距离出租车100米的路怎么也走不过去。我只能把东西先放在门卫处，再把他连拖带拽地弄到出租车上再去取东西。"说起这段往事，章倩至今都非常心疼丈夫。

经过多次问诊，陈继松被诊断为风湿性多肌痛。风湿性多肌痛是近端肌

陈继松和爱人章倩合影

肉疼痛和四肢僵硬，伴有全身症状和红细胞沉降率迅速增加，给他下诊断的中日医院焦主任说，他患这种病是他早年时的野外工作环境留下的后遗症。

章倩能做的，就是好好照顾好丈夫的生活起居。在聊天中，陈继松不时咳嗽，需要吐痰，章倩赶紧拿来痰盂，不时倒上热水。在陈继松说累了的时候，章倩主动补充一些故事。

采访结束后，陈继松说："我没什么故事可写。"但我们认为他从那么艰苦的环境中走出来，一路奋斗，在石油领域上取得了一定成绩，他的故事值得被写下。

年纪大了，考虑到在家里不好彼此照顾对方，陈继松、章倩 2018 年搬到了燕达养护中心。在这里，陈继松彻底不用工作了，每天和夫人吃饭、散步、闲聊。唯一不好的事是，年轻时欠下身体太多的债了，如今要慢慢补偿。

"我为祖国献石油，哪里有石油，哪里就是我的家。红旗飘飘映彩霞，英雄扬鞭催战马，我当个石油工人多荣耀。"一代人有一代人的使命，陈继松这代人将家与国紧密联系，渴望为国家的发展作出自己的贡献。每当看到新打的井出油了，陈继松的心里都乐开了花。一辈子为祖国献石油，他无怨也无悔！

　　卢志恒，男，84岁，浙江台州人。北京师范大学物理系教授，博士生导师，享受国务院颁发的政府特殊津贴。1960年本科毕业于北京师范大学物理系，并保送为北京师范大学物理系理论物理专业研究生。1964年研究生毕业，分配到当年粮食部的下属单位工作，后改行从事电子技术和工业自动化的研究研制工作。在完成了三个省部级和一个国家级项目之后，1976年卢志恒主持承担了国家第五个五年计划科学发展纲要第55项：工业生产过程自动控制和电子计算机的应用研究。1977年，北京市政府授予卢志恒北京市先进科技工作者荣誉称号。1978年，卢志恒被授予全国先进科技工作者荣誉称号，他的名字被刻在北京崇文门附近的全国劳模广场的石碑上。1981年，卢志恒被调到新成立的北京师范大学低能核物理研究所暨北京市辐射中心从事原子核技术的应用研究工作。1982—1984年，在德国艾伯特基金会的资助下，到德国做访问学者，从事离子束与固体相互作用的基础研究。1984—1985年，受聘于美国位于教堂山的北卡罗来纳州立大学，从事原子核技术在半导体工艺中的应用的客座研究。1998年，卢志恒受聘于瑞典皇家科学院，获推荐1999年诺贝尔物理学奖候选人资格。

卢志恒

一直在跨界　一生在努力

　　"我这辈子都在奔跑，老了，就彻底休息了。"午后，在燕达金色年华健康养护中心的家里，卢志恒和老伴黄婉云讲述起过往的故事。时光赋予了两人脸上的皱纹和满头的银丝，但遮掩不了他们内心的追求与真善。相伴大半辈子，他们经历了时代的波澜，为了心中的理想，不惧层层迷雾，一路学习、一直奋斗。年老后，他们褪去身上的光环，朴素生活，颐养天年。

　　卢志恒 1939 年生于浙江台州。由于家道中落，童年过得十分凄惨。在母亲和老师的支持下，他才得以读书学习。由于天赋过人，他的成绩一直不错。他知道自己一无所有，唯有用勤奋为自己开创一片天地。

　　考入北京师范大学物理系后，由于 1957 年以后的政治运动，他难以学习，但不论在工厂还是农村，他都保持着学习的习惯。那时的他不知道学习能为他带来什么，他只是知道，放弃了学习则会一无所有。研究生期间，他因醉心学习、营养不良，得了肺结核而大吐血，送去医院急救才挽回一条命。

　　命运好似在他童年时已为他关上大门，但他通过自己的奋斗，接二连三地打开了一扇扇命运的大门。研究生毕业后，因为家庭成分影响，他无法和夫人留在北京，只身一人前往郑州粮食学院工作。作为物理系高才生，他没有恃才傲物，而是结合工作需求开展工业自动化研究。因为这些杰出表现，他得以承接相关项目，调到北京市粮食局。最令他骄傲的是，唐山大地震期间，他参与国家 1 号工程，和同事仅用三个月就研发建成一座大型的高度自动化的面粉厂，保障了灾情期间社会生活的正常运行。1977 年，北京市政府授予卢志恒北京市先进科技工作者荣誉称号。1978 年，卢志恒出席全国科学大会，并被授予全国先进科技工作者荣誉称号。

1981 年，由于国家贯彻专业对口调整政策，他终于能回到自己最爱的物理领域，调到新成立的北京师范大学低能核物理研究所暨北京市辐射中心从事原子核技术的应用研究工作，开启了半导体材料、非线性系统理论和量子计算机的研究工作。1998 年，卢志恒受聘于瑞典皇家科学院，获得推荐 1999 年诺贝尔物理学奖候选人的资格。

"我想了一下，我这篇稿件的标题可否是《从工业自动化到量子计算机》，供你们参考。"回忆往昔，卢志恒老人最看重的是他的科研成果。在详细讲完这些研究后，卢志恒才聊了一下生活。"我退休后才真正体会到生活是什么。"也许是上半辈子过得太累了，卢志恒一直不敢停下步伐，直到有所成就后，才放下人生的压力。

以下，就是这位老人的故事。

童年生活贫苦　读书累到大吐血

卢志恒，1939 年出生于浙江台州临海的一个破落地主家庭，这注定了他将度过一个清贫艰难的童年。

"我家五代以上是举人，家庭环境还不错，但到了我父亲这一代，一切都变了。"卢志恒回忆，他的父亲是家里的独子，当时在外地上着一所不错的中学，学习成绩很好，可奶奶为了家里能有人管家，把父亲叫回了家。为了能让父亲安心留在家，奶奶一时糊涂，让自己的儿子吸上了鸦片。这个举动加上当时的历史背景，在无意中让一个家庭的处境变得更为糟糕。父亲吸鸦片上瘾后，只能卖地卖房换取鸦片。家道中落后，一大家子人从无忧的生活一下变成了食不饱、衣不暖的处境。"我从小就吃不饱，更别提能吃到什么零食了。"卢志恒感叹。

因此，回忆起童年，卢志恒充满了叹息。好在，他的母亲不论家庭环境有多差，不惜卖地，都坚持让自己的孩子们能读上书。"我的母亲是富家小姐，一直强调我们家是十三代书香门第，要求我们好好读书。"卢志恒说，"孩子都出去读书了，家里没人务农，母亲就和姐姐、姐夫们下地干活，我们只要休息就去干活。"

"我的大哥和二哥外出当兵，三哥在1949年后考上了大连理工大学，靠政府的助学金完成学业。这让我充满了动力。"在卢志恒上初中时，家里实在掏不出学费了，老师看他天资聪慧，垫上了学费。过了初一，由于家里需要有人务农，卢志恒只好休学。过了一个学期，同学告诉他说学校有助学金，是每月35斤大米，他高兴地回去复学，而这些米刚好能维持全家的生活。

中考时，卢志恒考上了台州中学，这对他而言是一个很大的突破。在卢志恒又为学费发愁的时候，学校决定给他免除学费，每个月还能给他三元助学金。"回忆童年，到了春天青黄不接时，没有粮食，我只能到菜园捡几片菜叶子吃。"因为从小饱一顿饥一顿的，卢志恒营养不良，发育晚，羸弱的身体给他带来了不小的压力。

在那时，别看学校小，很多老师是大学毕业生，给卢志恒幼小的心灵种上了终身学习的种子。卢志恒的物理老师是浙江大学的高才生，他至今都记得这位老师的一堂课。"老师带我们实验一个带电作业，不用拉电闸，就能把电线接上，让设备运行，老师当时单手操作，让我看入了迷。"正是在这位老师的教导下，卢志恒对物理产生了浓厚的兴趣。而这，成为他这一生发展的指南针，最后克服万难，成为一名物理学教授。

此外，卢志恒的化学老师是复旦大学的，数学、语文、英语老师也是名校毕业。他们的课深入浅出、清晰明了，使得卢志恒在学习的世界里流连忘返，忘记了生活赋予他的沉重。"在那个年代，我只是家庭特殊了一点，但从小学习成绩好，在学习上没遇到过什么困难，老师同学们都对我很好。"就这样，卢志恒在初中、高中打下了很好的学习基础，这让他一生受益。

1956 年，卢志恒没下多少功夫，考上了大学。在高考报志愿时，由于受家庭成分影响，卢志恒无法报考北京大学、清华大学。在老师的建议下，卢志恒填报了北京师范大学，选了自己最爱的物理学专业。

17 岁，卢志恒告别家乡，来到北京求学，开启了为理想激情奋斗的一生。由于长期营养不良，卢志恒上大学时身高才 1.48 米，这在当时还闹了一个小笑话。"我去图书馆借书，老师说，你是附小的学生吧，不能在这里借书。"矮小的卢志恒只能连忙解释，掏出自己的学生证件。好在，当时的北京师范大学学生不仅免除学费，在食堂吃饭还不要钱。上大学后，卢志恒总算能吃饱饭，营养也好，也有体力锻炼身体了，这才慢慢改善了身体条件。"我的同学们也非常好玩，他们见我不断长高，就不断给我量身高。到了大三时，我 1.72 米了，总算赶了上来。"卢志恒笑呵呵地说道。

1960 年，卢志恒迎来了大学毕业。"本科毕业了，还没学完物理学的四大力学。"卢志恒无奈地说，由于实验室的设备多年未用，毕业论文实验都很难操作。

卢志恒回忆，如果说有什么遗憾，那就是在最为激情澎湃的年纪里，无法像海绵一样汲取知识的养分。好在，卢志恒被保送读研，这能弥补遗憾。"终于能有学习机会了，这太不容易了！"说起当时能读研的事情，卢志恒至今还颇为激动。

"我的导师哈佛大学毕业回国，他教学十分严谨，对学生很关爱。我当时下决心，一定要好好学习，不仅要把本科知识捡回来，更要在研究生时期有所作为。"于是，卢志恒跟着老师每个星期学两个单元内容，不仅看中文专业书，还要大量查阅英文资料。他每天都在如饥似渴地学习，知识越深入，越觉得学习没有尽头，他只能和时间赛跑，一天睡不了几个小时，甚至连睡觉都在想学习的事情。

在这种高强度的学习下，卢志恒原本羸弱的身体出问题了，他因为肺结核导致大吐血晕倒了。好在老师和同学的帮助下，他被送往西城区急救站抢救，用了三天的时间才勉强止血。"我当时奄奄一息，医生都摸不出脉搏了。"后来，卢志恒又被送往北京市结核病总医院深入治疗。当时，由于国家研究生少，研究生是国家重点照顾的对象，医院留苏回国的主治医生，特意被请来给卢志恒治疗疾病。

相较身体的疼痛，卢志恒更加记得当时医院包子的味道。"我从小就吃不饱，在医院，交了定量的粮票以后，饭可以随便吃，我能一口气吃下11个包子。"卢志恒笑着说起这段回忆。但细想，里面却是一个从小吃不饱饭的少年的苦楚。

卢志恒本来因为病情严重要做手术，但因吐血后病灶扩散较大，医生考虑到他身体底子差，建议静养几个月后再做手术。没想到，三个月后，卢志恒的结核瘤被吸收到不需手术了。就这样，卢志恒在医院住了七个月，直到病情恢复才出院。

这七个月虽在与病魔进行抗争，但卢志恒总算能体会到前所未有的放松。正所谓物质基础决定上层建筑，在他解决了饥饿的问题后，才能有精力思考科学，思考人生。

出院后，卢志恒在学校疗养院养病五个月。恢复身体后，卢志恒开始准备毕业论文，导师给了他一个毕业论文题目，题目是"量子力学的解释"。"我是北京师范大学第一批导师制研究生，也是我的导师的第一个研究生，老师也是抱着让我练习的心态布置的这个题目，不介意我是否真正能做出来。但是，我认真了，当时一心想着一定要完成好论文！"卢志恒说道。

当时，关于量子力学的理论有两派争论。

爱因斯坦学派认为，微观粒子在任何时刻都有一个确定的位置和速度，

1963年，卢志恒同研究生同学在北京天安门留影

微观粒子和我们宏观物体本质上没有什么差别。我们之所以无法同时精确测量微观粒子的位置和速度，是因为我们的量子力学理论还不够完善，这个理论还无法完全揭示量子世界的物理规律，所以这个不确定性其实是因为人类对物理规律掌握程度的不够造成的。

但是，哥本哈根学派认为，微观粒子在任何时刻都可以同时处于某个范围内的任意位置，也可以同时拥有多个速度，所以微观粒子本身就是不确定的。当说微观粒子同时处于多个位置，这听起来很荒谬，但是却可以用数学语言来表达这种不可思议的现象，那就是叠加态。同时，哥本哈根学派认为，我们之所以无法同时精确测量一个微观粒子的位置和速度，不是因为我们掌握的物理规律不够，而是因为微观世界本来就是如此。微观世界本来就具有不确定性，这个不确定性是一个自然规律，且我们通过技术手段的提升对这个不确定性不会做任何丝毫的改变。

这必须要提到一个著名的假象实验"薛定谔的猫"。将一只猫关在装有少量镭和氰化物的密闭容器里。镭的衰变存在概率，如果镭发生衰变，会触发机关打碎装有氰化物的瓶子，猫就会死；如果镭不发生衰变，猫就存活。根据量子力学理论，由于放射性的镭处于衰变和没有衰变两种状态的叠加，猫就理应处于死猫和活猫的叠加状态。这只既死又活的猫就是所谓的"薛定谔的猫"。但是，不可能存在既死又活的猫，则必须在打开容器后才知道结果。

该实验试图从宏观尺度阐述微观尺度的量子叠加原理的问题。随着量子物理学的发展，"薛定谔的猫"还延伸出了平行宇宙等物理问题和哲学争议。

由此可见，卢志恒的硕士毕业论文难度特别大。卢志恒说："当时国外的资料也非常有难度，还好我一点一点啃了下来，最后也算是顺利完成了论文。"

1964 年，卢志恒顺利毕业。可是，到了 1965 年夏天，学校才恢复研究生毕业生的工作分配工作。但因家庭成分问题，卢志恒不能留在北京工作，他只能被分到郑州粮食学院。

这就意味着，他要与爱人异地工作了。说起这段往事，卢志恒和老伴黄婉云陷入了回忆。两人本科是同班同学，但仅限于认识。黄婉云当时是团支部书记，卢志恒对她有很好的印象。到了研究生，黄婉云学习光学，卢志恒学习理论物理，但两人都选了一门数学系的偏微分方程课。由于全系研究生只有他们两个人选了这门课，两人便结伴上课，有了独处的机会。"我对他的印象是个子不高。"说到这，黄婉云笑着说，"接触后，我觉得这个小伙子人品、学问不错，对学习特别认真，对人很平等，不高看人，也不轻视人，非常可靠。"这时，卢志恒也笑着说："她性格比较好，很温柔。"停了停，卢志恒开玩笑地说："当然，更看重她当时学习成绩比较好，这个很重要！"听到这，黄婉云赶紧接话："我当时还想着，一定要找个学习好的对象，万一孩子成绩不好怎么办。"说完这，两位老人都笑起来了，时间仿佛穿梭到了 20 世纪 60 年代。在北师大的校园里，两人情窦初开，在校园里一同散步、学习，分享青春时期的烦恼与快乐。

在串起两人爱意的数学课结业考试中，卢志恒考了满分。可是，黄婉云因为神经衰弱，选择了放弃考试。"在当时，考不好的话，成绩要放在档案里，也可以选择不考，我就想着还不如不考呢。"黄婉云笑着说。虽没拿到分数，但黄婉云收获了一个在往后余生都尊重她、爱她的丈夫，这就是人世间最大的收获了。

最后，黄婉云留在北京师范大学任教，卢志恒收拾行李后，孤身一人前往郑州粮食学院报到。可是，他们的爱并未被万水千山所阻拦。他们约定，只要双方都好好工作、生活，终会有一天能团聚。

结合工作需求不停调整专业研究　干一行精一行

在郑州粮食学院，卢志恒的宿舍在顶层六层。每天中午，太阳直射到宿舍里，热浪翻涌，令人喘不过气。卢志恒完全没注意到身体上的不适。尽管郑州粮食学院在夏天的午休时间有两小时，但他中午只睡半个小时，将所有的精神力量都倾入学习上。

由于卢志恒当时还需下乡参加农村劳动，没有正式教课。"我当时并没有放弃，只要一有空，我就看书，当时还自学了清华大学电子工程系的教材和自动控制方面的书籍。"卢志恒并未拘泥于自己物理系高才生的身份，而是快速转变思维，不停告诫自己："不能被一时困难打倒，当机会来临时，我才能更好地抓住机会！为了能和夫人、孩子相聚在一起，我必须要学习！"

一年多后，卢志恒终于能开始工作了。根据新的工作环境和当时的社会环境的需要，他改行从事电子技术和工业自动化的研究研制工作。当时，郑州的棉纺织业发达，由上海工厂迁厂过去，为了提升生产效率，需要设计研发一台半导体晶体管控制的大功率点焊机。"我大学期间在工厂锻炼过，有一定的实际操作经验，加上自学了相关知识，我设计出了图纸，并且在学校机械厂的帮助下试制成功一台机器，使用效果还不错，从而我的电子技术水平在郑州粮食学院获得了高度的认可。"卢志恒笑着说，没想到，这项工作为自己日后开展别的工作带来了很大的帮助。

当时，国家开始抓环境保护工作，国家成立了环境保护领导小组，并且要从粮食部系统开始，计划花五百万美元的外汇从国外进口一批先进的环境检测仪器。卢志恒因优异的工作表现被抽调到国家粮食部，负责仪器验收。"我大学时因为经常要看国外论文，积累了一定的英语知识，能够看懂国外仪器的英文说明书，自己也不断自学着相关知识。"凭借过硬的专业能力，卢志恒验收出了几部不合格的仪器，为国家节省了不少外汇。

后来，粮食部举办了环境保护工作技术骨干培训班，聘请科学院的相关研究人员教学如何使用仪器，卢志恒负责调试仪器。他的种种表现都得到了领导的称赞，而这，又为他带来了更多的发展机会。

当时，粮食部机关负责电子技术推广的部门要借调他，北京市粮食局要录用他。结合专业兴趣、家庭情况后，卢志恒选择了北京市粮食局。"和家人异地，我一直盼着能和他们在一起。"卢志恒说，到北京市粮食局能从事相关研究，也能拿到户口，这份工作能给他一直渴望的稳定。

到北京工作后，卢志恒先后完成几个项目。包括：北京市项目——面粉厂全自动打包机的研究研制工作；粮食部项目——面粉厂风力输送的风速自动调节系统和面粉厂小麦出仓流量的自动跟踪系统等。通过这些工作，他逐渐成长为工业自动化的专家级人员。物理，则成为他深埋于内心的梦想。

卢志恒介绍，面粉的加工工序复杂，环环相扣，每一环节都要严格把关。面粉厂一般分小麦清理车间和小麦制粉车间。小麦清理车间可以采用三筛、两打、两去石、一精选、一着水和三磁选的生产工艺。小麦制粉车间可以采用四皮、五心、二渣、二尾，中后路打麸、一道清粉的生产工艺。

北京是大城市，人口集中，粮食消费量很大。卢志恒要做的是改进机器自动化生产技术，提升面粉打包效率。经过长时间的学习和研发，卢志恒总算攻克了这个难题。

1976年7月28日，河北唐山、丰南地区发生7.8级强烈地震，震中烈度达11度。有着100万人口的华北工业重镇唐山顷刻间夷为平地。地震波及天津、北京，涉及14个省、市、自治区。地震造成24.2万多人死亡，16.4万多人受重伤，人民生命财产损失之惨重为历史罕见。在党和政府的坚强领导下，在全国人民和解放军的大力支持下，地震灾区人民奋起抗灾，恢复生产重建家园，抗震救灾斗争终于取得重大胜利。

　　而卢志恒，也在平凡工作岗位上为抗震救灾，贡献着自己的力量。当时，北京市的老旧面粉厂大多倒塌，北京市的面粉供应出现严重困难。为保证北京市的社会安定，解决北京市的面粉生产供应问题，中央决定启动国家 1 号工程，要求在三个月之内建成一座大型的高度自动化的面粉厂。卢志恒主持承担了面粉厂的自动控制系统的研究研制工作。研究工作结合了他在前期已经负责完成的三个子项目。

　　"当时，面粉的国家标准是水分含量要保持 13%。小麦磨成面粉后储藏时间是七天。由于面粉难保存，致使从外地调面粉十分困难，高效建立一座现代化面粉厂势在必行。"卢志恒介绍，中央要求在三个月内建成工厂，他和临时组建的团队深感责任重大，他们通力协作，边设计边施工。

　　卢志恒举例说，面粉厂有几十台机器，不能同时启动和停止，需要按照工艺流程的要求进行启动和停止。所以，他需要设计一个顺序控制器，能够让机器自动按规定顺序启动、停止。"当时美国已经有大规模集成电路的 CPU 构成的计算机来控制机器，而我们国家的集成电路还只能生产门电路。考虑到我国的集成电路工艺还不成熟，为了设备运行可靠，我们仍然选用晶体管作为电路的核心器件。"在当时的条件下，卢志恒不敢图方便轻易选用集成电路。如果控制设备不可靠，后果不敢想象。

　　安全一直是悬挂在卢志恒和同事们头上的剑。为此，每天不到七点，卢志恒就要出门赶赴工厂。下班时已经天黑，伴着满天的繁星，他才回到家，在昏暗的灯光下还要一遍又一遍地改着图纸，为第二天的工作做计划。

　　"我们无法验证，必须一次成功。"夜以继日地奋斗了三个月后，终于迎来了设备调试的这一刻。"在按下按钮时，我整个人都在颤抖，十分紧张。"屏住呼吸，睁开双眼，全厂一次试车成功，数千个焊点无一虚焊！卢志恒大大地呼了一口气。

　　在成功的这一刻，卢志恒最想夫人和孩子。地震过后，卢志恒就被召集工作，完全照顾不了家庭。夫人黄婉云只能和另一位女邻居合力搭建一个简易防震棚，自己带着孩子。"我当时被他临危受命、不惧危险的精神而感动。在工作上，我没办法帮他，我就想在生活上做好他的后盾。"白天，黄婉云送女儿去幼儿园，晚上，她们最开心的时刻是在家门口等候卢志恒回家。"看到他到家了，我的心就安了。"每当卢志恒深夜赶图纸时，黄婉云有一种说不出的心疼。通过这件事，黄婉云更加认定卢志恒就是自己这辈子认定的人，能为国家赴汤蹈火，就必能为小家遮风挡雨。"我们那个年代的人，一心想为国家贡献，只要能做一点点的事情，我们都会觉得义不容辞。"卢志恒至今都感念夫人当时对他的理解和包容。

之后，卢志恒设计的控制系统运行稳定可靠，连续工作了 15 年没有发生过一次误操作，直到更新换代。该设备无论是中央控制室还是各个子系统，都没有国内外经验可以参考。"这是凭借整个团队的创新研究取得的成果，受到了指挥部的高度赞扬。"卢志恒认为，这是他这辈子最值得骄傲的事情。

结束完这项工作，还没来得及休息调整，卢志恒又投入了下一个工作。他主持并承担国家第五个五年计划科学发展纲要第 55 项：工业生产过程自动控制和电子计算机的应用研究。

1975 年，中共中央制定了《1976—1980 年发展国民经济十年规划纲要（草案）》，安排了"五五"计划。"五五"计划提出后三年（1978—1980 年），建立独立的比较完整的工业体系和国民经济体系。1978 年 12 月的党的十一届三中全会，全党工作重点转移到社会主义现代化建设上来。会议强调必须按照客观经济规律办事，初步提出了调整、改革的任务和措施，预示着国民经济发展即将摆脱困境，进入新的不断探索发展道路的时期。

粮食安全与经济发展密切相关。提升面粉厂的全面生产自动化对于提升面粉生产十分重要。对于没有自动化专业背景的卢志恒而言，这是机遇，更是挑战，他必须要在短时间内掌握大量专业知识，还要能将理论知识转换到实际操作领域。

为此，卢志恒再次跨界，他要自学计算机，用计算机系统控制面粉自动化生产。20世纪七八十年代，国外多家企业推出个人计算机，商业软件也开始繁荣起来，涌现出IBM、微软等多家著名企业。但是，我国还是晶体管计算机，没有独立研究出集成电路计算机，存在着较大差距。卢志恒只能从头开始，他工作之余就抽空去清华大学旁听计算机控制课程。不仅自己去听，还带着同事一起去听。"我是物理专业毕业的，有同事觉得我专业不对口，能力应该不行，对我不太服气，我就想一起去上课一起学习，大家都进步了，工作就好做了。"在夜以继日地学习后，卢志恒了解了计算机编程，明确了工作计划，将工作内容精准分工，带领同事们实现了从0到1的突破。

在这些工作的基础上，1977年，北京市政府授予卢志恒北京市先进科技

1990年，卢志恒同他的研究生学生留影

工作者荣誉称号。1978年，卢志恒出席全国科学大会，并被授予全国先进科技工作者荣誉称号，得到了华国锋、邓小平等党和国家领导人的接见并合影留念。也因此，卢志恒的名字被刻在北京崇文门附近的全国劳模广场的石碑上。

这是卢志恒一生中的巅峰时刻之一。"这是我最看重的荣誉。"卢志恒

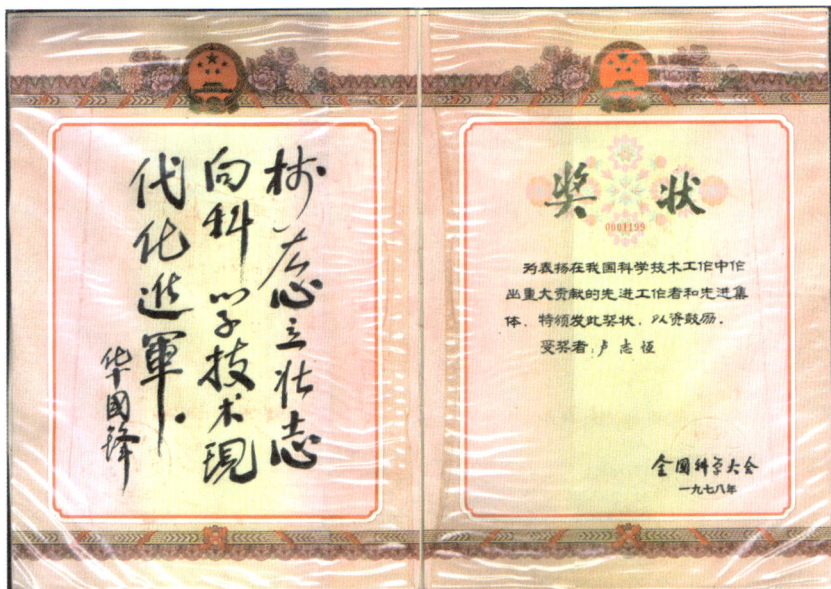

卢志恒获全国先进科技工作者的奖状

指着墙上与国家领导人合影的照片笑着说，当时领奖时非常高兴和激动，这意味着自己长期以来的付出得到了认可。"因为这些成就，我的工资提了两级，能改善一下家庭生活环境。"在那个年代，能被认可已经是莫大的荣誉，工资也能随之上涨，算是出乎意料的惊喜。

1981 年，由于贯彻专业对口调整政策，卢志恒被调到新成立的北京师范大学低能核物理研究所暨北京市辐射中心从事原子核技术的应用研究工作。兜兜转转一二十年，卢志恒终于回到了母校。这一别，少年已成中年，但心中的理想却从未改变过。卢志恒用自身经验告诉了年轻人，实现梦想的道路不一定是笔直的，但是只要肯坚持、肯学习，即使道路曲折，也会实现目标。

"工作的这些年，我对自动控制的研究已经很深入了，不愿继续待在这个舒适圈内，能回学校重新从事物理研究，我特别振奋。"回校后，卢志恒又拿出了他在学习上的倔劲、狠劲，大量查阅国内外文献资料，如饥似渴地学习着。"这个机会太难得了！我必须要好好学习！"卢志恒的专业研究又跨行到半导体工艺研究上，这又是一条未知的前行道路。

拒绝美国高校挽留 只想回国报效祖国

在北京市粮食局从事自动控制研究时，卢志恒就赶上了一件"好事"，学习使用国外的集成电路电脑，即微型计算机。在北京市粮食局工作时，卢志恒就"眼红"国外电脑了。当时，有美籍华人给清华大学赠送了几台电脑。之后，国家科委下决心进口了几百台电脑。为了培养使用电脑的人才，国家科委通过英语考试选拔了一批专家学者去香港培训学习。在香港时，老师来自麻省理工学院，对电脑知识的讲解让卢志恒如沐春风。在最初的选拔考试中，卢志恒笔试拿到了满分，听力则是零分。"英语笔试题目重点是翻译一篇长长的有关计算机的文章。我一直保持着背单词、读英文文献的习惯，所以笔试时没感觉到什么困难。但是，长年以来，一直学的是哑巴英语，一考听力就蒙了。"好在，由于笔试的满分，卢志恒最终被国家科委破格录取。这次到香港参加计算机培训，卢志恒在计算机的专业知识和英语水平取得双丰收。为以后的国家派遣留学生的英语资格考试做好了准备。

1982年，又一个好运降临到卢志恒身上，他在德国艾伯特基金会的资助下，到德国做访问学者。"学校本来是派一位女老师去的，这位老师学了一年英语，没通过考试，出国指标只能作废。到了第二年，我是候补队员，学校为了不浪费指标，派我去参加考试，由于有香港的计算机培训班的经历，口语和听力都有了很大的提高，英语的国家考试顺利地通过了。"卢志恒的这段经历恰到好处地阐释了"皇天不负有心人"这句话的含义。

去德国前，卢志恒到北京语言学院参加语言预备班，突击德语。"这段学习经历让我的耳朵'顺'过来了，从听不懂逐渐过渡到听得差不多，尤其是专业术语上，我能更好地掌握了。"卢志恒说。

到达德国后，卢志恒又投入了紧张的学习中。他师从德国的科学院院士、慕尼黑大学物理系讲席教授席兹曼博士（Prof. Dr. R. Sizmann），从事离子束与固体相互作用的基础研究。

　　初到国外，德国给了他很大的震撼。夜晚，站在德国的奥林匹克桥上，卢志恒一眼望去，路上的汽车像"火龙"一样，汽车尾灯的颜色甚至有点刺眼。"我们国家那时候汽车少，能骑自行车就很不错了。我就想着，我们的国家哪年能有这样的'火龙'？我必须要好好学习，回报祖国。"卢志恒说道。

　　"这两年，我过得很累。"在陌生的生活、语言环境下，卢志恒每天总是早上八点工作到晚上八点，工作和学习的压力非常大。"当时基金会给我的钱还是不少的，但是由于要上交大使馆，实际到手的钱和公费留学生也差不多。为了节约费用，我要早早起床，自己做饭带到研究单位吃。到了研究单位要反复做实验，加速器启动后，要长时间守护在机器旁，观察实验数据。"卢志恒说，经常做完实验，公交已经停运了，他只能走回去，"由于核辐射的关系，我们的研究单位设在近郊，而我的宿舍则在城里，走一趟要一个多小时。"

　　学成后，卢志恒拿着辛辛苦苦攒下的费用，给家里买了电视机、录音机。"出国一趟，要给夫人、女儿带点礼物。"卢志恒的微笑里，透露着对家人

卢志恒夫妇和他的德国导师席兹曼院士夫妇在家里的合影

无尽的爱。

在德国，卢志恒主要从事半导体集成电路的重要工艺——离子注入技术的基础研究。据了解，离子注入技术是近 30 年来在国际上蓬勃发展和广泛应用的一种材料表面改性技术。其基本原理是将离子束入射到材料中，离子束与材料中的原子或分子将发生一系列物理的和化学的相互作用，入射离子逐渐损失能量，最后停留在材料中，并引起材料表面成分、结构和性能发生变化，从而优化材料表面性能，或获得某些新的优异性能。这项技术由于其独特而突出的优点，已经在半导体材料掺杂，金属、陶瓷、高分子聚合物等的表面改性上获得了极为广泛的应用，取得了巨大的经济效益和社会效益。

1984 年到 1985 年，卢志恒受聘于美国位于教堂山的北卡罗来纳州立大学，从事原子核技术在半导体工艺中的应用的客座研究。当时，美国发射的一颗卫星上天后失效了，卢志恒的美国导师研究了宇宙射线对卫星中半导体器件的损坏，于是考虑原子核技术在半导体材料上进行进一步的应用研究。当时，美国的这项研究做得早，已经做出来了成熟的设备，但不卖给中国。

"学习是无穷尽的。"在学习的赛场上一直拼命奔跑的卢志恒终于承认，每一次的学习不是结束，而是一场新的开始，他想学的，还有很多很多。

美国学习结束后，美国教授极力希望卢志恒留在美国。"我的根在中国，我所学的知识必须要为国所用，我一天也没多待，毅然回国。"卢志恒说，回国告诉女儿这个故事后，女儿有所不解，认为父亲应该留在美国。但是，卢志恒当时并没有回复女儿。往后的每一天，卢志恒都在用亲身行动告诉着女儿，何为一个知识分子的骨气，何为家国情怀。

回国以后，卢志恒先后在北京师范大学低能核物理研究所和物理系从事半导体材料、非线性系统理论和量子计算机的研究工作。卢志恒沿着这次所学的内容继续探索。他重复做了一两年的实验，取得了在太空飞行器和核辐射环境下使用的半导体材料的发明专利，即"绝缘体上单晶硅（SOI）材料制造方法"。这项专利公开了一种采用 SIMOX 技术制造 SOI 材料的方法。通过在传统的注氧隔离制造工艺中引入离子注入非晶化处理，使得非晶化区域内的各种原子在退火时产生很强的增强扩散效应，从而制造出顶部硅层中的穿通位错等晶体缺陷和二氧化硅埋层中的硅岛和针孔等硅分凝产物得以消除的高品质的 SOI 材料。本发明还公开了一种将离子注入非晶化处理应用到采用注氮隔离或注入氮氧隔离技术中制造 SOI 材料的方法，使得氮化硅埋层或者氮氧化硅埋层是非晶层，顶部硅层是和氮化硅埋层或者氮氧化硅埋层的界面具有原子级陡峭的单晶硅层。

　　如今，他终于可以理直气壮地站在讲台上为学生们讲授物理知识了。"当时，学校开了一门控制理论的课程，要求老师有物理和自动化专业背景，换了几个老师都讲不好，校长找到我，让我试试。"没想到，卢志恒恰好对这个领域十分熟悉。"我的讲课内容浅显易懂，结合了理论和实践，学生们不仅能听懂，还能从中举一反三。"基于前期的自动控制方面的研究工作和后期的教学工作需要，卢志恒著有《控制论引论》一书，并被教育部审定为全

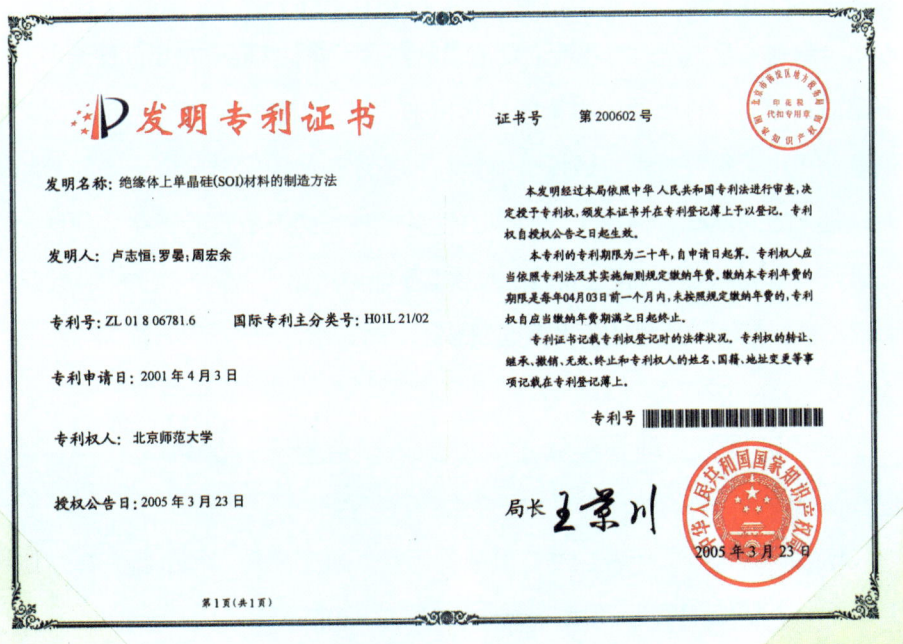

2005 年，卢志恒获得的发明专利证书

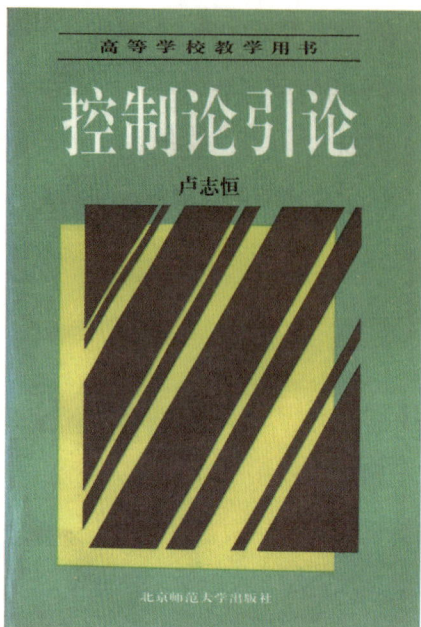

卢志恒著的《控制论引论》

国高等学校教学用书。"在当时，这本教材比较新颖，这算是我在教学领域里的一大成就。"卢志恒拿出这本书，充满深情地看了看。

做了这么多研究后，卢志恒越来越喜欢高校自由研究的氛围了。"大学对老师的研究不作限制，基于非线性系统理论的研究成果和良好的计算机软硬件技术基础，我开始尝试研究保密通信领域。"卢志恒介绍，"非线性微分方程的解可以是无序的、随机的，投影到电脑显示屏上就像雪花。乍看之下不知道是什么，但是仔细研究，里面存在规律。"卢志恒举例说，应用在保密领域上，相当于在保密文件结合到别人看不懂的雪花片上变成了另一片雪花，这层雪花片也是无序的。但是通过解密，有序的内容就能显示出来。卢志恒的这项研究为我国国防通信事业作出了重要贡献。破译事业是一位天才努力揣摩另一位天才的心的事业，是天才间最高级的搏斗。而卢志恒凭借先天的天赋及后天在多领域的交叉研究，闯入了这条布满荆棘却令人欲罢不能的道路。是金子，在哪都能发光。而卢志恒将自己的光洒在了更多的领域。

推荐诺贝尔物理学奖候选人　深入研究量子计算机

作为一名科研工作者，卢志恒从不满足于研究成果，每个研究都为他打开了下一个研究的大门，他愿穷尽一切精力去探索。

中国量子通信的倡导者和首席科学家潘建伟院士在 20 世纪 90 年代还在

奥地利不算有名的大学——茵斯布鲁克大学读博士，师从安东·蔡林格教授。有一年，安东·蔡林格教授只身也是首次到中国访问。主要接待单位有两所大学：一所是潘建伟的母校中国科学技术大学，另一所是当时的全国量子力学教学领导小组组长所在的北京师范大学。受北京师范大学物理系量子力学教研组的委托，卢志恒很幸运能负责安东·蔡林格教授在北京的接待工作。

在安东·蔡林格教授的讲座中，卢志恒第一次听到了量子计算机的概念，他被震惊了，这里面的研究内容恰是他感兴趣的。安东·蔡林格教授在潘建伟临毕业那年，1999 年，带着潘建伟离开了茵斯布鲁克大学而受聘于维也纳大学。

20 世纪末到 21 世纪初，国内量子计算机的研究是空白的，卢志恒决定闯入这片"无人区"。

"基于学校现有的实验条件，我主要研究量子计算机的算法，包括量子搜索、量子纠错和量子多体问题等领域。"卢志恒介绍，现有的数据库由于采用了计算机进行云计算时，数据量很大。搜索大型数据库已经令经典计算机感到困难，而量子搜索则能解决这个问题。量子计算机运算快，但脆弱。量子计算机由于自身的和环境的原因容易出错，所以量子纠错一直是量子计算机的重要研究方向。此外，天文学中，单单研究太阳和地球相互作用相对容易，而如果加入月亮，研究三个物体的相互作用，问题就要复杂得多。这是宏观的多体问题。同样量子多体问题也是量子计算的重要研究方向。

2004 年，基于对量子计算机的前沿基础研究，在 V. Krasnoholovets 和 F. Columbus 的主导下，卢志恒在美国纽约的新科学出版社合作出版了一本英文著作，名为《量子物理进展》。

1998 年，卢志恒受聘于瑞典皇家科学院，他收到一封信，请他推选 1999 年诺贝尔物理学奖候选人。诺贝尔奖是根据诺贝尔 1895 年的遗嘱而设立的五个奖项，包括物理学奖、化学奖、和平奖、生理学或医学奖和文学奖，旨在表彰在物理学、化学、和平、生理学或医学以及文学上"对人类作出最大贡献"

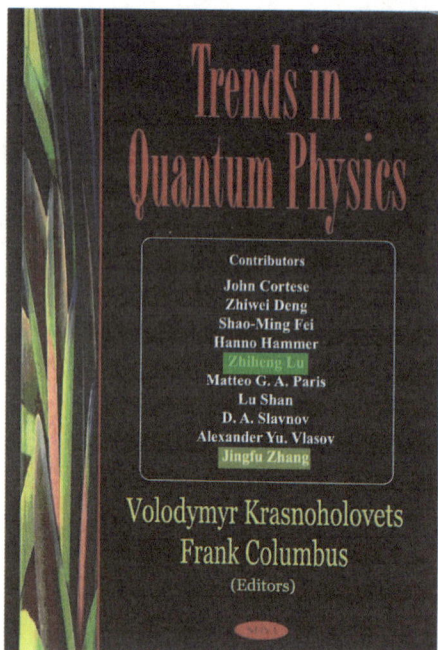

《量子物理进展》

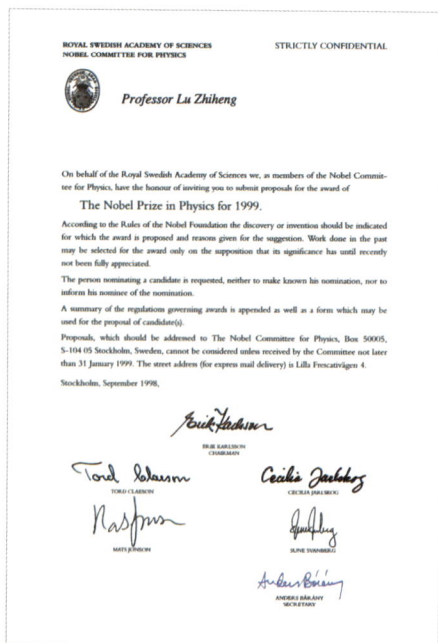

瑞典皇家科学院给卢志恒的聘书正文

的人士。每年，诺贝尔奖名单的揭晓都是全球关注的焦点。

"收到这封信时，我也很惊奇，让我推选物理学奖候选人，这对我而言是一种认可。"卢志恒展示了这封珍藏已久的信件，时间虽已过去 24 年，但信件依旧崭新。信里写道：诚挚邀请卢志恒推选诺贝尔物理学奖候选人。根据相关要求，卢志恒可写下被推荐人名字和推荐原因，将信寄到相关地址。

"当时，我脑子里首先想到的就是安东·蔡林格教授，他讲座时的风度及对专业的认识，给我留下了太深的印象。"于是，卢志恒认真写下了推荐理由。可是，那一年，安东·蔡林格教授并未获得诺贝尔物理学奖。

2022 年，诺贝尔物理学奖揭晓，卢志恒看到了熟悉的名字：安东·蔡林格！安东·蔡林格是奥地利量子物理学家、维也纳大学物理学教授、奥地利科学院量子光学与量子信息研究所高级科学家。安东·蔡林格在理论和实验上对量子物理基础实验作出了贡献：他与合作者在国际上开展中子、原子、大分子的量子干涉实验；实现了无局域性漏洞、无探测效率漏洞的量子力学非定域性检验；提出并在实验中制备首个多粒子纠缠态（GHZ 态），在量子力学基础检验和量子信息中起着作用。从量子物理基础实验出发，他和同事们系统性地发展了多光子干涉度量学，并应用于量子信息处理，包括量子密集编码、隐形传态、纠缠交换、纠缠纯化、远距离量子通信、光量子计算和基于纠缠的成像等，其中 1997 年实现量子隐形传态的工作被公认为量子信息实验研究的开山之作。

榜样的力量一直激励着卢志恒前行。这么多年来，不论安东·蔡林格有没有得到诺贝尔奖，卢志恒都关注着他最新的学术动态，在一篇篇论文中和他产生着精神上的共鸣。

所以，当看到安东·蔡林格获奖时，卢志恒形容不出他的兴奋，而这也说明了卢志恒在物理学领域充满前瞻性的认识。

人这一辈子，说长也长，说短也短，在该奋斗的岁月里，对得起每一寸光阴，才能于高山之巅，见大河奔涌于群峰之上，感受长风浩荡。卢志恒就是如此，

2000 年，卢志恒工作照

2023 年，卢志恒和爱人黄婉云在燕达养护中心合影

无论是悲惨的童年，还是曲折的少年，无论在农村，还是在异国，他唯有咬住一口气，不断追赶，才能实现心中最朴素的梦想——为家人做点什么、为国家做点什么。

2003 年，卢志恒退休了。他毅然采取了一种截然不同的生活方式，全面停止工作，投入生活中。"我这辈子过得太累了！一直在追逐，从未停歇过。"尽管退休了，身边还是不断有人请卢志恒重新"出山"，开展一些科研工作。卢志恒直接回复：此人不在北京，信件退回原处。态度之坚决，让人很难相信他退休前是一个工作狂。

退休后，卢志恒和夫人在山东威海银滩置办了一套房子，每年的 6、7、8 月就去海边度假。卢志恒有游泳的爱好，在大海中尽情接触着海浪与微风时，他的身体好像回到了年少，有一种前所未有的放松感。"现在年纪大了，游不动了，我在游泳馆游泳时，担心在水道挡着年轻人，就不再去了。"卢志恒笑着说。

　　面对卢志恒大半辈子在科研上的追逐，老伴黄婉云没有任何抱怨，她一直用行动支持着丈夫。黄婉云大学毕业后，留任北京师范大学物理学老师，潜心科研，做出不少成就，是当时物理系仅有的两位女教授之一。"我上课时能深入浅出，思路清晰，学生们很爱听，这也激励着我好好工作，教学相长。"黄婉云说。

　　但是，相较丈夫，黄婉云需要在家庭上投入更多的精力。"我们只有一个女儿，女儿一岁半时，我就送幼儿园去了。她当时哭得不行，我也只能狠狠心走了。出了幼儿园又不忍心，就站在外面听着女儿的哭声，她在哭，我也跟着哭。"黄婉云回忆，刚开始，幼儿园老师总要从自己身上扒拉下女儿，过了好长一段时间，女儿才适应幼儿园生活。而黄婉云也努力让自己成为学校的好老师、家里的好后盾，只要卢志恒有重要工作，她绝不给他说家里的困难事，选择自己一人默默承担。

　　正如卢志恒、黄婉云期待的那样，女儿十分聪慧，18岁去德国留学，学习物理。"女儿对待学习的态度和我们一样，认真刻苦。虽然缺席了女儿的成长，但是我一直认为，我们在努力，女儿能看见，这是一种潜移默化的影响。"相比很多人忙于工作，觉得对子女教育有所亏欠，卢志恒反而比较释怀。如今，外孙女也茁壮成长了，学习心理学。退休后，二老有空就会去德国看望孩子们，幸福十足。

　　2019年，卢志恒、黄婉云住进燕达金色年华健康养护中心。"在这里，我们每天在老年大学做做音乐韵律操，走走路，病了附近就有医院，我们很有幸福感。"在养老院里，随处可见悠然散步的老人，很多老人和他们一样，外表简简单单，实则深藏功与名。

　　聊完这些故事，两位老人相视一笑。两位老人走进房间，看着满墙的照片，不时聊着照片背后的故事。在两人的聊天中，那些艰辛的往事如风一样，飘散在记忆的隧道里。此时此刻，他们只在意能陪伴着彼此，尽享无事烦扰、身体健康的退休生活。

妙笔生花

宋广礼，男，1936 年 3 月 26 日出生于辽宁省辽中县（现为沈阳市辽中区），中共党员，中央人民广播电台高级记者，曾任中央人民广播电台第二套节目副总监兼科教部主任，享受国务院政府津贴。全国先进科普工作者，全国国防科普先进工作者，全国优秀的科普作家，全国科普编创学科带头人，中国科技新闻学会常务理事。文章《从甲骨文到口袋图书馆》被选定为初中五年级语文课文，刊登在初中《语文》第五册上。独立完成或合著的书籍有：《80 一梦》《光学世界奇观》《听广播，学科学》《梦想成真》《阅读和欣赏》《"翻译"科学的艺术》《科普广播佳作选》等。创作的诗歌有：《夜盼黎明太阳升》《快乐人生一百年》《镜头里边乐趣多》《盛世高歌赞和谐》《不忘初心跟党走》《梦之歌》《辽河颂》《神舟飞天曲》等。

宋广礼

从农民孤儿走向"全国先进科普工作者"

作为中央人民广播电台的高级记者，宋广礼对于"记者"，有自己独到的见解：记什么？记大事，记新闻，记趣谈；记"小事"中的"大事"；记"旧闻"中的"新闻"。如今87岁高龄的他回忆往事，很多东西记忆犹新，也有很多淡忘在岁月的长河中。

被邓小平问道："我给你们中央人民广播电台的题词，还记得吗？"宋广礼下意识答道："记得——高举毛泽东思想旗帜，更好地为社会主义革命和社会建设服务，为马克思列宁主义和无产阶级国际主义服务。"一问一答，就好像发生在昨天那样记忆深刻；钱学森告诉宋广礼，搞好科普宣传"不仅具有物质文明价值，更具有精神文明价值"。钱学森写给宋广礼的亲笔信现在就收藏在上海交通大学钱学森图书馆中……宋广礼在记者及科普编创领域兢兢业业，奋斗一生，自撰《科普广播佳作选》《光学世界奇观》等屡获国家奖项，与友人合写的说明文《从甲骨文到口袋图书馆》被选入中学《语文》课本，而他不同阶段的人生故事也如他的作品那般动人心魄。

风雨飘摇的童年

1936 年 3 月 26 日，宋广礼出生在辽河南岸长林子村的一个普通农民家庭。在宋广礼 5 岁时，父母双双病故，留下了他们姐弟三人，当时姐姐 7 岁，弟弟只有 3 岁。这三个还未懂事的孩子，一夕之间都成了孤儿。

亲戚们也大多生计艰难，凑在一起想出分开抚养的办法：姐姐、弟弟分在舅父家；宋广礼分在伯父家，并按照宋姓的排辈规矩，给他起了一个正式的大名——宋广礼。当时伯父已年迈，"当家"的是时年 40 多岁的堂兄宋广贤，宋广礼亲热地叫他"哥哥"。在这个家庭里，宋广礼年龄最小，但辈分却很大，有伯父关心、"哥哥"照顾，和他的"侄、孙"们也相处融洽。在他儿时的记忆里，留下了一抹温情的色彩。

1944 年，宋广礼刚上小学就遭遇了日本军国主义的压迫。宋广礼和同学们都是一些 10 岁左右的孩子，天真活泼，无拘无束。日本人就利用孩子们思想简单，容易被感化的弱点，大肆进行奴化教育。学生每天到校后，都集合在操场上，按年级整齐排队，听从"教官"的口令，"虔诚"地朝着"东京"的方向"遥拜"，"三鞠躬"后，升日本的"太阳旗"，唱日本"国歌"。经过这番折腾以后，孩子们回到教室，可学生们都听不懂日本话、唱日本歌、一个上午就这样过去了，什么也没学到。

日本人很狡猾，但中国人也不好对付。孩子们的家长听说日本人进行这样的奴化教育非常气愤，都悄悄地让自己的孩子退了学，学校逐渐变成了空壳。就这样，这所被日本侵略者霸占的学校不到两个月就夭折了。

日本侵略者为了维持他们在中国的殖民统治，肆无忌惮地进行掠夺，到处抓"劳工"，为其殖民统治效力。但是，聪明智慧的中国人看透了侵略者的狼子野心，不甘心当亡国奴。宋广礼有一个本家侄儿，名叫宋道海，当时他还不到 20 岁，在院里干活时，被突如其来的一群日本鬼子抓起来，扔到一辆卡车上扬长而去。贫苦出身、性子刚烈的宋道海一直没有屈服，在车上不停地反抗，试图挣脱跑掉。日本鬼子扔掉了他的鞋子，斩断他逃跑的念头。当时，正是数九严寒的冬天，要想光脚跑掉确实很难。宋道海暂时"安定"下来，不再激烈反抗，等待时机，逃出虎口。

装着 20 多个被抓"劳工"的破卡车，一路开往奉天（即今天的沈阳）。当天夜里，卡车在一个小镇上停下来，准备在这里过夜，而被押送的"劳工"们只能待在车上。宋道海暗想，机会来了。

半夜时分，宋道海趁看守困乏之际，偷偷地跳下卡车，光着脚一口气跑了几十公里。天亮后，宋道海实在支撑不住了，只好小心翼翼地敲开了一家农户的大门，向主人讲述了他的不幸遭遇和事情的来龙去脉，主人非常同情、可怜这个小伙子，给予了他热情的照顾和帮助。

看到宋道海此时血肉模糊大冰坨似的脚，好心的主人赶紧端来刚烧开的热水，用来融化宋道海的冰脚。冰是融化了，可在那个贫穷而落后的年代，农村老百姓又怎么懂得用凉水慢慢缓冻的科学处理方法呢。宋道海回家以后，脚一天天红肿溃烂，最后不能走路了，好端端的小伙子一下子变成了残疾人。这在幼小的宋广礼心中留下了深刻的印象，这是日本侵略者在中国留下的鲜活罪证。

1945 年 8 月 15 日，日本侵略者无条件投降，这个好消息传到村里，老百姓高兴极了，三五成群奔走相告，他们都说着相同的一句话："我们再也不受日本鬼子的气了，我们可以吃馒头了！"在日本侵略者统治时期，老百姓是不允许吃白面做的食品的，一旦被日本人发现偷磨白面，就被冠以"经济犯"的罪名，受到严厉惩罚。老百姓每天只能吃高粱饭和糊糊，忍气吞声地过日子。现在把侵略者打跑了，吃馒头成了乡亲们最幸福的事儿。

辗转坎坷的求学路

在私塾求学无果，宋广礼在本村和外乡的学校里辗转几年，在 10 岁的时候，考上了辽中县一个学校的"优级"班（相当于现在的五六年级）。宋广礼平时寄住在县城"二哥"宋广久家，放假时，步行25公里地回家。路途的艰辛没有消磨宋广礼学习的意志，在这个"优级"班里，宋广礼的学习成绩一直很好，在年级里也名列前茅。没过多久，东北解放了，虽然宋广礼在"优级"班没有毕业，但却为日后求学打下了牢固的基础。

中华人民共和国成立后不久，宋广礼顺利地考进了鞍山实验小学六年级，这是新中国在鞍山市办的一所重点学校。毕业后，宋广礼考入鞍山二中，凭借优秀的成绩在录取的500多名应考生中排名第23位。由于家境贫寒，又是孤儿，在学校宋广礼享受国家发放的助学金，并且成为住宿生，吃、住都在学校，每日三餐，大多吃高粱米饭，白菜、萝卜，偶尔也吃一顿馒头和红烧肉，改善一下生活。虽然条件有限，但宋广礼很知足。

1950年，美帝国主义发动侵朝战争，并把战火烧到我国东北边境，烧到鸭绿江边，伟大的"抗美援朝"运动开始了。满腔热血的同学们，同仇敌忾，义愤填膺，"抗美援朝，保家卫国"的口号声响彻校园，师生们个个摩拳擦掌，跃跃欲试，积极报名，坚决要求跨过鸭绿江，奔赴朝鲜战场，奋勇杀敌。宋广礼满腔义愤，即刻报名，决心赴朝参战，但经几番努力，终因年岁太小，未能如愿。看到年纪大的同学如愿以偿，整装待发，圆了他们自己的杀敌梦，宋广礼暗暗地想，快点长大呀，也和大哥哥们一样，"雄赳赳，气昂昂，跨过鸭绿江……打败美帝野心狼"。

"美帝国主义者为了挽救自己失败的命运，悍然发动灭绝人性的细菌战。我国的东北，特别是鞍山市受到了直接的威胁，不屈的东北人民掀起了反细菌战的英勇斗争。这时，我们这些年纪小的同学们，可派上了用场，打蚊虫、灭苍蝇、抓老鼠成了我们每天的战斗任务。一天下来，虽然很辛苦，但同学们都不觉得累，可以自豪地说，我们参加了后方的'抗美援朝'，在反细菌战的斗争中贡献了力量。"宋广礼回忆起来仍激动万分。

宋广礼高中就读于鞍山一中，学校里学习氛围浓厚。高三备战高考时，学生们找一个僻静的环境，专心地看书学习，老师不定期地做集中辅导，解决疑难问题。同学们谁也不想错过这个难得的好机会，一到辅导的时间，大教室都挤得满满的，即使站着听老师讲解、辅导、解析难题，也甘心情愿。老师的苦心，同学的苦读，收获了丰硕的果实。1955 年鞍山一中高三毕业的同学全部考上了高等院校。

应征入伍 成为中国人民解放军

正当同学们紧张而又专心地复习功课的时候，一个解放军高等院校的工作组来到鞍山一中，他们是来自大连的中国人民解放军军事俄专的教师，奉命免试招收应届高中毕业生。在鞍山一中大概招收 30 名同学。当时宋广礼对这件事没太留意，仍然按部就班地复习功课，准备高考。他并不知道，这时很多同学都动起来了，热火朝天，纷纷报名，应征入伍，争当一名解放军大学生。

在报名日期截止前一天，好同学周从家突然找到宋广礼说，他已经报名并被批准入学参军了。宋广礼听了大吃一惊，他本来是想报考北京大学新闻系的，怎么又改了呢？周从家劝宋广礼赶快去报名，不然就来不及了。

宋广礼当时很纠结，去吧，就得彻底改变原来农医类院校的志愿；不去吧，又不甘心放弃当一名解放军军人的心愿。还有一条很重要，那就是宋广礼从初中开始，一直享受国家助学金，现在国家保送上大学，公费读书，绝好的机会不经意地来了，哪能错过呢？经再三考虑，并征得班主任肖景贵老师的肯定意见，宋广礼毅然决定报名，当一名光荣的中国人民解放军大学生，很快得到招生工作组的批准。

1955 年 6 月中旬的一天，宋广礼与 30 多个同学一起乘上南下的列车，向大连驶去。"到站后，迎接我们的是一排排穿着浅黄色军装，头戴解放帽，胸前佩戴着印有'中国人民解放军'胸章的老兵。他们一边鼓掌，一边喊着

穿上中国人民解放军军事俄专学员装的宋广礼

口号，欢迎新战友的到来。"宋广礼对那一天的印象历久弥新。

在对新兵入伍教育时，学校政委严文祥同志做动员报告。他对国际与国内形势做了深刻的分析和讲解，而后，很快把话题转向中苏关系。由于当时中苏两国亲如兄弟，并肩战斗，严政委顺势大谈中苏关系的伟大意义和同学们将来担当俄语翻译的重大历史责任。虽然，中央军委由于形势发展需要，于1958年撤销了中国人民解放军军事俄专，但巧的是，严文祥政委和宋广礼同时被分配到国防部第五研究院，也就是后来的航天部。严文祥成为国防部五院三分院的政委，宋广礼则当上了一名名副其实的翻译。

在解放军军事俄专学习期间，一个排24位同学在一个教室里上课，学习的课程不是很多，除了主科俄语外，还有汉语、苏联文学、政治、军事技术、武器操作、军事体育、野外作业、实弹射击以及选修课逻辑学、修辞学、翻译技巧等。在这里，宋广礼度过了一段愉快的求学时光，并于1956年4月7日成为一名光荣的共青团员。

中华人民共和国成立以来，一共产生了12位国防部部长，其中曹刚川是解放军军事俄专培养的国防生。他是河南舞钢人，1935年12月出生，1956年到解放军军事俄专留苏预备班学习；1957年9月前往苏联炮兵军事工程学院学习，1963年10月毕业回国，1992年晋升为中国人民解放军副总参谋长，此后出任国防科委主任、原总装备部部长，为我国国防建设和国防科技发展作出了应有的贡献；1998 年被授予上将军衔，出任中央军委委员；2002 年选为中央政治局委员、中央军委副主席；2007 年 10 月担任国务委员兼国防部部长。

　　2004 年，"全国国防教育系列活动"组委会、评委会成立大会在京召开，曹刚川担任主任，宋广礼是委员。同学分别多年后，再次相遇。"他穿着整洁的军装，佩戴上将军衔，已近 70 岁的曹刚川显得沉稳庄重、平易近人。见面时，我们热情握手，亲切交谈，毫无陌生的感觉。"曹刚川问及了学校领导和同学们的情况，宋广礼根据自己所知，做了简洁的回答。接着宋广礼开了一个玩笑："在我们同学当中，你的'官'最大呀。"曹刚川听后，稍做思索，拍了一下宋广礼的肩膀，机敏而幽默地"反驳"道："不，你的'官'比我大，无冕之王呀！"逗得在场的同志哈哈大笑。这次交谈是简短的、愉快的，宋广礼感到很亲热、很平和，没有距离感，中央军委委员曹刚川还是

中国人民解放军军事俄专毕业合影，后排左四为宋广礼

那个中国人民解放军军事俄专平凡的国防生。

解放军军事俄专的毕业分配，不要求同学们自己申报志愿，而是由学校根据每个人的实际表现分配工作。宋广礼有幸被分配到国防部第五研究院。

1958年8月的一天，刚刚从解放军军事俄专毕业的同学们，告别栽培他们且即将离去的母校，告别敬爱的老师，告别美丽的大连，搭乘开往北京的列车，满怀喜悦的心情，去迎接新的战斗。列车路过鞍山，这是宋广礼的家乡，停车5分钟，他轻轻地离开座位，走下火车，来到站台。熟悉的站台上没有亲人，也不见好友，但脚下的土地是温热的。5分钟是短暂的，来不及过多地思索，火车启动了。宋广礼带着对家乡的眷恋和未来的憧憬，飞快地驶向北京。

航天路　翻译情

在北京站迎接宋广礼这支小分队的大多是同行，他们用俄语彼此打招呼，感到很亲热，陌生感一下子消除了。几十个人登上一辆苏式大卡车，很快来到甘家口附近的国防部第五研究院。"那个年代的条件实在太艰苦了，堂堂火箭研究院竟然没有一个像样的礼堂，没有大一点的会议室，同学们就在食堂里听五院政委刘有光同志做入院报告，进行保密教育。"宋广礼回忆道。刘政委非常了解知识分子的心理，讲话很风趣，但要求相当严格。他说："进了这个门，就是一家人，我可以直截了当地告诉你们，五院是搞火箭、导弹的，既然来了，就一辈子不能离开，与导弹同生死、共命运。谁也不准向外边人透露自己是干什么的。我知道，你们知识分子很聪明，可以不说搞什么的，用手一比画就明白了，那也不行……"刘政委的这番话，大家记得很牢，在以后相当长的一段时间里，国防部第五研究院的上上下下都自觉地遵照执行，严守秘密，很少出现纰漏。

国防部第五研究院下属若干个分院。宋广礼和另外十几位同学被分配到五院的二分院，下设若干个支队。实际上，一个支队就是一个具体的、承担不同项目的设计研究所。这里存放着大量的密级很高的技术资料和实物，对保密要求极为严格。如果出了保密问题，要受到严厉追究。

与外边联系或者写信只能用信箱号，宋广礼记得当时他们的通信地址是73号信箱，不了解底细的人，都幽默地称他们为"在信箱里工作的人"，但当时确实收到了很好的效果。这个禁忌一直到20年后才被打破。

宋广礼被分配到二分院，具体工作就是给苏联专家当翻译，宋广礼和夏桐生分管两位地面电源专家。刚出校门，就做口译，困难不小。宋广礼非常感谢有经验的老翻译对他毫无保留地"传帮带"，让他逐步可以独立做口译。"对我帮助最大的是张克文同志，他跟我一起陪同苏联专家，既做业务指导又当翻译，使我很快熟悉了业务，慢慢地开始独立工作，我要真诚地感谢他。"

宋广礼陪同的苏联专家沃尔科夫年岁较大，当时已51岁，是一位老布尔什维克，参加过苏联卫国战争，是赫鲁晓夫的入党介绍人，又是来中国的苏联专家党组织的领导成员。他两次来中国，提起当年帮助中国搞建设的事儿，有说不完的话。沃尔科夫为人很随和，容易相处，喜欢开玩笑，说一口标准的莫斯科话，因此，给他当翻译，宋广礼没有感觉到太多的困难和太大的压力。

宋广礼（左一）与苏联专家在一起

值得骄傲的是，在宋广礼的同学当中，他是第一批接待苏联专家当口译的翻译。"当我第一次陪同苏联专家外出工作时，解放军军事俄专的校友们看到了，都竖起大拇指，高兴地为我叫好'宋广礼真行啊！'听了同学们的话，我感到很自豪、很温暖、很幸福。"忆起当年，宋广礼自豪感油然而生。

宋广礼陪同的苏联专家主要在两个地方工作，一个是二分院的一支队，另一个是五机部的547厂。跟随专家工作和学习的是一支队的地面电源工程组，组长傅炳坤。在那段紧张工作的日子里，苏联专家几乎每天都要往返于二院与547厂之间，既要解决大量的技术问题，又要给相关的工程技术人员讲课，传授当时我国的科技人员尚未掌握的新技术。这是做专职科技翻译最艰难，也是最忙碌的时候，光是讲课稿，宋广礼就积累了一大摞。苏联专家撤离时，宋广礼和傅炳坤，把这些讲课笔记进行翻译整理，印成中文版的《苏联专家建议汇编》。

在国防部五院当翻译，除了政治思想条件以外，还必须具备两个基本功：一是俄语基础知识要过硬，可以应对日常的翻译事务；二是要懂得相关的专业技术知识，胜任苏联专家与中国科技人员之间的沟通和交流。对宋广礼来说，第一个关口难度不大，在大学里学的俄语基础知识，完全可以应对日常翻译工作，而第二个关口，困难太多了，在他的知识库中，火箭、导弹知识基本上是空白。为了胜任工作，他只好对一些专业技术知识进行"恶补"，自学《导弹技术引论》《高等数学》《电工学》《电机原理》《发动机概论》等。"不求将所有知识精通，但用来应付专业技术翻译还是管用的。"

在国防部五院的翻译生涯中，为王诤做翻译的事，让宋广礼记忆犹新。王诤是中国红军无线电事业的创建者，1940年担任广播委员会委员，领导建立了延安新华广播电台（中央人民广播电台的前身），为我国的广播事业作出了很大贡献。他曾经担任国防部第五研究院副院长，中将军衔，为我国导弹事业的发展立下了重要功绩。

1959年夏天，宋广礼陪同苏联专家在上海工作，王院长恰好也在上海处理公务，听说苏联专家在上海，他马上意识到，这是一个探求发展导弹技术的好机会，于是他约请苏联专家到他的住处锦江饭店会面。宋广礼陪同专家如约而至。经过简短的寒暄，很快进入主题。

在谈话中，王院长就中国导弹的长远发展方向请教了苏联专家，谈的都是原则性问题，王院长不以为意。其实他更关心我国火箭仿制型号的具体技术问题。宋广礼记得，王院长问得最多的是"地—空"导弹的发展与研制。在谈到我国仿制苏联 ×× 型号"地—空"导弹时，宋广礼刚翻译了一段，王院长就打断了他，说他翻译得不对。宋广礼顿时有点慌神了，错在哪儿呢？王院长指出："专家说的 ×× 型号，你没有翻译呀！"宋广礼明白了，不是他没有翻译，而是这个苏联 ×× 型号到中国以后，出于保密考虑，改称为"543"了，宋广礼是按照中国的叫法翻译的，所以王院长以为他漏译了。王院长这种一丝不苟、严谨认真的精神，让宋广礼十分敬佩。

后来宋广礼才知道，王院长懂得俄语，作为五院的领导者，他牢牢记住了苏联的原版型号代码，对于"543"这个中国的叫法，没太留意。事后，宋广礼的同事们听了他的讲述，无不为王院长叫好。作为一名广播人，又曾经是航天人的宋广礼，深深地为他双重意义上的领导所折服。

后经内部调整，宋广礼脱下军装，调入位于天津的航天部第三研究院 302研究所。所长钟任华是航天部科技委员会委员，毕业于清华大学，技术水平很高，对红外与激光技术颇有研究，为我国航天事业在这个领域的应用作出了重要贡献。宋广礼和钟所长接触较多，还有另外一层原因，可称"期刊之缘"。302 所情报室办有一本学术期刊《国外红外与激光》，钟所长对它倾注了不少的心血，他不仅是期刊的监审人，又是这本期刊的第一位读者。每期出版前，宋广礼和编辑部的陈水泉同志都要请示所长，送上拟发的稿件，钟所长都会仔细地审阅，并提出许多具体的指导性意见，保证了期刊的质量。

302 研究所下属若干个研究室，宋广礼工作在第六室，它下设两个业务单位：一个是情报资料室，宋广礼任组长；另一个是仪器室，刘兴武任组长。

宋广礼（前排中）与钟任华所长（前排左二）合影

钟任华、宋广礼、刘兴武三人相处得很好，朋友间相互关照，细致入微。钟所长、刘兴武都是共产党员，对宋广礼的思想进步影响很大，在他们的真诚帮助和引导下，宋广礼于1971年光荣地加入了中国共产党，而宋广礼的入党介绍人之一就是刘兴武同志，另一位介绍人是六室的主任和党支部书记钱殿甲同志。这一段珍贵的友谊一直延续着，宋广礼调到中央人民广播电台工作以后，有一次到天津出差，专程看望了两位好朋友钟任华、刘兴武，感到特别亲热、幸福，有说不完的话，他们聊了很久很久……

夫妻两地 14 载，舍小家为大家

人生旅途，工作变动不可避免，宋广礼一生就干了两件大事：一件是航天，另一件是广播。截至1976年9月，宋广礼调离航天部到中央人民广播电台之前，一共做了18年的航天人，他所走过的航天路，艰难曲折，风险多多，每天都盼望着成功，又担心着失败，有乐趣，也有挫折。看到今天航天事业突飞猛进的跨越，宋广礼由衷地感到高兴。几乎百分之百的发射成功率是当年的航天人不可想象的。今天，虽然离开他所钟爱的航天团队已经 40 多年，但宋广礼对它一直怀有深厚的感情，走航天之路是他一生难以抹掉的梦想。

宋广礼在位于天津的航天部 302 研究所"单身"工作了 8 年之久，航天情结深深地扎在他的心中，真不想离开，但是夫妻两地分居毕竟不是长久之计。已经到了不惑之年，该夫妻团聚了。工作调动不易，好在研究所搬迁天津的时候，宋广礼的户口留在了北京。当时中央人民广播电台分管人事工作的部门是政治处，尹桂芝同志担任主任，她非常理解宋广礼夫妇的困难，竭力促成此事，在她的热切关心和帮助下，宋广礼的调动问题得到顺利解决。

宋广礼报到那天是 1976 年 9 月 9 日，是伟大领袖毛泽东主席逝世的日子，在这举国悲痛的时刻，报到程序大大简化。例行的谈话之后，尹桂芝同志当即决定把宋广礼留在政治处，协助领导处理非常时期的独特而繁忙的事务。

就这样宋广礼匆忙上任，一头扎进了广播事业中。

宋广礼在天津工作 8 年多，但夫妻两地分居何止 8 年。从当兵的那天算起，加上爱人陆玉洁调来北京之前的 6 年，他们两地分居整整 14 年。特别是陆玉洁在鞍山独自带着两个幼子生活的 6 年时间里，孩子们只知道爸爸是解放军，但却不记得爸爸长得是个啥模样。走在大街上见到解放军，他们就

宋广礼与陆玉洁夫妻合影

高喊"爸爸"，孩子们这些天真幼稚的举动看起来挺好笑，但在陆玉洁的心里，却多了几分酸楚和无奈。但熬过了那段艰难的岁月，宋广礼调回北京，终于和爱人陆玉洁，还有两个可爱的孩子团聚了。

广播情缘　编辑生涯

1980年5月，国际激光会议在北京人民大会堂召开，这是一次学术水平很高的国际会议。邓小平同志和几百位中外激光科学家出席会议。中国光学学会会长、中国科学院院士王大珩教授主持会议。会议开始前，王大珩按照惯例，介绍出席会议的领导。第一位是邓小平同志，小平同志缓缓地从座位上站起来，向大家招手示意。这时，代表们坐不住了，顾不得开会的程序，纷纷跑向主席台，争抢着和邓小平同志握手，会场秩序一时有些"混乱"，大会组织者不知如何是好，索性"放任自流"了。刚刚接手工作的邓小平同志，身边的保卫工作也不是很严格，大家争着与小平同志握手，完全是可以理解的，他身边的工作人员也没有过多干预。我国的科技工作者个个显示出了高度的组织纪律性，自觉地排成了长队，依次与小平同志亲切握手，尽情享受与伟人亲密接触的幸福感。宋广礼作为采访这次会议的科技记者，亲眼看到现场热烈、活跃、激动人心的情景。

宋广礼十分感动，也身不由己地加入了长长的队伍，期待着与小平同志握手的那一刻。他如愿以偿，小平同志饱经风霜的手，传导着温馨、幸福的暖流，宋广礼高兴极了。一秒钟的握手，时间太短了，宋广礼感到不满足，又回到队尾，重新排队，以求得第二次握手。心愿实现了，兴奋不已，更让宋广礼高兴的是，新华社摄影记者杨武敏同志拍下了这个令他毕生难忘的历史性镜头，并把照片赠送给他。宋广礼非常感谢这位新闻界的朋友，并一直精心保存着这张珍贵的照片。

宋广礼调到中央人民广播电台以后，在人事部门工作了两年，但总觉得，做人事工作不是自己的专长。"我从航天部来，对科技有着特殊的感情。恰在此时，全国科学大会召开，中央人民广播电台着力加强科技宣传，有关领导了解到我的情况，决定把我调配到专题部科技节目组，充实科技报道的力量，尹桂芝主任非常支持中央人民广播电台的决定，毅然'放飞'了我，这也正是我的心愿。"

来到科技组，组长刘国雄同志热情地接待了宋广礼，为他一一介绍科技组的各位编辑、记者，大家都很和善、友好。宋广礼甘当小学生，虚心向老编辑请教，把每位同志，哪怕是先他一天到科技组的，都当作自己的老师诚心诚意地向他们学习，苦练编辑基本功。"说来也真不容易，毕竟这时我已经是40多岁的人了，又从来没有做过广播编辑，一切得从'零'开始。"

在20世纪70年代，广播技术还比较落后，所有节目都要事先由责任编辑录制好，而后发播。作为一名广播编辑，不仅要学会编辑稿件，还要学会录制节目。学习编稿宋广礼是下了一番苦功的，老编辑编完的稿件，他暗暗地把它们收集过来，对照原稿，细心阅读，有时还要重新抄写一遍，从字里行间，学习经验丰富的老编辑的文字功力和编辑稿件的技能。这样坚持了很

宋广礼（左一）与年轻的科技组成员合影

工作中的宋广礼

长一段时间，宋广礼大有收获。在录制节目方面，宋广礼得到了爱人陆玉洁的帮助。陆玉洁在录音资料室工作，那里有较好的录音设备。每天中午，宋广礼利用休息时间，跟着陆玉洁学习录音。日积月累，宋广礼的录音操作水平大大提高，从一个门外汉，逐步练成了一名"熟练工"。"我就是这样一步一步地'摸着石头过河'，寻找自信，最终成为一名称职的科普广播编辑。"

　　道路是曲折的，奋斗是艰辛的。经过十几年的不懈努力，宋广礼在广播战线奋斗出了属于自己的荣誉。1982 年开始，他的代表作《从甲骨文到口袋图书馆》连续多年被选入初中《语文》课本；1986 年，被评为中央人民广播电台主任编辑；1987 年被任命为中央人民广播电台科教部副主任；1990 年，被评为"新中国成立以来成绩突出的科普作家"；1991 年被评聘为高级编辑，晋升为科教部主任；1994 年被任命为中央人民广播电台第二套节目副总监，兼科教部主任。1993 年，宋广礼担任支部书记的科教部党支部被评为国家中直机关的优秀党支部，宋广礼做大会发言。1994 年开始，宋广礼享受国务院颁发的政府特殊津贴。1996 年，宋广礼荣获"全国先进科普工作者"的称号，在北京人民大会堂，受到江泽民、胡锦涛等中央领导同志的接见。2000 年，宋广礼的名字被载入了国家广播电视总局批准出版的《中国广播电视人物辞典》。2002 年，宋广礼被推举为我国科普编创学科带头人。2005 年，宋广礼被评为"有突出贡献的国防科普作家"。

退休不褪色　科普创编绽芳华

　　宋广礼于 1995 年 12 月 30 日提前一年自愿退休。新上任的主任不愿意宣布中央人民广播电台关于他退休的红头文件，宋广礼只好利用一次科教部全体会议的机会，自己宣读了中央人民广播电台人事部门的通知，大家感到很意外，但宋广礼很平静。后来，这件事儿成为中央人民广播电台的一个奇闻——宋广礼在科教部的大会上宣布自己退休了。

　　关于为什么要提前退休，宋广礼这样说道："退休前，作为中央人民广播电台科教部主任，我经常到台里开会，和部领导们坐在一起。我看看身边，年轻干部们个个年富力强，干劲十足。我觉得自己是真的'老了'，该退下来给年轻人更多发挥才能的空间，让中央人民广播电台保持新鲜的驱动力。"

　　新上任的科教部"一把手"赵忠颖同志，非常理解老领导的心情，返聘宋广礼继续工作一段时间，承担部分审稿任务。宋广礼心想，现任领导对老同志的特殊关照是可以理解的，但这毕竟不是长久之计。思索良久，宋广礼充分利用自己以往的积累和科普广播的资历优势，很快把工作重心转移到广阔的社会活动中去，组建了科普广播委员会，宋广礼当选为秘书长。说起来，

中国科技新闻学会创始人合影，左二为宋广礼

这个委员会很有特点，它隶属于三个"国"字头的协会（学会），即中国广播电视协会、中国科普作家协会与中国科技新闻学会，会员们风趣地把这种特别的结构比喻成"一仆三主"。

科普广播委员会学术活动很多，跟地方电台的交流频繁，每两年进行一次科普广播节目和论文的评奖或创优活动，收到了较好的效果，受到从业者的广泛欢迎。截至 2012 年，在宋广礼担任委员会秘书长期间，共举办了 10 次科普广播学术交流与评奖创优活动，成果颇丰。在此期间，宋广礼和赵忠颖等同志合作，主编了两本对科普广播人具有一定借鉴价值的参考书：一本是科普广播论文集《"翻译"科学的艺术》；另一本是科普广播优秀节目选编《听广播，学科学》。它们是宋广礼担任科普广播委员会秘书长 20 多年来工作文字化的结晶。至此，宋广礼的科普广播学会生涯画上了一个较为圆满的句号。

宋广礼是中国科技新闻学会的创始人之一，一直担任学会的常务理事，兼任学会主办的学术期刊《科学新闻》的副主编。与学会副理事长王友恭等同志共同主编了由宋健题词的科技新闻论文集《实践与探索》《迈向新世纪》和《科学新闻与写作》等。直至 2013 年，中国科技新闻学会第五届理事会换届，

中广协会科教广播委员会首届创优评析研讨会代表合影，前排左四为宋广礼

宋广礼由于年龄超标，自动退出所担任的一切学会职务，被授予终身荣誉理事。

在中国科普作家协会，宋广礼多年担任常务理事，是全国科普编创学科的学术带头人。曾担任中国科普作家协会主办的《青年科学向导》杂志的副总编辑。多次出任"全国优秀科普图书和短篇优秀科普作品评选"的评委，发现了许多优秀的科普创作人才，为我国科普编创事业贡献了自己的力量。

情系《科学知识》

新中国的第一个科普广播节目《通俗自然科学讲座》与共和国同龄，创办于1949年。科学之声为站起来的中国人民增添了建设和保卫祖国的无形力量。

1956年党中央发出"向科学进军"的号召，全国掀起了学科学、用科学的热潮，由宋广礼主办的中央人民广播电台科普节目遂取名《科学知识》，受到了广大听众的热烈欢迎。从那时起，该节目连续多年被评为中央人民广播电台的十大名牌节目之一。而后由于历史原因，该节目一度中断播出。

1978年是我国科技界极不平凡的一年。3月18日，全国科学大会在北京召开，邓小平同志以其深邃的目光和远见卓识，为我国的未来描绘了一幅壮丽的图景。他指出，"四个现代化关键是科学技术现代化"，进而提出了"科学是生产力"乃至是"第一生产力"的精辟论述，语重心长地告诫广大领导干部："不仅要努力学习马克思主义，还要努力学习科学知识，掌握科学技术工作的客观规律，领导全国人民攀登世界科学高峰。"

科学大会的召开、邓小平同志关于科学技术的深刻论述，迎来了科学的春天，也为科普广播送来了和煦的春风。中央人民广播电台的科普节目开始复苏，深受广大听众喜爱的名牌科普节目《科学知识》果断复播，配备了专门的科普广播采编人员，明确了科普宣传的方针和节目的定位。普及科学知识、介绍科技新成就、宣传科技人物、弘扬科学精神、传播科学思想，成为中央人民广播电台科普广播的基本任务，受到了不同层次听众的热情称赞。

著名文学家夏衍，在一次中青年电影导演座谈会上的讲话中，殷切希望文艺工作者要学习科学知识。他说："让导演们精通物理、航天科学不可能，但是对科学不感兴趣，看来不行。这并不是说，要求我们的中青年导演当某门科学的专家，但有一点常识，既是需要，也是可以办到的。我看只要有心还是不难的，每天清晨六点钟，听听中央人民广播电台的《科学知识》节目我觉得就很有好处。"

1986 年 1 月 11 日，著名科学家钱学森教授在他亲笔写给宋广礼的一封信中说："你主办的《科学知识》节目非常重要，不仅关系到社会主义物质文明建设，而且关系到社会主义精神文明建设。"宋广礼和同事们根据钱老提出的"要把握科学发展的主流、大方向和宏观趋势"的意见，在新技术革命浪潮刚刚兴起的时候，就连续举办了多组"新技术革命"知识讲座。当时兼任中国自动化学会理事长的宋健教授以"新技术革命与自动化"为题，全面介绍了自动化技术在新技术革命中的地位、作用以及国内外的发展动态，引起了社会各界的广泛关注。

广大的热心听众把《科学知识》节目誉为"未见面的老师"和"学习科学知识的大课堂"。因此，该节目多次被评为中央人民广播电台十大优秀节目之一。

作为全国科普广播龙头的中央人民广播电台科教部，曾于 1996 年、1999年和 2002 年三度荣获"全国先进科普工作集体"称号，宋广礼、潘晓闻、靳雷被评为"全国先进科普工作者"。

面向经济建设　紧跟时代步伐

1985 年 3 月 13 日，党中央从我国国民经济发展战略出发，提出了"经济建设必须依靠科学技术，科技工作必须面向经济建设"的方针。为了顺应科技进入社会、进入经济建设主战场的大趋势，显示科技对社会、经济、文化的多方位影响，《科学知识》从 1988 年 7 月 4 日起，更名为《科技与社会》节目，并相应地调整了节目方针，突出了节目的社会渗透功能，从单纯讲知识的小天地走到全社会这个大环境中来。众所周知，科普广播的根本目的在于提高全民族的科学文化素质，而这个素质的提高，不仅取决于人们掌握知识的多少，更重要的是树立马克思主义的科学观，掌握科学的思维方法。

树立科学态度和科学精神，利用科学，依靠科技进步推动社会发展，促进物质文明建设和精神文明建设，是不可分割的有机整体，而科技创新则是科技进步和经济发展的源泉。因此，《科技与社会》节目更注重紧跟时代步伐，加强对国内外科技新成就、新发展和应用科学技术的报道，体现科学技术对社会、经济的作用和影响，以及科技发展同现代人类文明的密切关系，促进科学技术向生产力转化。

《科技与社会》节目的开办，得到了著名科学家周培源、钱学森、周光召和宋健等同志的关心和支持。周培源说："我赞成贵台开办这个节目，希望它在传播科学知识的同时，也要传播和发扬科学精神，掌握科学方法，树立科学的人生观，为改变社会的陈旧观念，树立新的观念服务。"周光召说："科学技术的发展，需要全社会的了解和支持。只有大家都来关心科技与社会生产、经济建设的作用，我国的经济建设才能很快地向前发展。"时任中国科协主席的钱学森教授，看过中央人民广播电台的书面汇报后，指出："中国科协应对中央人民广播电台的《科技与社会》节目有所帮助。请找钱三强副主席商量一个具体办法。"正是从这时起，在中国科协的大力支持和多方帮助下中央人民广播电台的科技节目迈出了新的一步，走上了依靠社会、服务社会的发展道路，强化了科技节目的社会功能。

由于《科技与社会》节目坚持了既定的方针，在选题上强调了科学技术在社会经济中的地位、作用和功能，通过实实在在的科学内容鼓励和指导人们更多地了解现代科学知识，深刻理解科技与社会的发展规律以及"科学技术是第一生产力"的理念，因此在社会上受到了广泛的好评。

2002 年 6 月 29 日，《中华人民共和国科学技术普及法》颁布，进一步界定了科普工作的内涵，即：普及科学技术知识，倡导科学方法，传播科学思想，弘扬科学精神。为了认真贯彻科普法，在普及科技知识的同时，中央人民广播电台科教部又联合全国 20 多家电台，举办了以"科学人生"为主题的"全国科普广播优秀节目展播"活动。一大批优秀科学家的感人事迹和人格魅力，极大地感染和鼓舞了广大听众，收到了较好的社会效益。在我国经济社会高速发展的历史进程中，科学普及工作被赋予了更深刻的内涵。科学发展观的传播成为科普工作者又一重大的社会责任。

温故知新　蓄力前进

说到中央人民广播电台的科普广播，有三位已故德高望重的前辈让宋广礼不能忘记。

第一位是原中央广播事业局局长梅益同志。他对中央人民广播电台的科普广播高度重视，并寄予了殷切的希望。在一次座谈会上，他语重心长地说："今天的青少年，如果听了我们的科普节目而产生了对科学的爱好和追求，日后成长为一流的科学家，这就是我们这个节目对国家的重大贡献，是我们的功劳。"

第二位是原中央广播事业局副局长、新中国第一个科普广播节目《通俗自然科学讲座》的创办者温济泽同志。他创立的《通俗自然科学讲座》奠定了我国科普广播节目的基础，构建了人民广播事业科普节目的雏形。

第三位是中央人民广播电台科普节目的超级忠实听众和坚定的支持者，他就是享誉国内外的著名科学家钱学森教授。他在中央人民广播电台科普节目创办 35 周年的座谈会上说："我每天早起听的第一个节目就是中央人民广播电台的《科学知识》，我非常感谢这个节目的编辑和为节目撰稿的同志，他们天天给我上课，给了我很大帮助。如果没有这些老师们，那我今天就不可能了解更多的现代科学技术知识。"这是一位多么可敬、可爱、伟大的科学家啊！

宋广礼时常在想，举世闻名的科学家尚需不断充实自己，掌握更多的高新科技知识，并把中央人民广播电台的《科学知识》作为他必听的节目，这是科普广播人的荣幸和骄傲。同时也感到，身上承载着巨大的压力："我们没理由不办好科普广播节目，以告慰这位倾心于科普广播事业的伟大科学家。"

钱学森院士不仅喜欢收听中央人民广播电台的科普节目，而且经常为办好科普节目出谋划策，畅谈高见。1986年1月11日，他亲自给宋广礼写信（此信已选入涂元季教授主编的《钱学森书信》第3卷中），鼓励说："你主办科普节目很重要，不仅关系到社会主义物质文明建设，而且也关系到社会主义精神文明建设，因此眼界要放宽些……"来信还谈了许多具体的指导性意见，他说："中央人民广播电台的科普节目既要讲现代科学技术发展的宏观趋势，人类认识客观世界的主攻方向，也要讲现代科学技术的成就和知识。"

钱老特别注重科普作品的通俗性。他认为，任何一位学问很高的科学家如果不能用通俗的语言，把自己高深的学术成果，向更多的人说明白，那么他就不够全面。钱学森院士呼吁科学家们，要学会写科普文章，并举荐说，中央人民广播电台的科普节目就是一个理想的园地。当他在广播中听到我国控制论科学家宋健教授，在中央人民广播电台科技节目里介绍新技术革命中的自动化科普知识时，感到非常高兴，马上传口信给宋广礼，表扬中央人民广播电台做得很好。"你们选准了对象，有关自动化和系统工程方面的知识，就应该请他来讲。"宋广礼和同事们认真领会钱老的高见，适时地调整了节目方针，收到了极好的效果，听众满意度大大提高。

钱老还身体力行，撰写了多篇高水平的科普文章，早在1978年，在人们对系统工程还不太熟悉的时候，他就与科学家许国志、王寿云合作，撰写了文章《组织管理的技术——系统工程》，这是一篇科技界公认的有分量的科

宋广礼采访钱学森院士时留影

普佳作，影响了一代人。中央人民广播电台科普节目播发了这篇文章，受到广大听众的热烈欢迎。此文荣获全国新长征优秀科普作品评选一等奖。

钱学森院士利用自己的影响，热心为中央人民广播电台的科普节目拓展传播空间，以期科普广播稿见诸报端和刊物。他写信给《新华文摘》编辑部，说："我每天早晨收听中央人民广播电台的《科学知识》节目，思路很受启发，开阔视野，建议贵刊转载《科学知识》节目的稿件。"《新华文摘》采纳了钱老的意见，转载了大量的中央人民广播电台《科学知识》节目的广播稿，使飘飞在电波里的声音科普落到了纸上，物化成看得到的文字科普，为科普广播稿增添了阅读渠道，听、读科普广播成为现实，从而大大扩展了科普广播的受众群体，受到广大读者的欢迎。

钱学森院士是享誉世界的著名科学家，历任中国科学院学部委员、力学研究所所长、国防部第五研究院院长、第七机械工业部副部长、国防科委副主任、中国科协主席、全国政协副主席等职，为我国航天事业的发展作出了杰出的贡献，被誉为"中国导弹之父"。为了铭记钱学森院士的爱国情怀和伟大功绩，他的母校——上海交通大学筹备建立钱学森图书馆，并派专人到北京来，收集有关材料和展品。

经钱学森的秘书涂元季和中共中央宣传部的推荐，上海交通大学的经办人张现民，拿着中宣部的介绍信，约宋广礼面谈，希望宋广礼提供钱学森教授写给他的那封亲笔信。宋广礼毫不犹豫，当即应允，把珍藏了20多年的钱老写给他的这封信的复印件奉献出来，并主动贡献出钱学森1984年在中央人民广播电台科普广播节目创办35周年座谈会上的讲话录音同时提供了《钱学森论系统科学》的文稿。张现民同志获得意想不到的收获，喜出望外，满载而归。

宋广礼能为上海交通大学建立钱学森图书馆出力、添彩，让更多的参观者在这座神圣的科学殿堂里，听到科学大师钱学森的声音，备感光荣与自豪。钱老虽然走了，但他对科普广播的坚定支持已成为中央人民广播电台的一笔宝贵财富，激励着科普广播人与时俱进，开拓创新，走出一条与时代同步的科普广播之路。

光阴似箭，岁月悠悠。平和心态常在，生命之河长流。不知不觉间，宋广礼退休将近30年，从懵懂少年一路走来，变成今天的耄耋老者，经历多多，苦难多多，乐趣亦多多。如今宋广礼与爱人陆玉洁住在燕达金色年华健康养护中心里，每天生活悠闲安逸，却仍不断回忆起自己走过的路和曾经为之奋斗拼搏的事业。

抚今追昔，宋广礼深深地怀念为中央人民广播电台科普广播事业作出杰出贡献的前辈和与同伴们奋斗几十载的青春。令人欣喜的是，新一代科普广播人正遵循科学发展观，传承科普广播前辈留下的精神财富，把科普广播节目办得更有活力、更富时代特色。

　　朱根华，1932 年 2 月出生于浙江镇海。当过小贩、店员、工人等。1949 年参军，随即
加入中国共青团、中国共产党。自学漫画。1958 年从军队转业，后在《世界知识》编辑部任
美术编辑。1986 年调入《人民日报》，任主任编辑、高级编辑，专门从事国际时事漫画创作。
1992 年离休。系中国美术家协会会员。曾任中华全国新闻工作者协会理事、中国新闻漫画研
究会副会长兼秘书长等职务。作品《一门二徒》《返乡梦》《摇篮嫌小》《保驾》《有眼无珠》
等，多次获中国新闻一、二等奖，全国漫画大赛一等奖，出版有《朱根华漫画》集。

朱根华

画笔弘扬真善美　赤子之心度平生

　　寥寥数笔，趣味跃然纸上，这就是漫画的魅力。如果说有趣是漫画的灵魂，那么有趣的讽刺就是新闻漫画的内核。朱根华的作品中，这种精神内核无处不在。他生于宁波镇海穷苦的渔民之家，日军侵华后逃难到上海讨生活。上高中时成绩优秀却因一幅"反动"漫画惹怒校长而被退学。卖过报、做过商贩，在南京下关造船厂当过学徒工，在上海证券交易所当杂工，如在黑板上抄报股价，将成交单送客户签字，将客户盈亏入账……17岁前的这些经历与漫画几乎毫无交集。中华人民共和国的成立给了他新的生活和新的希望，也开启了他与漫画的不解情缘。从一张白纸到漫画家，朱根华用了40多年的时间。他所创造的国际人物，有的惟妙惟肖，有的奸诈狞恶，有的傲慢不逊，有的卑鄙空虚，形形色色的形象为理性的题材增添了生动和趣味，更蕴含着丰富的内涵。在他的所有漫画作品里，与其说是精心描绘，不如说是真情的流露。在他以漫画针砭社会时弊的同时，自身灵魂也得到净化；在鞭挞社会上假、恶、丑的同时，真、善、美也得到了张扬。

渔民之子的动荡童年

　　浙江宁波镇海，长江三角洲南翼，东屏舟山群岛，西连宁绍平原，南接北仑港，北濒杭州湾，气候宜人，与上海一衣带水，这里也有朱根华的家。常言道"民以食为天"，鱼是沿海城市人们餐桌上的常客。在浙江沿海，最主要的鱼类交易机构就是渔行，这里的人专门交易批发从海里打捞上来的各种水产品。朱根华的父亲和母亲就是当地鱼贩，将鱼从海里打上来再卖给渔行。物资匮乏的年代，鸡鸭鱼肉对于老百姓来说是逢年过节才会出现在餐桌上的奢侈品，但是在镇海这样的鱼米之乡，鱼却和萝卜青菜一样廉价，百姓不仅爱吃，也吃得起。所以在他们的菜篮子里，鱼成了常客，渔行的生意自然也就非常繁荣。但是在旧社会，渔行老板都是当地较有势力的人，有些黑心的渔行老板，对鱼贩的盘剥十分苛刻。交货的时候，渔行经常大秤入、小秤出，扣除斤两，让渔民吃哑巴亏。朱根华的父母就经常被资本家这样压榨剥削，每天辛辛苦苦捕鱼，收入非常微薄，艰难地养活一大家子人。

　　作为一家的顶梁柱，父亲压力很大，休息之余，喜欢用喝酒听书的方式解解乏、减减压，听完还会跟家人们绘声绘色地讲一讲。在朱根华的印象里，他经常听父亲讲《海瑞传》《包公传》这样的故事。长大后他才明白，父亲之所以喜欢给他们讲这些故事，是因为他和妈妈都是老实人，不嫌贫不爱富，他想用这些故事告诉孩子们：做人就要拯溺扶危、清清白白，如果做官，就要像海瑞、包拯那样做个清官，仗义行侠、为民除害。也许就是在那时，仗义执言的性格已经在小朱根华的身体里慢慢发芽，长大后，用他最爱好的漫画表现出来。

　　朱根华的母亲家里世代都是渔民，劳动人民吃苦耐劳、勇敢善良的品质，在她的身上都能得到充分体现。她就像阿庆嫂一样，性格好、爱助人，朱根华就曾经亲眼见母亲冒着危险帮助十几个人在船上躲避日本军舰。还有一次，一个流浪汉突然病了，母亲毫不嫌弃地一直照顾着，直到病愈。母亲还经常仗义执言、见义勇为，如果有小工从黑心老板那里讨不来工钱，也去找母亲帮忙，她从不回绝，会帮着小工一起找老板理论。

抗日战争爆发时，全家人不得不逃到上海，躲开战乱纷飞的家乡。因为父亲和母亲曾经帮助过很多人，一家人在路上没饭吃的时候，很多水手、船工都来送饭。靠着之前做鱼贩时攒下的一点小积蓄，加上几个穷汉老友的赞助，朱根华一家在上海落脚之后，开了一间卖纸烟的小铺子。1937 年 8 月 13 日淞沪会战爆发，朱根华家的小铺子被日军烧得一干二净。那时候的朱根华才 5 岁。在他的印象里，父亲和母亲带着五个孩子从火海逃离的时候，慌乱中抢出几包烟，希望能尽最大努力降低损失。结果逃到法租界上，把包裹打开一看，父亲傻了眼，里面装的全是火柴，一包烟都没带出来。全家抱在一起哭作一团，在上海靠小铺子打拼出来的家当，就这么飞灰湮灭了。

心灰意懒的一家人无处可去，不得不到难民收容所去讨生活。淞沪会战的爆发，让很多朱根华这样的平民家庭无处可去，为了躲避战火，成千上万人涌入日军尚不敢侵犯的公共租界和法租界。据记载，仅 8 月 13 日当天，就有 6 万难民涌入租界，其中就有朱根华一家。至 8 月底，涌入公共租界和法租界的中国难民达到 70 万人左右。当时，面对骤然汹涌而来的平民，收容和救助工作成为大上海的当务之急。在这样的形势下，上海原有的慈善、救济团体立即开展了各种救援活动，四明公所就是其中一个。从清朝时期开始，就有很多宁波人迁居上海，并成为上海名流。身在异乡，同乡人自然抱团取暖，四明公所就是在这样的背景下创办的。在沪宁波人组成同乡会，做一些施粥、施诊、施棺材的善事，帮助很多受困的宁波人解困。旅居在外的人不怕劳苦，却最担心客死他乡，而按中国人的传统习俗，死者必须入土为安。但当时在上海打拼的宁波人，多数为生活贫寒的学徒工匠和小贩等，要独自运送灵柩返乡是件十分困难的事情。好在宁波帮一向以重亲情、友情及乡情著称，乡党观念尤为强烈，四明公所就可以帮助同乡临时安葬。所以，在那个动荡的年代里，在四明公所的帮助下，朱根华一家经历了磨难之后，在四明公所附

四明公所旧貌

近租借了一个很小的三层楼亭子间，其实就是临时盖的一个小窝棚，全家人挤在里面艰难度日，但日子总算暂时稳定了下来。

交不起学费一度辍学

为了讨生活，父亲去码头当起了搬运工人，母亲则去做了街头小贩。在国民党控制下的上海，经济危机严重，工厂与商店纷纷倒闭，失业人员高达10万人以上。对大多数摊贩而言，摆摊这种灵活、低成本的就业方式是他们活下去的唯一希望。所以，那个时候的上海街头更像一个百货卖场，小吃摊、肉菜摊、修鞋摊、香烟罐头洋货摊随处可见，应有尽有。在这些摊贩当中，有的是固定摊贩，有的是流动小贩。固定摊贩租金、交税压力大，流动摊贩虽然租金交税交得少，但时刻被警察驱赶，警察一来，摊贩四处奔逃的场景到处可见。呵斥、辱骂、勒索，甚至殴打小贩也都是家常便饭。除走街串巷的摊贩外，其他摊贩甚至不能高声吆喝，否则都会被警察取缔。但不管怎么样，虽然这些摊贩常遭地痞流氓和警察盘剥，但凭借兢兢业业的叫卖劳动起码能赚个糊口钱。

当时，朱根华的母亲挑着担子将上海的烟卷等时髦的物品卖到乡下，换回钱在乡下买了粮食再运回城里，跟小贩的性质差不多。为了帮助母亲维持生意，朱根华的两个姐姐也一起帮忙。一个姐姐包烟卷，另一个姐姐就做手工，只有几岁的朱根华也非常懂事，帮着姐姐一起做手工。他现在还记得，姐姐在做帽子的时候，他就会分担一些拔丝、接毛、扎花等简单的工序，有时候他还要到街上去叫卖冰块和冰棍。很快，朱根华就到了上小学的年纪。四民公所为了给同乡的子女提供教育机会，在公所办了两所义务小学，宁波籍的孩子都可以在里面免费就读，朱根华先在这里的义务小学读了几年。不过，早早进入社会讨生活的他，敏锐地发现，身在法租界，懂法语才能进法国人开的公司，才能更好地生存。而当时上海最大的一所中学——中法学堂，就在法租界，只有在这所学校念书，才有可能出人头地。

中法学堂是法租界公董局为培养法语人才而设立的学校，最初的名字是法文书馆，始建于 1886 年 2 月。学校采用法国学制，分为高中、初中、高小、初小 4 个年级。高小、初小每日读中文 3 小时、法文 3 小时，初中起开设的课程均用法文讲授。朱根华四处打听，得知在中法学堂里就读，每年考试前两名，就可以免学费；如果考第三名，可以免一半学费。他哪能放弃这个机会，初小那年，就申请进入了这所学校。第一年考试他考了第三名，第二年考了第二名，初中三年，他每次考试都是第一名。别人也很惊讶，这个小伙子的学习居然这么好。但只有朱根华自己才知道，家里穷得叮当响，根本交不起昂贵的学费，只有努力，才是唯一的出路。

朱根华的法语学得很好，好到什么程度？有一个小故事，他至今引以为傲。有一次，法国总领事去中法学堂视察，并召开全校师生大会。在大会上，他突然用法语提了一个问题："中国医生为什么看病要号脉？"台下的师生们都被问蒙了，中医讲究的是望闻问切，"号脉""望闻问切"在法语里应该怎么说？老师和高中学生们嘀嘀咕咕没人回答，这时候，初中一年级的朱根华灵机一动，举起手，用法语大声喊了出来："Pour savoir lamaladie du malade."这句话的意思是："为了知道病患的病情。"现在回头来看，朱根华的这个答案其实是最浅显的一个"废话"回答，也不一定准确，但他的答案及时挽回了校长和老师们的颜面，在总领事面前没有丢人。大家纷纷向他竖起大拇指："Bon, très bien.（好，太棒了。）"这件事儿让朱根华在学校出名了，老师和高中生都答不上来的问题，他一个初一年级的学生给答上来了。"其实到现在我也不知道'望闻问切''号脉'应该用法语怎么翻译，有些问题反而不用想得很复杂，大道至简。"学习很苦，可朱根华一头扎进知识的海洋，感受到的是无尽的快乐。可好景不长，这个快乐的日子很快戛然而止了。

抗战胜利后，上海市民上街游行示威，要求政府收回法租界。当时中法学堂的学生参加了，朱根华也在队伍当中。后来，法租界被成功收回，但法国政府和法国领事馆非常生气，对中法学堂开了"刀"，将优秀学生考试名列前茅免学费的政策全部取消。这对于朱根华来说犹如灭顶之灾。中法学堂一直以来教学设施一流、学习条件优越、教学质量过硬，很多富人会把子女送进这所学校求学，所以学费较为高昂。这样一来，朱根华这样的来自贫困家庭的学生根本无法承担，不得不离开了学校。

一幅漫画改变人生走向

学习这么好，却突然辍学，中法学堂的中国老师觉得太可惜，于是给上海英租界里的一家名校——格致中学的校长写了信，推荐朱根华去那里继续读书。"朱根华同学功课非常好，每年都是第一名，希望贵校能收下他。"两位中法学堂的老师在联名推荐信里这样写道。格致中学的校长看了之后，决定收下这个优秀的学生，并给他发放奖学金，以减轻其经济负担。于是，朱根华从一个法文学校转到了一个英文学校。

他非常感谢那两位老师，如果不是他们，他可能早早地就弃学进入社会了。上海的生活成本太高，朱根华家里的经济情况一直没有起色，父亲依然在码头上当小工，母亲的小贩生意不好做的时候，就不得不去别人家当女佣，如果没有收入，一家人根本揭不开锅。两个姐姐还是要包烟卷、做手工，朱根华放假的时候，就提着篮子去卖冰棍补贴家用。

闲暇之余，朱根华最喜欢的是看小人书。小人书是很多上海人的记忆，在大街小巷的弄堂口的小人书摊旁，简易木质书架前，老人和孩子坐在那里惬意地翻着小人书，是老上海一道独特的风景线。但凡兜里有一两分钱，朱根华就会去街上租小人书看。在"小人书"演绎的世界里，孙悟空可以上天入地，诸葛亮可以呼风唤雨，李逵可以横冲直撞……而朱根华最喜欢的是卓别林嘴边的小胡子、三毛头顶上的三根毛……他不仅看，还照着描。于是，家中的地上、墙面、桌角，统统留下了他稚拙的画图印迹。朱根华甚至还给当时上海的知名画家赵宏本、何庙云、钱笑呆和蔡振华诸先生写信，想拜之为师。沉迷于画画的朱根华怎么也想不到，自己最喜欢的这个爱好居然让他的命运发生了转折，人生走向发生了重大改变。

在格致中学的最后一个学期，学校的墙报要画一幅漫画，朱根华的漫画作品在学校里已经小有名气了，于是负责墙报的同学请他来画。当时正值解放战争时期，他充分发挥了漫画的讽刺意味，创作了一幅国共内战百姓最受伤害这样一个主题的作品。结果，身为上海参议院成员的校长是国民党驻沪领导人，看到墙上这幅漫画作品勃然大怒，怒斥这幅画的作者是个混蛋，拿着学校发的奖学金居然画出这样"反动"的画。于是，校长立刻启动调查，查出这幅漫画的作者是朱根华，当即取消了他的奖学金。如果朱根华想继续上学，就要向学校缴纳学费，可贫困的他根本交不出来，不得不离开学校。朱根华再次辍学了。

这件事对朱根华的打击非常大。为了不给家庭增加经济负担，他从小刻苦念书、成绩名列前茅，中法学堂虽然没有念完，但因为自己的成绩好，获得老师的青睐，推荐他来格致中学继续读书。来之不易的读书机会就这样被一幅漫画弄丢了，他非常难过。好在他回家跟父母说清了事情经过之后，父母明白自己的孩子是个守规矩的人，谅解了他。

无书可念的朱根华该何去何从？全家人都替他着急。父亲听说南京有家造船厂在招学徒，托了好几个人，把朱根华弄了进去，这位擅长画画的高才生突然变成了造船厂的学徒工人，他的内心很难适应，可又没有办法，如果不去造船厂，他就成了家里的负担，他不能这样做。

1949 年前，上海有很多修造船厂，这种工厂以修船为主，工厂内部工种分类比较粗，大部分工人文化程度低，为了求生存，必须样样都要学、都要做。而学徒又比工人低一等，被师傅使唤来使唤去，吃不好睡不香，敢怒不敢言。朱根华从小家里穷，吃得差，身体也比较差，和其他从农村来的劳动力型的学徒比，弱不禁风的他经常被师傅骂得狗血淋头。学徒的日子非常苦，师傅吃饭的时候，徒弟要在旁边伺候着，师傅快吃完了，就要立刻帮师傅去盛饭，手脚慢了不免挨揍。师傅上工的时候，徒弟要扛着沉重的工具箱跟在后面。师傅干车工的活，不管多烫，朱根华都要在旁边帮着浇肥皂水降温；师傅打铁，他就要在旁边拉风箱；师傅拿小锤子敲敲打打，他就要抢着大锤子一起打……如果轮船的船板上有窟窿破损需要修补，师傅就用烧红的钢条从窟窿中间插进去。师傅在外面把钢条敲扁，好让钢条堵住窟窿，朱根华就要在船舱里面对着敲。师傅站在船外非常凉快，朱根华窝在船舱里，热到头晕。就这样，朱根华在造船厂艰难地干了几个月。

忽然有一天，厂里有人来找他，请他到会计室工作，这让他开心得不得了。原来，厂里的领导听说他是高才生，学习特别好，会计室正好缺会计，就让他来试试。这可比在船舱里当学徒轻松多了。造一艘船需要多少铁条、多少钢钉都需要会计计算出数目和价格再上报，这对于朱根华来说并不难，就是简单的计算题。可问题是，朱根华在中法学堂和格致中学都学的是西方的数学方法，没有打过算盘，只能用笔计算。于是，他拿着笔在表格单上用计算公式算了一通。结果账算对了，但他不知道表格单下有复印纸，一式三份，自己的算式全都给印了下去，一整份表格单就这样作废了。会计室的领导一看，气坏了："这样的人不能要！"结果，朱根华又被退回到船舱里继续当学徒了。

就这样，艰苦的学徒生活过了一年，朱根华病倒了。他连续发了几天的高烧，被送到当地的一个教会医院住了几天。烧一退朱根华就赶紧回到了造船厂，生怕丢掉了这份来之不易的工作。可谁知，老板觉得这个孩子身体太差，不是干这个活儿的料，直接把他辞退了。

股票市场里的小学徒

日子总要过下去，朱根华不能放弃继续找工作。正值上海证券市场复苏，在亲戚的介绍下，朱根华来到一家股票行当学徒，从造船厂的小学徒变成了股票市场的小学徒。

上海的金融业其实已经有了几百年的历史，清朝乾隆时期，上海的钱庄已经成了独立的行业并且具有相当的规模。到了20世纪30年代，上海已经成为中国最大的金融中心。证券交易所等现代金融机构的发展，也早于国内的其他城市。战争时期，上海的证券交易一度停业，1946年6月，政府重新筹建上海证券交易所，9月交易所正式开业。在当时位于汉口路的上海证券大楼里，有很多做股票的老板，经亲戚介绍，朱根华去了一家杨姓老板开的股票公司。

那时候的股票市场可不是通过互联网在手机或电脑上动动鼠标就能完成交易的，都是要拿出股票的实物凭证，现场交易交割的。交易现场没有电子显示屏，股票牌价都是工作人员写在黑板上的。朱根华回忆，在交易所里，每家股票公司都有自己的一个小会场，股民、股票公司的工作人员都围在一起，关注着股市行情。股票公司的工作人员有"大炮手"、"小炮手"、观察员、书记员等分工。"炮手"负责向股民报告股票实时价格，如果台下股民有意买进卖出，观察员就会第一时间发现，让书记员赶紧记下，并让学徒立刻将单据送到股民手上，签字确认。整个过程吵闹、紧张、分秒必争。

朱根华一开始做的是学徒的工作，在会场上端着交易单穿梭其间，以最快的速度寻找有购买意向的股民，请他签字确认，如果晚到一步，价格变了，这些老板很有可能就不认账了。所以，对于朱根华来说，快是第一位的，不仅要步伐快，更要认人快。他必须在人群中快速认出张先生、李先生、王先生……第一时间跑上去。经历过辍学和被造船厂辞退，朱根华根本毫无退路，每天都在努力工作，为的是保住这口饭吃。他很聪明，记性也好，很快就能准确记住常来的这些股民的名字，极少弄错。

在证券交易所，白天朱根华要精准识别客户，请他们在单据上签名，晚上要为客人计算这些单据是亏是赚，第二天跟客人进行交割。这时候，就要用到算盘了。朱根华可不想造船厂会计室的那一幕再次重演，于是只要一下班，他就立刻开始练习算盘，很快他就把自己练成了一个"铁算盘"，得到了同事和客户的认可。

证券交易所给的工资高，朱根华又很卖力，所以每个月的收入不错，生活得到了一点点改善。以前，他哪里敢想下班坐洋车回家，都是走路回家，收入高了之后，有时候也体验体验坐洋车的感觉。凭借年轻、聪明，16岁的朱根华在证券交易所干得风生水起，从学徒很快升到了观察员，后来还当上了记录员，生活也越来越安定了。但其实在朱根华的内心，一直有一个心愿，那就是去上学。

新中国圆了他的当兵求学梦

朱根华工作过的上海证券大楼至今还屹立在熙熙攘攘的上海汉口路上，现如今，这栋大楼早已被当作政府办公场地使用，但依然保留了原来的花格

1946 年上海证券交易所交易大厅

铜门，路过这里时，仍能见到当年留下的斑驳痕迹。曾经聚集的银圆贩子、遍布的电话、密集的交易……作为金银外币买卖场所，这栋大楼见证了上海解放、新中国成立，也见证了上海金融市场的风风雨雨。当然，朱根华也是亲历者和见证者。

1949 年 5 月 27 日，上海战役胜利结束，中国共产党接管上海，上海宣布解放。而在上海解放前，受制于国民党的妖魔化宣传，很多百姓认为共产党会没收各种财物，纷纷选择背井离乡逃离上海，可事实跟国民党宣传的完全不一样。朱根华回忆，当时，证券大楼被封，很多人都被暂时关在楼里不能出去。他就趴在窗户上往下看，街头很热闹，市民生活正常，城市也有序稳定。

解放军刚刚进入上海街头时，老百姓也在小心翼翼地观察着，一时间，他们还不能确认这支军队究竟会给上海带来怎样的命运？但是，朱根华和很多上海市民很快就惊讶地发现，解放军入城部队作风优良、纪律严明，他们宁可露宿街头，也不打扰任何一户人家。朱根华还发现，解放军们会借来老百姓家里的扫把扫地，接过老百姓递来的水还会客气地说"谢谢"，跟之前的国民党一点都不一样。解放军的一言一行让上海市民发自内心地喜欢，更让朱根华的心中燃起了新的希望——这么好的一支军队，是真正的义师，我一定要参加。

在上海迎接解放日的同时，上海的金融市场也发生了巨大的变化。其实早在解放上海之前，上海市场就已经千疮百孔了：农业减产、工厂倒闭、物价飞涨、投机猖獗、市场混乱、民不聊生。更有民谣唱道："大街过三道，物价跳三跳；工资系团雪，攥手就化掉。"由于国民党金圆券改制的失败，老百姓深受通货膨胀之苦。在此背景下，国民经济能否迅速恢复和发展，是关系新生政权能否维持和巩固的根本问题，各方都在关注共产党的应对举措。

5月28日，上海市军事管制委员会发布《关于使用人民币及限期禁用金圆券的规定》，要求以人民币为计算单位。当时，朱根华工作的上海证券大楼控制着全上海的有价证券交易，并通过买空卖空的投机活动，操纵物价，利用手中的电话操纵全上海的银圆价格。紧接着，5月30日，上海市军管会财政经济接管委员会金融处发布"金字第一号训令"，勒令上海证券交易所自即日起停止营业。上海证券交易所停业，朱根华也就自然没了工作，不过不会像之前那样气馁，因为他有了新的希望：参加共产党，当上解放军。很快，朱根华的这个心愿就实现了。

时任上海市市长陈毅发布公告，华东军事政治大学启动招生。这所大学成立于1946年，由华中雪枫大学、山东军区军政学校等5个单位统一改编而成。1949年7月，解放军胜利结束渡江战役，宁、沪、杭等大城市迅速解放，新中国的诞生指日可待。为了加速干部队伍建设，中央军委决定，将前华东军事政治大学与三野军政干校合并，在南京正式成立新的华东军事政治大学，并任命陈毅元帅兼校长和政委，陈士榘任副校长，钟期光任副政委。

得知这一消息，朱根华兴奋不已，读书、参军这两个念头在他的心里一直没有断，再加上自从上海解放之后，他对解放军的好感与日俱增，这让他迫切地想考入这所既能参军又能读书的大学。朱根华坚决要去，父母却不太同意，全家从宁波逃难来上海，经历诸多磨难，生活依然贫困，做个普通老百姓能安安稳稳过日子就已经是最大的奢望了，不敢想如果让儿子去当兵，日子会是什么样。

17岁的朱根华已经是个大小伙子了，一心想着去实现自己的心愿，其实早就偷偷去华东军事政治大学在上海的招考处参加了考试并顺利通过。不顾父母的反对，他留了个字条，就直接去学校报到了。考试的时候，朱根华还利用自己在证券大楼工作的便利，主动交代了几个老板藏金子的地方，也算是立了一功。

如愿进入大学过上了军旅生活，朱根华下定决心，一定要好好学习，做一个正直的军人。在入校初期，每个人要接受政治审查，目的是查出有没有旧社会的汉奸、特务一类人群。朱根华中学没毕业就进入了社会，见多识广，只要简单聊上两句，就大概能判断出这个人是不是三青团成员，有没有特务嫌疑。所以，朱根华为连队提供了很多线索，揪出了不少国民党和三青团成员，他好打抱不平、乐于助人的性格也得到老师同学们的喜爱，由于品学兼优，很快就先后加入中国共青团和中国共产党。在华东军事政治大学的学习生活如同为他打开了一个新世界，让他感受到了人生的意义所在，那就是为建设新中国而奋斗。

临近毕业，军委来学校挑选优秀学生到北京工作，朱根华被空军总政治部的组织部选中，来到北京东交民巷附近的一处办公地点开展一些有关绝密军事材料的工作。朱根华当时被分配到统计科，每个月都要对枪炮弹药、飞机坦克数量及各种人员年龄、政治素质等进行调查统计，上报最高领导。

就这样，朱根华在空军总政治部工作了四五年。然而，突如其来的疾病又打乱了他的人生节奏，由于家里穷，长期的压力和高劳动强度，导致他积劳成疾，肺和肾都出现了问题，最后不得不接受手术切掉了一个肺，进行长

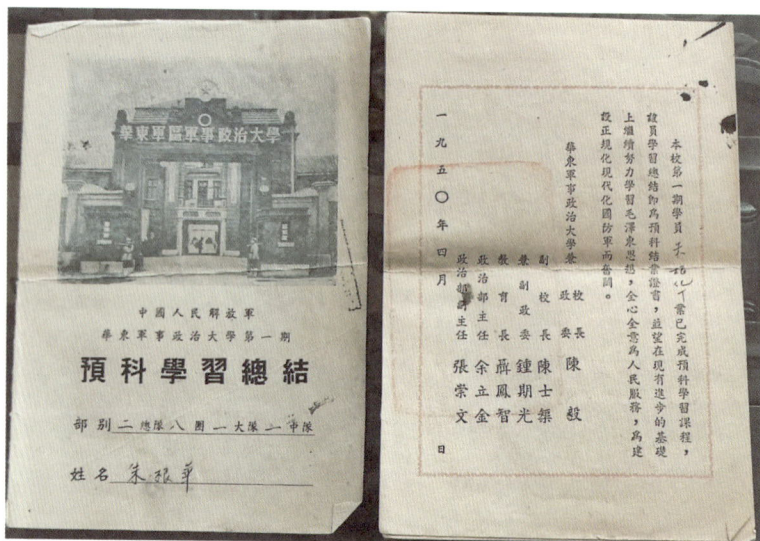

朱根华的华东军大学习总结证书

朱根华（前排中）与华东军大同学合影

期疗养。不过，就算是在疗养的过程中，朱根华也没有放弃自己最喜欢的爱好——漫画，他经常画一些政治漫画，给连队投稿。有一段时间，他还坚持向报社投稿，虽然退稿率达 95%。但他仍没有气馁，继续坚持创作。

转业进入杂志社   与漫画终身为伍

1958 年，朱根华因身体原因，告别军人身份，正式转业到《世界知识》杂志社做美术编辑，为杂志的封面、封底、画报等做设计，有时画一些国际政治漫画。那里有浓厚的研究国际时事的氛围，有众多新闻战线的专家，对他的创作和技能提高是一个极好的阵地。

对于朱根华来说，漫画是他从小的爱好，也曾经改变过他的人生走向，如今能够直接从事这项工作，让他感受到从未有过的快乐和无穷的动力。作为一位零基础的画手，他无时无刻不在练习和完善自己的作品，希望能够站到职业画家的队伍当中。

《世界知识》杂志社的工作简直让他如鱼得水，杂志出版各种与世界知识相关的内容让他逐步加深对党和国家外交政策的理解，提高了对国际问题分析研究的能力，增长了许多国际知识，开阔了视野，为他画好国际政治漫画打下了基础。更幸运的是，在那个年代，中国漫画界非常活跃，涌现出华君武、方成、丁聪、米谷等著名漫画家，而这些漫画家或多或少都会画些国际漫画，也有很多名作传世，朱根华经常向他们请教，从他们身上获得了丰富的经验。

那个时候的朱根华，家里或办公室里到处会铺满画稿，散发着墨香。画国际政治漫画是个苦差事，对画的琢磨很费心思。不仅要用心观察时事政治、掌握政策，还要有生活经验的积累。如果没有正义感和是非感，没有对腐败现象斗争的激情和才艺，就画不好漫画。

朱根华非常勤奋好学，经常拿着自己的作品找到漫画前辈虚心请教。"我这个画毛病出在什么地方？""这个地方应该这么画？"这些是朱根华请教大师时最爱提出的问题。面对他的真诚与勤奋，前辈们也非常感动，经常会给他专业指点，甚至帮他修改。在这样的氛围中，好学的朱根华使自己的艺术实践迅猛地迈进了一大步。

1986 年，朱根华调到《人民日报》国际部，继续深入开展漫画创作，发表了大量精品作品。说起漫画，朱根华滔滔不绝。在他的理解中，漫画是从绘画艺术中脱胎而出的一种艺术形态，是美术中的轻骑兵。简便、快捷、敏捷，是介于哲理和艺术、文化和绘画之间的临界艺术、交叉学科，以幽默、夸张、比喻和象征等表现形式在艺术领域独树一帜，有独特的艺术韵味。

朱根华觉得，漫画的核心主要体现在幽默泼辣、情理意趣兼有，笔墨不拘一格。早在 17 世纪，漫画便在欧洲兴起并广为流传，清朝末年开始在中国流行。百余年来，漫画艺术一直被人们称为"匕首"，就是因为漫画艺术能够直接、迅速、准确、形象地反映社会、显示生活，宣传歌颂真善美，揭露批判假恶丑，矛头指向腐败的封建主义残余思想和一切愚昧落后现象，所以才深得人民的喜爱。很多非常优秀的漫画，都会给人一针见血的痛快之感。所以，漫画的生命力和重要社会功能以针砭时弊见长，好像医生关注人们的疾病一样，漫画家则关注的是社会病。贴近生活，对时弊勇于、善于进行讽刺批评，抑恶扬善、伸张正义，急人民群众之所急，乐人民群众之所乐，维护党和人民的利益，这才是好的漫画作品。

不少人认为画漫画很容易，不会画画的人也能画上两笔，只要有点意思就行，绘画技巧全不重要。但朱根华说，实际上，漫画和其他画种不同，一幅国画、一幅油画，对景观人物可以纯自然地描绘，同样的内容、同样的形象可以不断重复。但漫画不允许，漫画一幅要有一幅的意思，要有不同的内容表现。

每幅漫画作品都要求有一个点子，或者针对一个问题、一个现象、一种思潮、一条新闻、一个故事、一个笑料，或批评、揭露、警示，或嘲讽、歌颂。这才是漫画的灵魂。无论是构思和造型，从内容到形式，漫画必须有幽默感和夸张性，有没有幽默夸张是漫画成败的关键。因此，漫画和其他画种相比，在某些方面，可以说更难画。

华君武先生曾经在《我怎样想和怎样画漫画》一书中详细地介绍过漫画创作的全过程需要经过怎样繁复的劳作：有蜜蜂采蜜一般的生活积累，有勤

朱根华创作漫画时的照片

奋的素描练习，有随时捕捉一闪而过的灵感，还有不厌其烦地修改作品。

朱根华说，一般漫画尚且如此，国际政治漫画的创作难度更是可想而知。他的题材大多来源于近期发生的新闻纪事，但他又不能亦步亦趋地跟着新闻去表述，必须有自己独立的见解，用漫画独有的讽刺幽默手段，把最本质的东西展示出来，给人民以启迪，给敌人以打击。

手术台上不忘创作

朱根华认为，国际政治漫画首先是国际评论，它要求漫画家同时也应是国际评论家。所以，对于漫画家来说，在创作国际政治漫画的过程中，不仅要追踪研究国际形势、国际问题，要掌握党和政府的外交政策和策略。同时，他还要熟悉外国的风土人情、美术风格及生活特征等。

朱根华常年坚持追踪国际形势，钻研国际问题，并收集了大量异国美术资料。他的座右铭是"不可得意忘形"。这里的"意"指的是漫画创作中的构思，即"点子"，"形"指的是布局构图、造型，没有对"形"的精雕细刻，漫画的幽默也无从体现，因此二者缺一不可。

为了一张画的意和形，他总是废寝忘食，反复推敲，多次修改，非到自己感觉满意为止。所以，在外人看来，他作画时常常能使千姿百态的形象信手拈来，任意挥洒，其实，那是他多年心血的沉淀。透过画笔，朱根华将社会上深受人民喜闻乐见和深恶痛绝的现象一一收集进他的笔底。

1989年，朱根华得了结肠瘤，又得进行手术。手术前，医生要往肚子里灌气，先把肠子灌胀。这个过程相当难受，很多患者都难以忍受。可是朱根华躺在病床上没有呻吟哀号，而是一直在病床旁边的墙上用手指头比比画画。等护士把他推到手术台上，他还是在那儿若有所思地比画，好像做手术这件事跟他没有什么关系。等从手术台下来，爱人问他手术前在那儿比画什么？朱根华轻描淡写地说："我在画画啊。"

1998年夏秋，由于地球生态遭到破坏，全球气温升高，北京的气温达到40摄氏度，朱根华在家手摇蒲扇，正在琢磨这个鬼天气的时候，孙悟空、火焰山的情景突然浮现在他的脑海里。当晚，一幅孙行者拿着芭蕉扇奋力扑火降温的漫画出炉了。

在20世纪八九十年代报纸的国际新闻版块上，还经常看到一首首读起来朗朗上口的诗句搭配一幅幅赏心悦目漫画的内容，这就是朱根华跟《人民日报》总编辑池北偶合作的作品。他们合作多年，经常聚在一起研究国际新闻，为读者磨合出最搭配的作品。

在《人民日报》社工作期间，朱根华绝大部分时间都投入了创作。有人曾经说"入迷就像朱根华"，可见他对漫画的喜爱几乎到了痴迷的程度。"除了画画就是画画，家里的一切事务完全顾不上。"在爱人张慧娟的嘴里，家务事从来都跟朱根华无关，都是由她自己一手操持。

有一次，张慧娟让朱根华帮忙去菜市场买点菜，结果他提着菜篮子出了

工作中的朱根华

门，回来的时候，菜篮子里什么都没有装，啥也没买回来。追问才知，他全程都在构思自己的漫画，根本忘记了买菜这回事儿，直接提着空篮子又回家了。还有一次，儿子得了肺炎，张慧娟抱着孩子在儿童医院看病。医生让住院，可她没带那么多钱，就赶紧给朱根华打电话。说明情况，挂上电话，没过多久朱根华带着钱来了，可放下钱扭头就走了。张慧娟气不打一处来，抱着孩子追了出来："你怎么就这么走了，帮我办一下住院手续啊，我抱着孩子干不了啊。"其实朱根华脑子里又在琢磨漫画的事儿，根本就想不到这些。

那时候没有电脑和网络，需要记者编辑把稿子交到报社，再经过排版印刷才能印出报纸。所以，交稿时间都要预留出路上送稿的时间。如果报纸第二天要刊登特别着急的漫画作品，朱根华的同事就会骑着摩托车来他家里取稿子，人就在家门口等着，他就在屋里画着，画完颜料还没怎么干透，就要赶紧送去报社印刷了。尽管这样，他也会把精益求精的作品拿出手，绝不糊弄了事。

年过九旬仍然关注新闻漫画发展

朱根华说，画政治漫画非常辛苦，对画的琢磨很费心思，要用心观察时事，掌握政策，还要有生活经验的积累。如果没有正义感，没有是非感，没有对腐败现象的斗争激情，怕冒风险就搞不了漫画、画不好漫画。几十年如一日地练习，朱根华的漫画有了自己的个性。他喜欢用短粗而果断的线条和黑色块塑造形象，通过画面黑与白的对比，呈现出一种黑白木刻画的风韵。他的画风有漫画大家米谷的影子，但又和米谷有明显的不同。

谈到如何提高漫画质量。朱根华说，如果有谁想在漫画上求取发财之道，那他劝这样的人还是另找门路，别搞这一行了。搞漫画创作不仅不能发财，还容易招来麻烦。漫画作者一定要有正确的创作态度，有清醒的头脑，有敏锐的政治洞察力、强烈和鲜明的爱憎以及饱满的政治热情，要带着社会责任感、使命感和激情去画，如果没有激情就不可能有感而发。一幅好的漫画作品，往往体现的是作者对事物的独到见解，并善于运用漫画语言来表现。但与此同时，漫画语言不仅要准确有力，更要把握好分寸，因为一个不留神，可能就招来麻烦。这样的麻烦，在40多年的漫画创作过程中，朱根华经历过太多太多了。

虽然1992年就从《人民日报》社离休了，但朱根华一直关注着漫画尤其是新闻漫画的成长与发展。他说，漫画创作不像中国画，可以反复地画，而漫画必须有新点子，不断有新意。在报刊上有时候能看到"撞车"的现象，问题就在于作者没有深入生活当中去，而是关在屋里"闭门造车"了。生活是创作取之不尽的源泉，要做一名合格的漫画家，拿出好的作品，作者必须先学会做有心人，光靠小聪明可不行。要善于深入生活、积累素材，即便不能直接深入生活，也要间接地去体验。多读书、读好书，学会多吸纳知识，研究民间故事、神话、戏曲等，广泛收集各类对创作有启迪价值的资料，了解国家的有关政策法规，熟知人民群众的喜怒哀乐，并养成独立思考的习惯，这样才能拿出受读者喜爱的作品。

朱根华漫画作品

1997 年，朱根华在镇海举办漫画展

朱根华觉得，在市场经济发展的今天，钻研漫画艺术的人越来越少，他希望漫画爱好者能创作出更多构思好、造型好、构图好、技巧好的作品来。画漫画千万不可得"意"忘"形"，当然漫画家也绝不可以得意忘形，否则岂不就是自我嘲讽了？

朱根华说，现在漫画还有最大的危机，就是很多大报纸不欢迎漫画，怕引起麻烦。有的报纸明确说太尖锐的作品不要、讽刺性太强的作品不要。数十年来在报刊编辑工作中，从老总到普通编辑，总是把国际政治漫画作为国际评论或新闻的配角，可有可无，无足轻重。版面位置一般也小得可怜，常常被称为"豆腐块""火柴盒"，这一点让朱根华有些遗憾。

虽然已经 90 岁了，朱根华仍然关心的是中国国际政治漫画在世界上的地位："什么时候中国国际政治漫画能在我们的新闻界中拥有了自己应有的地位，走上健康发展的轨道，产生一批群星灿烂的世界级漫画家和大量无愧于时代的佳作，这才是我有生之年梦寐以求的。"